M. Büttner, K. Hoheisel, U. Köpf, G. Rinschede, A. Sievers (Hrsg.)
Religion und Siedlungsraum

GEOGRAPHIA RELIGIONUM

Interdisziplinäre Schriftenreihe zur Religionsgeographie

Herausgegeben von
M. Büttner, Bochum
K. Hoheisel, Bonn
U. Köpf, Tübingen
G. Rinschede, Eichstätt
A. Sievers, Bonn

in Zusammenarbeit mit der
KATHOLISCHEN UNIVERSITÄT EICHSTÄTT

Dietrich Reimer Verlag
Berlin

GEOGRAPHIA RELIGIONUM
Interdisziplinäre Schriftenreihe zur Religionsgeographie
Band 2

M. Büttner, K. Hoheisel, U. Köpf,
G. Rinschede, A. Sievers (Hrsg.)

Religion und Siedlungsraum

Dietrich Reimer Verlag
Berlin

Anschriften der Herausgeber:

Prof. Dr. Dr. Dr. M. Büttner
Kiefernweg 40
D-4630 BOCHUM

Prof. Dr. K. Hoheisel
Merler Allee 68
D-5300 BONN 1

Prof. Dr. U. Köpf
Liststraße 24/I
D-7400 TÜBINGEN

Prof. Dr. G. Rinschede
Ostenstraße 26
D-8078 EICHSTÄTT

Prof. Dr. A. Sievers
Römerstraße 118/3310
D-5300 BONN 1

Schriftleitung:
GEOGRAPHIA RELIGIONUM
Assistenz: Thomas Breitbach
Ostenstraße 26
D-8078 EICHSTÄTT

Inv.-Nr. A.32.812

CIP-Kurztitelaufnahme der Deutschen Bibliothek

Religion und Siedlungsraum / M. Büttner ...
– Berlin : Reimer, 1986. –
(Geographia Religionum ; Bd. 2)
ISBN 3-496-00896-5

NE: Büttner, Manfred [Mitverf.]; GT

Gedruckt mit Unterstützung der Katholischen Universität Eichstätt

ISBN 3-496-00896-5
© 1986 by Dietrich Reimer Verlag, Berlin
Dr. Friedrich Kaufmann
Gesamtherstellung: Dietrich Reimer Verlag, Berlin
Printed in Germany 1986

Vorwort

Mit dem vorliegenden zweiten Band öffnet sich unsere Schriftenreihe zum ersten Mal Autoren außerhalb der Bundesrepublik: W. GALLUSSER und V. MEIER: Basel/Schweiz; W. LEITNER: Graz/Österreich und R. H. JACKSON: Provo/USA. Der Band gliedert sich in einen allgemeinen und einen speziellen Teil und umfaßt insgesamt neun Beiträge, die sich zum überwiegenden Teil unter dem Thema "Religion und Siedlungsraum" zusammenfassen lassen.

Im **allgemeinen Teil** legt M. BÜTTNER bisher unveröffentlichte Ergebnisse seiner Kant-Forschungen vor, die schon 1979 auf dem US-amerikanischen Geographentag in Philadelphia und 1983 auf einem Symposium am Rande des 44. Deutschen Geographentages in Münster vorgetragen wurden. Gemäß dem gegenwärtigen Stand der Forschung zur Geschichte der Religionsgeographie befaßte sich schon Kant mit beiden Seiten der Religion/Umwelt-Beziehung. Auch die beiden Forschungsrichtungen der Makroreligionsgeographie und der Mikroreligionsgeographie gehen auf Anregungen Kants zurück.

W. GALLUSSER und V. MEIER stellen Überlegungen zu einer Geographie der Geisteshaltung an. Sie skizzieren ein Modell, das die Umsetzung von Geisteshaltung zur Raumgestaltung im Sinne eines handlungswissenschaftlichen Ansatzes faßt. Eine Geisteshaltung ordnet, gewichtet und verknüpft Grundbedürfnisse und bestimmt konkrete Interessen, in deren Lichte die räumliche Situation und der Zugang zu deren Kontrolle evaluiert und schließlich die Umwelt direkt und indirekt verändert wird.

K. HOHEISEL und A. OHLER widmen sich in ihren Beiträgen religionsgeographischen Problemen des Judentums bzw. Alt-Israels. K. HOHEISEL untersucht S. Passarges Buch über "Das Judentum als landschaftskundlich-ethnologisches Problem" und beleuchtet darin kritisch Passarges Antisemitismus und Sozialdarwinismus, seine Grundgedanken zu einer Kulturgeographie und seine Erklärungen von Jahwe-Religion und Judentum.

A. OHLER wendet religionsgeographische Theorien auf das Beispiel der Religionsgeschichte Altisraels an und leitet damit zum speziellen Teil über. Auffälliges Kennzeichen dieser Geschichte ist, daß es in den wechselseitigen Beziehungen zwischen Religion und Umwelt nie zu einem beruhigten Gleichgewicht gekommen ist. Religiöse Entwicklungen wurden immer wieder abgebrochen und z. T. auch durch "Zufälle", die nach dem theoretischen Modell nicht zu erwarten gewesen wären, überraschend verändert und gestört.

Im **speziellen Teil** befassen sich die Beiträge von H.-G. BOHLE und P. SCHÖLLER mit Entwicklung, Struktur und Funktion südindischer und japanischer Tempel und Tempelstädte. H.-G. BOHLE hebt einen Aspekt hervor, der in der Religionsgeographie bisher vernachlässigt worden ist, nämlich die politisch-ökonomischen Funktionen von Religion. Seine Analyse richtet sich auf das Verhältnis von Religion und politischer Herrschaft im mittelalterlichen Südindien, auf die geographische Bedeutung dieses Verhältnisses und die Schlüsselrolle, die Tempel und Tempelstadt dabei spielten.

P. SCHÖLLER analysiert japanische Tempelstädte und innerstädtische Tempelzentren als charakteristische Typen des traditionellen Siedlungssystems in Japan. Tempelstädte und -zentren spiegeln das typische Verhaltensmuster der japanischen Gesellschaft in Vergangenheit und Gegenwart, mit alten und neuen Religionen sowie kulturellen Aktivitäten und verschiedenen Formen des Freizeitverhaltens wider.

W. LEITNER widmet sich in seiner Untersuchung der Raumgestaltung des Stadtteils Galata/Istanbul und legt dabei besonderes Gewicht auf die Religion/Umwelt-Kontakte. Christen, Juden und Muslime, die in Galata seit Jahrhunderten auf einer Fläche von ca. 10 km² nebeneinander leben, haben ihren Glauben unterschiedlich in geographisch relevante Aktivitäten umgesetzt.

R. HENKEL untersucht in seiner quantitativen Analyse die Verbreitung der Religionen und Konfessionen in Afrika südlich der Sahara und stellt diese in Zusammenhang mit dem Entwicklungsstand der Staaten. Dabei stellt er fest, daß die Länder mit einem stärkeren christlichen Einfluß einen höheren Entwicklungsstand aufweisen als diejenigen, in denen der Islam oder die traditionellen Religionen dominieren. Hohe positive Korrelationen bestehen auch zwischen den Entwicklungsmerkmalen und dem Anteil der unabhängigen Kirchen.

R. H. JACKSON analysiert die Religion/Siedlung -Beziehung am Beispiel der Mormonen, einer der jungen Religionsgemeinschaften im US-amerikanischen Westen. Diese fallen zum Unterschied von den übrigen Siedlungen im Westen vor allem durch die Betonung großer Grundstücksparzellen, Blöcke und breiter Straßen auf. Als Vorbild diente der vom Propheten Joseph Smith entworfene Plan der Stadt Zion, der sich stark an den Gitternetzgrundriß von Philadelphia/Pennsylvania anlehnt.

Die Herausgeber der Schriftenreihe danken dem Präsidenten der Katholischen Universität Eichstätt, Herrn Prof. Dr. Nikolaus Lobkowicz und ihrem Kanzler, Herrn Carl Heinz Jacob, für die finanzielle Unterstützung, die das Erscheinen dieses zweiten Bandes ermöglicht hat. Zu danken haben die Herausgeber ferner Fräulein Maria Bernecker für die Herstellung der Druckvorlage und Herrn Dipl.-Ing. Karl-Heinz Schatz und Herrn Reinhard Geißler für die Ausführung der kartographischen Arbeiten.

Zu danken ist schließlich Herrn Akad. Rat Thomas Breitbach, der die redaktionelle Bearbeitung dieses Bandes übernahm.

Im Oktober 1986
                                                    Manfred Büttner
Karl Hoheisel
Ulrich Köpf
Gisbert Rinschede
Angelika Sievers

Inhalt

Seite

Vorwort der Herausgeber 5

Allgemeiner Teil

Büttner, M.: Kant und die moderne Religionsgeographie. Von der Mikro- zur Makroreligionsgeogeographie 11

Gallusser, W. u. V. Meier: Unterwegs zu einer "Geographie der Geisteshaltung"? 31

Hoheisel, K.: Siegfried Passarges "Das Judentum als landschaftskundlich - ethnologisches Problem" - Paradigma einer zeitgemäßen Religionsgeographie? 55

Ohler, A.: Religion und Land. Zur Geschichte ihrer wechselseitigen Beziehungen am Beispiel Alt-Israels 83

Spezieller Teil

Bohle, H.-G.: Politische und ökonomische Aspekte der Religionsgeographie. Das Beispiel mittelalterlicher südindischer Tempelgründungs- und Ritualpolitik 105

		Seite
Schöller, P.:	Tempelorte und Tempelzentren in Japan	127
Leitner, W.:	Zur Religionsgeographie bzw. Geographie der Geisteshaltung am Beispiel Galatas, eines Istanbuler Stadtteiles	179
Henkel, R.:	Die Verbreitung der Religionen und Konfessionen in Afrika südlich der Sahara und ihr Zusammenhang mit dem Entwicklungsstand der Staaten	225
Jackson, R. H.:	Religion and settlement in the American West: The Mormon example	245

Manfred Büttner

KANT UND DIE MODERNE RELIGIONSGEOGRAPHIE
VON DER MIKRO- ZUR MAKRORELIGIONSGEOGRAPHIE

A. Zu KANTs Konzeption der Religionsgeographie

Aus dem, was KANT in seinen verschiedenen Werken ausführt, fordert oder andeutet, läßt sich so etwas wie eine Konzeption der Religionsgeographie, also ein einheitlicher Denkansatz, der all seinen Äußerungen zugrundeliegt, eruieren.[1] Als Quellen kommen vor allem KANTs "Vorlesungen über Physische Geographie" mit den Ergänzungen von GLASENAPP sowie seine Religionsphilosophie in Frage[2]. Da in diesem Beitrag neben der historischen Seite der Religionsgeographie auch aufgezeigt werden soll, inwieweit sich der heutige Religionsgeograph von KANT[3] anregen lassen könnte, halte ich es für legitim, die entsprechenden hierher gehörigen Aussagen KANTs gewissermaßen in unsere heutige Sprache zu "übersetzen" und auf das uns heute wesentlich Erscheinende zu reduzieren.[4]

Zusammenfassend läßt sich dann sagen, daß für KANT die Religionsgeographie folgende drei Aufgaben hat[5]:

1. **Beschreibung der verschiedenen Religionen im Zusammenhang von Land, Volk und Kultur** (des Glaubensbestandes, der Bräuche und Besonderheiten usw.), also im Zusammenhang von physiogeographischen und kulturgeographischen Gegebenheiten. KANT geht dabei nicht nach dem Ursache/Folge-Prinzip vor, versucht also nicht, die Religion aus den physiogeographischen und/oder kulturgeographischen Bedingungen her zu erklären, sondern er stellt seine Aussagen über die Religion meist nur unverbunden neben die Aussagen über das Land, das Volk usw.

So behandelt er bei China oder Arabien zunächst physiogeographische (z. B. das Klima) und kulturgeographische Aspekte (z. B. Wirtschaftsformen), und wendet sich dann der Religion zu. Lediglich in einem Fall, nämlich Indien, weist KANT auf die enge Verbindung hin, welche religiöse, völkische und soziale Vorstellungen im Hinduismus eingegangen sind. Einige Beispiele mögen dies verdeutlichen.

Über die Religion in China sagt KANT:

"... Die Sekte des Fo ist die zahlreichste. Unter diesem Fo verstehen sie eine eingefleischte Gottheit, die vornehmlich den großen Lama zu Barantola in Tibet anjetzt bewohnt und in ihm angebetet wird, nach seinem Tode aber in einen anderen Lama fährt. Die tatarischen Priester des Fo werden Lamas genannt, die chinesischen Bonzen. Die katholischen Missionarien beschreiben die den Fo betreffenden Glaubensartikel in der Art, daß daraus erhellt, es müsse dieses nichts anderes als ein ins große Heidentum degeneriertes Christentum sein. Sie sollen in der Gottheit drei Personen statuieren, und die zweite habe das Gesetz gegeben und für das menschliche Geschlecht ihr Blut vergossen. Der große Lama soll auch eine Art des Sakramentes mit Brot und Wein administrieren. Man verehrt auch den Confucius oder Con-fu-tse, den chinesischen Sokrates. Es sind auch einige Juden da... Die Sekte des Fo glaubt an die Seelenwanderung. Es ist eine Meinung unter ihnen, daß das Nichts der Ursprung und das Ende aller Dinge sei, daher eine Fühllosigkeit und Entsagung aller Arbeit auf einige Zeit gottselige Handlungen sind."[6]

Zu Arabien heißt es:

"Mahomed, der zu Mekka geboren war, heiratete eine reiche Witwe Chadidja. Dieser machte er seinen vertraulichen Umgang mit dem Engel Gabriel in einer Höhle unter Mekka kund. Er beschuldigte Juden und Christen der Verfälschung der Heiligen Schrift. Gab seinen Koran stückweise heraus. Ali, Osman und Abubekr waren bald seine Neubekehrten. Von diesen verbesserte Osman den Koran... Das Volk in Medina fing an ihm anzuhängen, und er floh dahin bei seiner Verfolgung, die er von Seiten der Regierung in Mekka erfahren hatte. Diese seine Flucht bildete eine besondere Ära der Mahomedaner, welche mit dem Jahre sechs hundert zwei und zwanzig nach Christi Geburt anhebt.
Seine Tochter Fatima verheiratete er an den Vetter Ali. Er befahl das Gesicht im Beten nach Mekka hinzuwenden. Er nahm Mekka durch Überrumpelung ein und bezwang einen großen Teil Arabiens..."[7]

Über Indien bzw. den Hinduismus schließlich sagt KANT unter anderem:

"Sie nehmen niemanden in ihre Religion auf. Sie heiraten auch nicht in andere..."

"Sie sagen, ihre Religion sei an ihren Stamm gebunden und der Indianer sei durch die Geburt der Religion unterworfen... Sie hassen die anderen Religionen auch nicht, sondern glauben, daß sie ebenfalls recht haben, nur glauben sie, daß sie (selbst) die Auserwählten Gottes sind."

In anderem Zusammenhang geht KANT auf die Götterbilder der Inder ein und auf die Weiberverbrennung. Dort heißt es:

> "Die Indianer haben einen herrschenden Geschmack von Fratzen von derjenigen Art, die ins Abenteuerliche einschlägt. Ihre Religion besteht aus Fratzen, Götzenbildern von ungeheurer Gestalt, der unschätzbare Zahn des mächtigen Affen Hanuman, die unnatürlichen Büßungen der Fakirs (heidnischen Bettelmönche) und so weiter sind in diesem Geschmacke. Die willkürliche Aufopferung der Weiber in eben demselben Scheiterhaufen, der die Leiche ihres Mannes verzehrt, sind ein scheußliches Abenteuer."[8]

2. Beschreibung des Einflusses der verschiedenen Religionen auf den Volkscharakter, die Kultur usw. Hier behandelt KANT also, anders als bei den zuvor genannten Beispielen, auch die Frage nach den Ursachen.
So sagt er:

> "Die verschiedenen Glaubensarten der Völker geben ihnen nach und nach auch wohl einen, im bürgerlichen Verhältnis äußerlich ausgezeichneten Charakter, der ihnen nachher, gleich als ob er Temperamenteigenschaft im ganzen wäre, beigelegt wird... Der Mohammedanismus unterscheidet sich durch Stolz, weil er, statt der Wunder an den Siegen und der Unterjochung vieler Völker die Bestätigung seines Glaubens findet, und seine Andachtsgebräuche alle von der mutigen Art sind. Der hinduische Glaube gibt seinen Anhängern den Charakter der Kleinmütigkeit aus Ursachen, die denen des nächstvorhergehenden gerade entgegengesetzt sind."[9]

3. Beschreibung der Veränderungen, die eine Religion bei ihrer Ausbreitung erlebt hat und Erklärung, wodurch diese Veränderungen bewirkt wurden und werden. Auch hierzu ein Zitat:

> "Da die theologischen Principien nach der Verschiedenheit des Bodens mehrentheils sehr wesentliche Veränderungen erleiden: so wird auch hierüber die nothwendigste Auskunft gegeben werden. Man vergleiche z. B. nur die christliche Religion im Oriente mit der im Occidente und hier wie dort die noch feinern Nuancen derselben. Noch stärker fällt dies bei wesentlich in ihren Grundsätzen verschiedenen Religionen auf."[10]

Soweit zu den drei Aufgaben. Im Folgenden möchte ich kurz darlegen, an welchen Stellen die hier eruierte Konzeption KANTs von unserer heutigen abweicht.[11] Weiter soll untersucht werden, in welcher Weise wir uns von KANT anregen lassen können, und welche Folgen das für die gegenwärtige Forschung und Darstellung hätte.

B. Zum Unterschied zwischen der Konzeption KANTs und der gegenwärtigen Konzeption

Hierbei ist zu fragen:

1. Beschreiben auch wir[12] heute die verschiedenen Religionen im Zusammenhang von physiogeographischen und kulturgeographischen Gegebenheiten? Die Antwort lautet: Nein.

Wir beschreiben nicht Religionen[13], sondern religiös geprägte Gruppen, deren raumrelevantes Verhalten, also deren Ausbreitung, deren Raumstruktur, deren gruppenspezifische räumliche Aktivitäten usw. Die Beschreibung der Religion selbst, also vor allem ihres Glaubensbestandes, überlassen wir dem Religionswissenschaftler, Theologen usw. Zwar hat es bis zum Zweiten Weltkrieg (insbesondere in Deutschland) auch unter Geographen den Versuch gegeben, derartiges zu unternehmen, jedoch ist in letzter Zeit aus guten Gründen davon abgegangen worden.[14]

Im übrigen beschreiben wir auch nicht ganze Religionsgemeinschaften, sondern im allgemeinen immer nur Ausschnitte. Dazu einige Beispiele: Wir beschreiben nicht die vom Christentum oder vom Buddhismus usw. ausgehenden Verhaltensweisen der entsprechenden Gruppen in der ganzen Welt, sondern nur die in Teilgebieten. So kommen wir zwar zu Aussagen darüber, wie sich z. B. die Christen in Indien oder die Moslems in Indonesien verhalten, nicht aber dazu, wie sich die Christen oder Moslems in der ganzen Welt verhalten. Lediglich bei den ethnischen Religionen, die sich nicht über die ganze Welt verbreitet haben, sondern nur auf ein meist kleines überschaubares Volk beschränkt geblieben sind, untersuchen wir die ganze Religion bzw. die ganze von dieser bestimmten Religion geprägte Gruppe.

Ich frage weiter:

2. Beschreiben auch wir heute den Einfluß der Religion auf den Volkscharakter, die Kultur usw.? Soweit ich weiß, nicht. Wohl gibt es Untersuchungen darüber, wie die Religionen den Volkscharakter, die Kultur, die Wirtschaft ändern können, jedoch werden diese Untersuchungen im allgemeinen nicht von Religionsgeographen durchgeführt.[15]

3. Und wie ist es mit der Beschreibung der Veränderungen, die eine Religion bei

ihrer Ausbreitung erlebt hat und der Erklärung, wodurch diese Veränderungen bewirkt wurden bzw. werden? Auch diesbezüglich muß mit Nein geantwortet werden, und zwar in zweifacher Hinsicht.

a) Zur Ausbreitung von Religionen: Obwohl die Beschreibung der Ausbreitung (und heutigen Verbreitung) der verschiedenen Religionen eigentlich zu den klassischen Aufgaben des Religionsgeographen gehört, ist jedoch, wenn man die Gesamtzahl der religionsgeographischen Veröffentlichungen der letzten Jahrzehnte überblickt, hier verhältnismäßig wenig gearbeitet worden. Das mag mehrere Gründe haben. Ich sehe folgende:

Einmal ist es in vielen Fällen so gut wie unmöglich, genaue Zahlen zu erhalten. Zudem sind die Übergänge fließend. In Ostasien gehört manch einer gleichzeitig verschiedenen Religionen an; im Westen sind viele, die rein äußerlich einer Religionsgemeinschaft angehören, innerlich entfremdet. Nach welchen Maßstäben soll man also vorgehen?

Zum Zweiten ist da ein fachspezifisches methodisches Problem. Wer die Ausbreitung einer Religion oder auch die Ausbreitung einer Kultur (bzw. Teile davon) untersucht, arbeitet im engeren Sinne kulturgeographisch, das heißt: Er untersucht im Grunde genommen nicht Menschen primär, sondern versucht, anhand der Änderung der Geisteshaltung von Menschen die Ausbreitung einer Kulturwelle nachzuzeichnen.

Die moderne Religionsgeographie - soweit von Geographen betrieben - ist vorwiegend sozialgeographisch ausgerichtet. Sie versucht in erster Linie, das geographisch relevante Verhalten von Gruppen zu untersuchen. Ihr Interesse gilt weniger der über diese Gruppe hinwegflutenden Kulturwelle bzw. Religionswelle und ihrem Ausgangspunkt sowie ihrer Ausbreitungsgeschwindigkeit. Die Aspekte zwischen der Kulturgeographie im engeren Sinne (sie befaßt sich mit der Kultur und ihrer Ausbreitung) und der Sozialgeographie (sie interessiert sich für die einzelnen Gruppen) sind eben unterschiedlich.[16]

b) Zur Erklärung einer Veränderung, die eine Religion bei ihrer Ausbreitung erlebt hat: Da - wie soeben ausgeführt - der moderne Religionsgeograph weniger die Religion, sondern mehr die durch die Religion geprägten Gruppen untersucht, könnte die Frage hier nur in abgeänderter Form lauten: Untersucht bzw. beschreibt der moderne Religionsgeograph das geographisch relevante Verhalten unterschiedlicher Gruppen, die derselben Religion angehören? Und versucht er, falls ja, dieses unterschiedliche Verhalten zu erklären? Beschreibt oder erklärt er z. B., warum in manchen Fällen die gemeinsame Religion stärker verbindet als alle völkischen, sprachlichen oder sonstigen Schranken dies erwarten ließen, und warum das in anderen Fällen umgekehrt ist?[17] (Oder anders gesagt: Warum führt im einen Fall oft die gemeinsame Religion dazu, daß sich Gruppen unterschiedlicher Herkunft ähnlich verhalten und warum ist es in anderen Fällen oft umgekehrt?[18])

Die Antwort auf die gestellte Frage lautet: Nein, der moderne Religionsgeograph untersucht und beschreibt derlei Dinge nicht.

C. Welche Anregungen könnten wir von KANT aufgreifen?

Von der Mikro- zur Makroreligionsgeographie

Zunächst eine Vorbemerkung: Bei Beantwortung der Frage, welche Anregungen wir von KANT aufgreifen könnten bzw. sollten, gehe ich davon aus, daß sich die Religionsgeographie (wie die Gesamtgeographie und jedes andere Fach) in ständiger Entwicklung befindet. Es kann also nicht Aufgabe sein, gewissermaßen das Rad der Geschichte zurückdrehen zu wollen und zu fordern: Laßt uns die Religionsgeographie betreiben wie KANT. Nein, im Gegenteil, es gilt zu fragen: Welche Anregungen kann die moderne Religionsgeographie innerhalb der Entwicklung, in der sie sich befindet, von KANT aufgreifen?

Dazu ist es erforderlich, daß wir uns wenigstens in kurzen Zügen vergegenwärtigen, wo wir augenblicklich stehen und welche Entwicklungen unser Fach durchgemacht hat. Wenn ich dazu das, was ich 1976 auf dem amerikanischen Geographentag in New York ausgeführt habe[19], zusammenfasse und auf unsere Fragestellung hin ausrichte, dann läßt sich vielleicht sagen: Die Religionsgeographie hat sich seit ihrer Begründung immer mehr von der globalen Betrachtung der verschiedenen Religionen zur Detailforschung über das geographisch relevante Verhalten kleinerer Gruppen hin entwickelt.

Diese Entwicklung steht in Parallele zur Entwicklung des Gesamtfaches Geographie.[20] Stand im 16., 17. und weit bis ins 18. Jahrhundert hinein die Beschreibung der ganzen Welt im Vordergrund (die man ja trotz der Entdeckungsreisen insgesamt nur recht oberflächlich kannte), so begann danach immer stärker die Detailforschung. Im 20. Jahrhundert ging man dann langsam dazu über, die Erde wieder global darzustellen, doch nunmehr auf der Grundlage dieser sicheren Detailforschung. Anders ausgedrückt: Bis etwa zu KANT hin stand die allgemeine Geographie im Vordergrund. Diese allgemeine Geographie war aber nicht auf der Grundlage der Detailforschung entstanden, sondern eher deduktiv entfaltet. Man wußte eigentlich im voraus, was man beschreiben wollte, ohne empirische Detailforschung durchgeführt zu haben.[21] Die spezielle Geographie bzw. Länderkunde (die nach heutiger Vorstellung doch eigentlich die Grundlage für die allgemeine Geographie bilden muß[22] war nur so etwas wie ein Anhang.[23]

Die Religionsgeographie hat diese Entwicklung mit einer gewissen Phasenverschiebung mitgemacht. Wir stehen noch heute bei der Detailforschung. Es wird langsam Zeit, die Fülle des in den letzten Jahren angelieferten religionsgeographischen Faktenmaterials im Rahmen einer globalen Betrachtung auszuwerten. Hierbei könnten wir uns auch von KANT anregen lassen. Ich möchte aus der Menge der Anregungen, die wir von KANT aufgreifen können, nur diese nennen: Es wäre erforderlich, **einzelne Religionen weltweit zu verfolgen** und herauszuarbeiten, inwieweit sich hier Unterschiede erkennen lassen. Wir brauchen dabei keinesfalls den gegenwärtig so erfolgreich angewandten sozialgeographischen Ansatz aufzugeben. In diesem Fall läßt sich als Anregung genauer formulieren: Es gilt, herauszustellen, in welcher Beziehung sich die Anhänger derselben Religion in den verschiedenen Teilen der Erde hinsichtlich ihrer geographisch relevanten Aktivitäten usw. unterscheiden.[24]

Damit komme ich zu den Folgen, die sich für die religionsgeographische Forschung ergeben. Wenn man die bislang vorwiegend betriebene Detailforschung mit der länderkundlichen Forschung vergleicht und als **"Mikroreligionsgeographie"** bezeichnet, dann könnte man die von mir geforderte Forschung, die mehr eine Zusammenstellung und Auswertung dessen wäre, was sich aus der Fülle der mikroreligionsgeographischen Forschung ergeben hat, als **"Makroreligionsgeographie"** bezeichnen. Sie wäre mit der gegenwärtigen allgemeinen Geographie im Gesamtfach Geographie zu vergleichen.

Man könnte dabei sagen: "Mikroreligionsgeographie" ist hauptsächlich so etwas wie Feldforschung. "Makroreligionsgeographie" ist dann die vergleichende systematische Auswertung dieser unterschiedlichen Feldforschung und die Anregung zu gezielter weiterer Feldforschung.

Da vielfach Unklarheit darüber besteht, wie dieser Weg praktisch verwirklicht werden kann, seien wenigstens in aller Kürze einige vielleicht hilfreiche Aspekte hier genannt.

Vielleicht sollte man bei einer solchen "makroreligionsgeographischen" Untersuchung zunächst mit kleinen überschaubaren Religionen bzw. religiösen Gruppen beginnen und dann später die hier gewonnenen methodischen Erkenntnisse auf die Erforschung der großen Religionen (Weltreligionen) anwenden. Ein Beispiel gibt die im vorliegenden Band abgedruckte Arbeit von A. OHLER, die das "ganze" Judentum untersucht und einen wesentlichen Unterschied zwischen den Juden im Norden und denen im Süden herausstellt. In ähnliche Richtung zielen die vom Verfasser dieses Artikels vorgenommenen Forschungen bei den Herrnhutern (im englischen Sprachraum als Moravians bezeichnet). Bei dieser kleinen Religionsgemeinschaft, die heute über die ganze Welt verbreitet ist, lassen sich beispielhaft folgende drei Entwicklungsstufen sehr schön herausarbeiten[25]:

1. Im Ursprungsgebiet pendelt sich ein Gleichgewicht zwischen Religion (religiös geprägter Geisteshaltung, Wertvorstellungen usw.) und Umwelt (physiogeographische Gegebenheiten, wirtschaftliche Situation, Sozialstruktur der Gemeinschaft, Siedlungsweise usw.) ein.

2. Bei der Auswanderung in fremde Umwelten (Amerika, Afrika, Asien) versucht man zunächst, die zu der alten Umwelt passenden Formen der Siedlungsweise, Sozialstruktur usw. beizubehalten.

3. In einer Art "Rückkoppelungsprozeß" beginnen dann jedoch von der neuen Umwelt Impulse auszugehen, die zum Teil bis in die "Mitte" der Religion hineinwirken (wobei man eine gewisse "Affinität" - der Begriff wird von U. KÖPF in seinem Beitrag in Band 1 dieser Reihe genauer dargelegt - voraussetzen mag). Man paßt sich in gewisser Weise der neuen Umwelt ein, so daß etwa die Herrnhuter in den USA oder gar in Surinam erhebliche Unterschiede gegenüber denen in Deutschland aufweisen.

Wo etwa die physiogeographischen Verhältnisse es nicht erlaubten, den idealen Herrnhuter Siedlungstyp[26] - der außergewöhnlich gut zu dieser Religionsgemeinschaft paßte - zu verwirklichen, mußte man eine andere Form finden, sich in der Landschaft zu verwirklichen. Auch wirtschaftlich andere Verhältnisse in der neuen Umwelt haben oft einen großen Einfluß und wirken modifizierend hinein bis in das religiös geprägte Denken der Gemeinschaft. So ändern sich zum Beispiel nicht mehr nur die "äußerlichen" Verhaltensformen, sondern auch die "inneren" Wertvorstellungen, ja oft sogar wesentliche Glaubensnormen.

Um einen anderen Fall anzuführen: Daß im evangelischen Glaubensbekenntnis die "Auferstehung des Fleisches" neuerdings nicht mehr vorkommt, ist ein Beispiel für Anpassung an die "neue" Umwelt, auch wenn hier die Umwelt, die allgemeine Geisteshaltung, verursacht durch technisch-wissenschaftliche Entwicklungen usw., sich an Ort und Stelle geändert hat, während im Falle der Ausbreitung einer Religion noch die Umweltänderung durch Ortswechsel dazu kommt. Das wohl jüngste Exempel hierfür war unlängst einer Meldung der Deutschen Presseagentur vom 17. Oktober 1983 zu entnehmen. Danach hat der "Nationale Kirchenrat" in den USA eine Neuübersetzung von Bibeltexten veröffentlicht, in denen Gott nicht nur als Vater, sondern auch als Mutter der Menschheit bezeichnet wird. Einem Bericht der "New York Times" zufolge werde damit beabsichtigt, Gott nicht mehr nur als männlich darzustellen, wie dies bisher fast ausschließlich der Fall war.[27]

Was die skizzierten drei Entwicklungsstufen angeht so muß noch angemerkt werden, daß sie oft ineinander übergehen und zum Beispiel ein Rückwirkungsprozeß manchmal schon einsetzt, bevor eine Überformung der Umwelt (in der zweiten Stufe) überhaupt zum Abschluß gekommen ist. Man kann daher von einem **"Fließgleichgewicht"** sprechen.[28]

Diese wenigen Bemerkungen müssen als Hinweis für eine mögliche praktische Umsetzung der hier angeregten Arbeitsweise genügen. Meines Erachtens könnte man sicherlich nach derselben Methode auch mit relativ geringem Arbeitsaufwand die vielen kleineren protestantischen religiösen Gruppen (Mennoniten, Waldenser usw.) oder die katholischen Orden wie z. B. die Jesuiten untersuchen (die Jesuiten nahmen ja in China soviel Umwelteinflüsse auf, daß sie mit ihrer "dogmatischen Zentrale" Rom in erbitterten Streit gerieten).

Zur Zeit laufen noch mehrere Staatsarbeiten und Dissertationen über die Herrnhuter (und andere Religionsgemeinschaften) unter der Betreuung des Verfassers dieses Artikels.[29] Vielleicht greifen andere Kollegen ähnliche Aktivitäten auf.

Damit bin ich bei einem letzten entscheidenden Punkt. Wer sich die religionsgeographische Feldforschung der letzten Jahrzehnte ansieht, der kann sich des Eindruckes nicht erwehren, daß man sehr oft ungezielt und planlos, manchmal mehr vom Zufall geleitet, geforscht hat. Ich selbst möchte mich hier durchaus mit einbeziehen, entsprang es doch mehr einem Zufall, daß ich meine religionsgeographischen Forschungen ausgerechnet bei den Herrnhutern und Waldensern begonnen habe.[30]

Hier wiederum könnte uns die Anregung KANTs zu einer besseren Koordination führen. Angenommen, wir würden uns entschließen (bzw. ein Teil von uns), Feldforschungen bei allen christlichen oder allen islamischen Gruppen auf der ganzen Welt durchzuführen, und die Systematiker unter uns würden dann aus dem zusammengetragenen Material ihre Folgerungen ziehen und zu neuen gezielten Feldforschungen anregen, so würde aus dem doch weithin zu konstatierenden **Nebeneinander** unserer bislang betriebenen religionsgeographischen Forschungen so etwas wie ein **Miteinander** werden.

Um es noch deutlicher zu sagen: Erst, wenn wir mikroreligionsgeographische und makroreligionsgeographische Arbeit sinnvoll miteinander verbinden und aufeinander abstimmen, wird sich unser Fach zu einer "richtigen" Wissenschaft entwickeln.[31] Bislang besteht die Religionsgeographie eigentlich nur aus einem Teilbereich, nämlich der speziellen Religionsgeographie (Mikroreligionsgeographie); die allgemeine Religionsgeographie (Makroreligionsgeographie), mit der zusammen unser Fach erst "vollständig" wäre, fehlt größtenteils noch.

Aus dem Gesagten ergibt sich eine weitere Anregung auch für unsere zukünftigen Arbeitssitzungen: Es wäre gut, wenn nicht nur jeder über seine Forschungen berichten würde, sondern wenn wir auch darüber diskutieren würden, wie es zu einer besseren Koordination kommen könnte, um unser "unterentwickeltes" Fach weiterzuentwickeln.

Nun braucht man nicht unbedingt KANT zu lesen, um sich von ihm zur Entfaltung einer Makroreligionsgeographie und zu einem engen Miteinander zwischen Mikro- und Makroreligionsgeographie anregen zu lassen, die Anregung kann auch von einem Blick auf die Entwicklung in der Gesamtgeographie oder den anderen Nachbardisziplinen ausgehen; aber ich persönlich habe bei KANT, wo die Dinge noch alle in statu nascendi sind, diese Anregung erhalten und möchte sie an diejenigen, die auf dem Gebiete der Religionsgeographie arbeiten, insbesondere an die Mitglieder unserer internationalen Arbeitsgruppe, weitergeben.[32]

Anmerkungen

[1] Diese Behauptung gilt, obwohl Äußerungen aus verschiedenen Zeiten berücksichtigt werden. Während sich in KANTs philosophischem Denken eine Entwicklung feststellen läßt, die auch die philosophisch-theologische Indienstnahme des geographischen Faktenmaterials einschließt (Überwindung der Physikotheologie), kann man in seinem geographischen bzw. religionsgeographischen Denken selbst (vielleicht abgesehen von der Hinzunahme jeweils neu bekannt gewordenen Materials) von den sechziger Jahren ab keine Entwicklung mehr feststellen, zumindest nicht nach dem gegenwärtigen Stand der Forschung. Alles bisher Bekannte spricht dafür, daß KANT bereits in den sechziger Jahren als Geograph das vorwegnimmt, was er dann später auch in anderen Bereichen ausführt. Oder anders ausgedrückt: KANT wurde durch die Erkenntnisse, die er in den sechziger Jahren als Geograph gewann, in jene bekannte Entwicklung gedrängt, die schließlich beim "kritischen" KANT endete. (Zu KANT als Geograph oder Religionsgeograph vgl. Anm. 3).

Mit dem zuletzt Gesagten greife ich Gedankengänge auf, die HOHEISEL jüngst gemacht hat. Siehe dazu:

HOHEISEL, K. (1979): Immanuel Kant und die Konzeption der Geographie am Ende des 18. Jahrhunderts. - In: Wandlungen im geographischen Denken von Aristoteles bis Kant. Abhandlungen und Quellen zur Geschichte der Geographie und Kosmologie. Hg. v. Manfred Büttner. Band 1, S. 263 - 276, Paderborn.

Zur Physikotheologie und deren Überwindung:

BÜTTNER, M. (1975): Kant und die Überwindung der physikotheologischen Betrachtung der geographisch-kosmologischen Fakten. - In: Erdkunde, 29, S. 53 - 60.

ders. (1975): Kant and the Physico-Theological Consideration of the Geographical Facts. - In: Organon (Warszawa) 11, S. 231 - 249.

[2] Bei KANTs "Physischer Geographie" handelt es sich um eine von FRIEDRICH THEODOR RINK bearbeitete Veröffentlichung von KANTs Geographievorlesung(en). Diese ist zugrundegelegt in der Ausgabe:

Kants gesammelte Schriften. Hg. von der Königlich Preußischen Akademie der Wissenschaften. Band IX, Berlin 1923.

Ergänzend heranzuziehen ist:

GLASENAPP, Helmuth von (1954): Kant und die Religionen des Ostens. Kitzingen/Main (= Beihefte zum Jahrbuch der Albertus-Universität Königsberg/Pr., Band V.).

Weiter äußert sich KANT zu religionsgeographischen Fragen in seiner Religionsphilosophie:

Die Religion innerhalb der Grenzen der bloßen Vernunft. Kants gesammelte Schriften (Akademie-Ausgabe), Band VI.

[3] Ob KANT dabei als Geograph und/oder Religionsphilosoph bzw. Religionswissenschaftler (heutige Disziplinaufteilung zugrundegelegt) gesprochen hat, sei dahingestellt. Ich halte diese Frage bei KANT für müßig, denn es gab ja früher keine so strenge Fächeraufteilung wie heute.

4   Nach dem gegenwärtigen Forschungsstand ist nicht zu erkennen, was KANT selbst von seinen zur Religionsgeographie gehörigen Äußerungen für wesentlich gehalten hat und was nicht, bzw. was man im Nachhinein im Rahmen seines gesamten religionsgeographischen Denkens als wesentlich bezeichnen kann und was nicht.

5   Den Begriff "Religionsgeographie" gibt es bei KANT noch nicht. KANT bezeichnet das, was man später Religionsgeographie nennt, als "theologische Geographie". - Zur Geschichte der Religionsgeographie siehe:

BÜTTNER, M. (1976): Zur Geschichte und zum gegenwärtigen Stand der Religionsgeographie. - In: Denkender Glaube. Festschrift CARL HEINZ RATSCHOW zum 65. Geburtstag. Hg. von OTTO KAISER. S. 342 - 362. Berlin.

ders. (1976): A Discussion of the Geography of Religion in Germany. On the Historical Roots of the Geography of Religion in Protestantism, its History in Lutheran Europe... Paper presented at the Annual Meeting of the Association of American Geographers 1976 New York.

ders. (1980): On the History and Philosophy of the Geography of Religion in Germany. Vortrag gehalten auf dem "XV. International Congress of the History of Science", Edinburgh 10. - 19. August 1977. Erschienen in: Religion, 10, S. 86 - 119.

ders.: Einführung in die Religionsgeographie. In: Christliches ABC, 5/1983

6   Zitiert nach GLASENAPP, a.a.O., S. 88 f.

7   KANT, Physische Geographie, S. 399 f.

8   Die Zitate sind der Ausgabe von GLASENAPP, a.a.O., S. 32 f. entnommen. Während GLASENAPP die beiden erstgenannten Äußerungen Manuskripten entlehnt, stammt der Abschnitt über Götterbilder und Weiberverbrennung aus KANTs Schrift "Beobachtungen über das Gefühl des Schönen und Erhabenen" (Akademie-Ausgabe, Band II, S. 252).

Ergänzend noch ein Zitat über die Religion in Tibet, das KANT zu Indien rechnet:

> "In Barantola oder wie andere es nennen, in Potala, residiert der große Oberpriester der mongolischen Tataren, ein wahres Ebenbild des Papstes. Die Priester dieser Religion, die sich in dieser Gegend der Tatarei bis in das chinesische Meer ausgebreitet haben, heißen Lamas; diese Religion scheint ein in das blindeste Heidentum ausgeartetes katholisches Christentum zu sein. Sie behaupten, Gott habe einen Sohn, der in die Welt als Mensch gekommen, und in der er bloß als Bettler gelebt, sich aber allein damit beschäftigt habe, die Menschen selig zu machen. Er sei zuletzt in den Himmel erhoben worden. Dieses hat Gmelin aus dem Munde eines Lama selbst gehört. Sie haben auch eine Mutter dieses Heilandes, von der sie Bildnisse machen. Man sieht bei ihnen auch den Rosenkranz. Die Missionare berichten, daß sie auch ein Dreifaches in dem göttlichen Wesen statuieren, und daß der Dalai-Lama ein gewisses Sakrament mit Brot und Wein administrieren soll, welches aber kein anderer genießt. Dieser Lama stirbt nicht, seine Seele belebt ihrer Meinung nach alsbald einen Körper, der dem vorigen völlig ähnlich war. ..." (GLASENAPP, S. 74).

9   KANT: Die Religion innerhalb der Grenzen der bloßen Vernunft. Akademie-

Ausgabe, Band VI, 4. Stck., § 3, Anm. 6, S. 184

[10] KANT, Physische Geographie, S. 165

[11] Zur heutigen Religionsgeographie bzw. zur Religionsgeographie der letzten Jahrzehnte siehe:

ISAAC, E. (1965): Religious Geography and the Geography of Religion. In: University of Colorado Studies. Series in Earth Sciences, 3, pp. 1 - 14.

SCHWIND, M. (Hg.) (1975): Religionsgeographie. Darmstadt (= Wege der Forschung, Band 397).

SOPHER, D. E. (1967): Geography of Religions. Englewood Cliffs/N. J.

SPROCKHOFF, J. F. (1969): Religiöse Lebensformen und Gestalt der Lebensräume. Über das Verhältnis von Religionsgeographie und Religionswissenschaft. - In: Numen, 11, S. 85 - 146.

ZIMPEL, H.-G. (1970): Religionsgeographie. In: Westermann Lexikon der Geographie. Band 3, S. 1 000 - 1 002. Braunschweig.

Zur Geschichte und zum gegenwärtigen Stand der Religionsgeographie siehe auch die in Anm. 5 genannten Schriften und:

BÜTTNER, M. (1974): Religion and Geography. Impulses for a New Dialogue between Religionswissenschaftlern and Geographers. - In: Numen, 21, S. 163 - 196.

ders. (1976): Von der Religionsgeographie zur Geographie der Geisteshaltung? - In: Die Erde, 107, S. 300 - 329.

ders. (1976): Religionsgeographie. Eine kritische Auseinandersetzung mit MARTIN SCHWIND. - In: Zeitschrift für Missions- und Religionswissenschaft, 60, S. 51 - 54.

ders. (1977): Internationale Arbeitsgruppe zur Religionsgeographie bzw. Geographie der Geisteshaltung. - In: Geographische Zeitschrift, 65, S. 39 - 45. (Vgl. dazu auch den neuesten Überblick zur Geschichte der Religionsgeographie in Band 1 dieser Schriftenreihe).

[12] Wenn ich hier und im folgenden von "wir" spreche, dann meine ich vorwiegend die Geographen unter uns (vgl. Anm. 32).

[13] Unter dem Begriff "Religion" verstehe ich vorwiegend das religiös geprägte Gedankengut einer Glaubensgemeinschaft (theologisch gesprochen: die Dogmatik und Ethik). Für den Geographen steht an erster Stelle, wie sich eine Religionsgemeinschaft aufgrund ihrer Geisteshaltung organisiert, welche Aktivitäten sie entfaltet usw. Dabei hat man es mit dem Handeln (gegebenenfalls der Prägung einer Landschaft) gemäß gewisser Glaubensnormen zu tun. Die Normen allerdings sind prinzipiell Grundlage für das Handeln, auch wenn der Religionsgeograph oft den umgekehrten Weg gehen muß und von den Aktivitäten auf die hinter diesen stehenden Prinzipien schließen muß, sofern er nicht im voraus vom Religionswissenschaftler bzw. Theologen Auskunft über Dogmatik, Ethik, Kulturvorschriften usw. einholt.

[14] Vergleiche dazu die in Anm. 5 und 11 genannte Literatur, vor allem den Aufsatz "Von der Religionsgeographie zur Geographie der Geisteshaltung?" Dort

zeige ich im einzelnen auf, zu welchen Verirrungen derartige Untersuchungen besonders im nazistischen Deutschland geführt haben. Heute wird der Einfluß der Umwelt auf das Ideengut der Religion in durchaus legitimer und wissenschaftlich solider Weise von den Religionswissenschaftlern durchgeführt. Zur Zusammenarbeit zwischen Religionswissenschaftlern und Geographen vgl. die in Anm. 5 und 11 angeführte entsprechende Literatur. Siehe dazu auch Band 1 dieser Schriftenreihe.

[15] Hier sei neben vielen anderen vor allem verwiesen auf:

WEBER, M. (1920 - 21): Gesammelte Aufsätze zur Religionssoziologie. Tübingen.

Auch in der umfangreichen missionswissenschaftlichen Literatur wird immer wieder der Einfluß herausgestellt, der durch die Religion (das Christentum) auf das Volk, seine Geisteshaltung, seine Kultur usw. einwirkt.

[16] Die Gründe, die zu einer Annäherung der gesamten Kulturgeographie an die Sozialgeographie (besonders in Deutschland) führten, sollen und können in diesem Zusammenhang nicht erörtert werden. Wichtig ist jedoch die Feststellung, daß noch HETTNER, **der** deutsche Kulturgeograph bis gegen Ende des II. Weltkrieges, mehr die Kultur und ihre Ausbreitung im Auge hatte als die einzelnen sozialen Gruppen.

[17] Hier einige Beispiele: Im Dreißigjährigen Krieg kämpften protestantische Deutsche zusammen mit protestantischen Schweden gegen katholische Deutsche. Protestantische Italiener (Waldenser) erhielten von protestantischen Schweizern Unterstützung gegen katholische Italiener. Oft fühlen sich die Christen in den Ländern Asiens und Afrikas ihren christlichen Glaubensbrüdern in Europa mehr verbunden als ihren nichtchristlichen Stammesgenossen.

Es lassen sich jedoch genausoviel Gegenbeispiele anführen. Hier einige: Zwischen Südtirolern und Italienern hat die gemeinsame katholische Religion kaum zu einem Ausgleich und einer Überwindung der gegenseitigen Abneigung führen können. Überhaupt hat die gemeinsame christliche Religion fast nie kriegerische Auseinandersetzungen zwischen Ländern gleichen Glaubens verhindern können, genauso wie die modernste "Religion", die kommunistische bzw. marxistische Ideologie, nicht zur Überwindung der völkisch und kulturell bedingten Gegensätze geführt hat. (Man denke in diesem Zusammenhang auch an die jüngst aufgetretenen Spannungen in Asien).

Es erhebt sich die Frage: Warum verbindet in einem Fall die gemeinsame Religion bzw. Ideologie über Völker-Sprach-Kulturgrenzen usw. hinweg, warum ist das im anderen Fall nicht so?

[18] Warum zeigen z. B. die Mormonen (noch?) überall auf der ganzen Welt ein gleiches Verhalten, das sich von dem in den USA entwickelten nur sehr wenig abhebt, und dies trotz der verschiedenen Völker und Kulturen, in die das Mormonentum eindringt bzw. eingedrungen ist? Und warum dagegen sieht das Christentum in Nordeuropa so anders aus als in Südeuropa, oder anders ausgedrückt: Warum verhalten sich die nordeuropäischen Christen hinsichtlich ihrer religionsgeographisch relevanten Aktivitäten so ganz anders als die südeuropäischen? Warum sieht der Katholizismus in Norddeutschland so anders aus als der in Süddeutschland? Woher kommt das unterschiedliche Verhalten der Baptisten in den Nord- und Südstaaten der USA? usw.

[19] Siehe Anm. 5

[20] Auf diese Parallelentwicklung bin ich näher eingegangen in dem Aufsatz "Von

der Religionsgeographie zur Geographie der Geisteshaltung?" (vgl. Anm. 11).

[21] Vgl. dazu:

BÜTTNER, M. (1980): Geosophie, geographisches Denken und Entdeckungsgeschichte, Religionsgeographie und Geographie der Geisteshaltung. - In: Die Erde, 111, S. 37 - 55.

[22] Vgl. dazu:

SCHMITHÜSEN, J. (1976): Allgemeine Geosynergetik. Berlin - New York.

[23] BÜSCHING und RITTER sind wohl die ersten, bei denen die spezielle Geographie keinen Anhang sondern die Hauptsache bildet (von älteren Geographen wie z. B. SEBASTIAN MÜNSTER usw. einmal abgesehen, die in diesem Zusammenhang ja nicht zur Diskussion stehen), während bei KANT der länderkundliche Teil hinsichtlich der Qualität gegenüber dem allgemein-geographischen Teil nur als Anhang, Zusatz oder Nachtrag bezeichnet werden kann. Siehe dazu:

BÜTTNER, M. (1973): Die Geographia Generalis vor Varenius. Wiesbaden.

[24] Man käme dabei möglicherweise (in Zusammenarbeit mit den Religionswissenschaftlern) zu der Feststellung, daß die Anhänger ein und derselben Glaubensgemeinschaft, die also "theoretisch" dasselbe Ideengut besitzen, doch hinsichtlich ihrer Äußerlichkeiten (Brauchtum, Verhaltensweisen, religiöse Aktivitäten usw.) sehr stark voneinander abweichen. Diese Abweichung könnte (rein äußerlich betrachtet) so groß werden, daß man sich (wiederum nur in Zusammenarbeit mit Religionswissenschaftlern bzw. Theologen usw.) fragen wird, von wann ab man trotz theoretisch gleichen Ideengutes von einer anderen Religion sprechen muß. Die von der Umwelt ausgehenden, von mir als "Rückkoppelung" bezeichneten Einflüsse, wirken derart, daß sie eine Religion bis zur Unkenntlichkeit verändern können. Näheres dazu auch in meinem unter Anm. 30 genannten Aufsatz.

[25] Vgl. dazu die Ausführungen über das "Bochumer Modell" in:

BÜTTNER, M. (1983): Einführung in die Religionsgeographie. - In: Christliches ABC, Heft 5/1983, Herausgeber ECKHARD LADE. DIE Verlag Bad Homburg. (Vgl. Anm. 31). Und vergleiche dazu jetzt Band 1 dieser Schriftenreihe. S. 41 ff.

[26] Wie gut der Herrnhuter Siedlungstyp zur Sozialstruktur und zur religiös geprägten Geisteshaltung paßt, so daß man von einem "Gleichgewicht zwischen Religion und Umwelt" sprechen kann, habe ich vor allem in folgenden Aufsätzen herausgestellt:

Religion and Geography... (siehe Anm. 11)

The Equilibrium... (siehe Anm. 29)

Einführung in die Religionsgeographie (siehe Anm. 25)

[27] Zur feministischen Theologie, Theologie der Befreiung, Inkulturisation usw. (dabei handelt es sich um Anpassung oder Einpassung an bzw. in die jeweils neue Umwelt), vgl. Band 1, S. 74, Anm. 52.

[28] Vgl. dazu auch den Beitrag von OHLER in diesem Band. - Für Einzelheiten und grundsätzliche Bemerkungen über das Bochumer Modell sei verwiesen auf den in Anm. 25 genannten Aufsatz, und jetzt auch Band 1 dieser Reihe, S. 41 ff.

[29] Zur Literatur über die religionsgeographischen Untersuchungen bei den Herrnhutern siehe insbesondere die in Anm. 25 genannte Veröffentlichung, wo auch die methodischen Probleme intensiv behandelt werden. Weiter sei hingewiesen auf:

BÜTTNER, M.: Religion and Geography... (vgl. Anm. 11)

ders. (1976): Neugnadenfeld und Flüchtenfeld, zwei Flüchtlingssiedlungen im Emsland. Eine religionsgeographische Studie. - In: Mensch und Erde. Festschrift Müller-Wille, S. 85 - 111. Münster.

ders.: A Discussion of the Geography of Religion in Germany... (wie Anm. 5).

ders.: The Equilibrium between Religion and Environment exemplified in the Case of two typical Moravian Communities. Paper presented at the Annual Meeting of the Association of American Geographers 1977, Salt Lake City.

[30] Es waren Untersuchungen über die Beziehungen zwischen Theologie und Naturwissenschaften (insbesondere Geographie), die mich in die Archive der Herrnhuter und Waldenser führten. Bei diesen rein theologischen Studien kam ich mehr oder weniger zufällig auch dazu, die religiös geprägte Siedlungsweise usw. dieser kleinen Religionsgemeinschaften zu untersuchen, woraus sich dann Anregungen grundsätzlicher Art für religionsgeographische Feldforschung ergaben, die ich erstmals auf dem Deutschen Geographentag in Erlangen/Nürnberg vortrug. Siehe:

BÜTTNER, M. (1972): Der dialektische Prozeß der Religion/Umwelt-Beziehung in seiner Bedeutung für den Religions- bzw. Sozialgeographen. - In: Bevölkerungs- und Sozialgeographie. Deutscher Geographentag in Erlangen 1971. Ergebnisse der Arbeitssitzung 3. Münchner Studien zur Sozial- und Wirtschaftsgeographie, 8, S. 89 - 107. Kallmünz/Regensburg.

[31] Was wir Religionsgeographen zur Methode unseres Faches bisher erarbeitet haben, ist im Vergleich zu Nachbardisziplinen relativ wenig (vgl. dazu den Überblick über die Geschichte der Religionsgeographie in meinem Aufsatz für das "Christliche ABC", siehe Anm. 25). Neben der Fülle von Werken z. B. aus den Bereichen der Religionswissenschaft bzw. Religionsgeschichte, Missionsgeschichte usw., die diese Fächer zu wirklichen Wissenschaften gemacht haben, wirken die Arbeiten von religionsgeographischer Seite doch recht bescheiden. Genannt seien stellvertretend für viele nur:

HEILER, Fr. (1961): Erscheinungsformen und Wesen der Religion. Stuttgart.

LATOURETTE, K. S. (1956): Geschichte der Ausbreitung des Christentums. Gekürzte deutsche Ausgabe von R. M. HONIG. Göttingen. (Orig. in Englisch, 7 Bände).

MENSCHING, G. (1968): Soziologie der Religion. 2., neubearb. und erweiterte Auflage, Bonn.

STUPPERICH, R. (1980): Die Reformation in Deutschland. 2. verb. Auflage, Gütersloh und Darmstadt.

WESTMAN, K. B. und H. v. SICARD (1962): Geschichte der christlichen Mission. München.

Die Arbeit von HANNEMANN ist die einzige, auf eigenen Forschungen basierende Studie eines Religionsgeographen, die meiner Meinung nach neben Werken wie den oben genannten bestehen kann:

HANNEMANN, M. (1975): The Diffusion of the Reformation in Southwestern Germany 1518 - 1534. Chicago.

Vgl. dazu das Literaturverzeichnis meines bereits genannten Artikels für das "Christliche ABC" (siehe Anm. 25). Dort habe ich die wichtigsten religionsgeographischen Schriften vom 16. Jahrhundert an bis zur druckreifen Fertigstellung dieses Aufsatzes (Sommer 1983) zusammengestellt. Soweit ich sehe, ist dies die bislang umfangreichste Zusammenstellung religionsgeographischer Literatur überhaupt (einschließlich der Literatur zur Geschichte der Religionsgeographie). Sie könnte als Grundlage einer zu erstellenden internationalen Bibliographie der Religionsgeographie dienen, in der dann vor allem die Schriften der amerikanischen Kollegen noch stärker zu berücksichtigen wären. Hingewiesen sei in diesem Zusammenhang auch auf die inzwischen fertiggestellte recht umfangreiche Literaturliste in Band 1 dieser Schriftenreihe (S. 83 - 121). Dort ist betont zwischen geographischen, nichtgeographischen und interdisziplinären Schriften zur Religionsgeographie unterschieden.

[32] Bei dem vorliegenden Aufsatz handelt es sich um die überarbeitete Fassung eines Vortrages, der auf der religionsgeographischen Sektionssitzung des US-amerikanischen Geographentages (Annual Meeting of the Association of American Geographers) in Philadelphia 1979 gehalten wurde (Der Redestil wurde weitgehend beibehalten). An dieser Sitzung nahmen auch viele Mitglieder unserer internationalen Arbeitsgruppe sowie ihr nahestehender Wissenschaftler teil (International Working Group on the Geography of Belief Systems/Internationale Arbeitsgruppe zur Geographie der Geisteshaltung). Am Rande des 44. Deutschen Geographentages veranstaltete die bundesdeutsche Sektion der o. g. Arbeitsgruppe ein Symposium, auf dem der Vortrag wiederholt wurde (Münster 1983).

Dieser Aufsatz, der ursprünglich zur Veröffentlichung in "Geographia Religiosa" und dann für Band eins der vorliegenden Schriftenreihe bestimmt war (vgl. Band 1, 1985, Seite 6 sowie die Anmerkungen 9 und 46 im dort abgedruckten Beitrag des Verfassers), kann aus technischen Gründen nun erst im zweiten Band erscheinen. Inzwischen sind bereits einige der hier vorgetragenen Anregungen von Mitgliedern der Internationalen Arbeitsgruppe zur Geographie der Geisteshaltung (International Working Group on the Geography of Belief Systems) aufgegriffen worden. Der vorliegende Aufsatz stellt einen wichtigen Schritt der (auch historisch bezogenen) Selbstreflexion der Religionsgeographie dar, die im ersten Band von "Geographia Religionum" in manchen Aspekten bereits präziser sichtbar geworden ist. Insbesondere die historischen Ausführungen sind nach wie vor aktuell und Nachweis für entsprechende, im ersten Band (besonders Seite 23 f.) nur knapp gehaltene Ausführungen.

Zusammenfassung

Wie neuere Forschungen ergeben haben, befaßt sich KANT als erster mit **beiden** Seiten der Religion/Umwelt-Beziehung. Für ihn hat die Religionsgeographie folgende Aufgaben:

1. Beschreibung der verschiedenen Religionen im Zusammenhang von Land, Volk und Kultur.

2. Beschreibung des Einflusses der verschiedenen Religionen auf den Volkscharakter, die Kultur usw.

3. Beschreibung der Veränderungen, die eine Religion bei ihrer Ausbreitung erlebt hat.

In der modernen Religionsgeographie geht man grundsätzlich in derselben Weise vor wie KANT. Es wird einerseits die Prägung der Umwelt durch die Religion (insbesondere sozialgeographisch relevante Aktivitäten in dieser Umwelt) untersucht, andererseits der Einfluß der Umwelt auf die Religion (ihren Glaubensbestand, ihre Dogmen usw.).

Eine wichtige Anregung ist bisher jedoch noch nicht aufgegriffen worden: KANT fordert unter anderem die Beschreibung der Veränderungen, die eine **"ganze"** Religion bei ihrer Ausbreitung erlebt hat. Er sagt dazu: Man vergleiche die christliche Religion im Oriente mit der im Occidente. Eine Forschungsrichtung, die in dieser Weise vorgeht, ist als **Makroreligionsgeographie** zu bezeichnen. Eine derartige Religionsgeographie würde einzelne Religionen weltweit verfolgen und dabei z. B. die Unterschiede herausarbeiten, die sich in den verschiedenen Kulturräumen (den verschiedenen "Umwelten") herauskristallisiert haben.

Wir betreiben heute praktisch "nur" **Mikroreligionsgeographie.** Ein Aufgreifen der von KANT ausgehenden Anregung, "ganze" Religionen zu untersuchen, könnte zu wesentlichen neuen Einsichten und Erkenntnissen über die wechselseitige Religion/Umwelt-Beziehung führen und der Religionsgeographie neue Perspektiven eröffnen. Man denke dabei an: Inkulturation, Ein- oder Anpassung der Religion an bzw. in eine jeweils fremde Umwelt (Kultur), Einpendeln eines Gleichgewichtes zwischen Religion (Glaubensbestand, siehe Geographia religionum Band 1, S. 41) und Umwelt, etc.

Summary

The findings of recent research show KANT to be the first to deal with the interrelation of religion and environment. In his view geography of religion has to take over the following functions:

1. Description of the different religions in connection with land, people and culture.

2. Description of influence on national character, culture etc. the different religions have.

3. Description of modifications a religion has gone through in the course of expansion.

Modern geography of religion on principle proceeds in the same way like KANT. We find as well investigations of the formative influence (Prägung) of religion on the environment as of the influence of environment on religion (doctrines, dogmatics etc.).

Still one important suggestion has not been taken up so far: Among other things KANT demanded the description of modifications a **whole religion** has gone through during expansion. For instance he refers to oriental Christianity in comparison with Christianity in the occident. A field of research proceeding like that is to be called **macro-geography of religion.** Macro-geography of religion in this sense would pursue the particular religions worldwide and work out the differences which have crystalized in the different culture areas respectively the different environments.

In fact nowadays we practice merely **micro-geography of religion.** Following KANT's idea to investigate whole religions, this might well gain essential new insights and findings concerning the reciprocal relation between religion and environment, thus opening new perspectives for geography of religion. One may think of: acculturation, adaption to or integration of religion into a given strange environment (culture), reaching equilibrium between religion (doctrine; compare Geographia Religionum vol. 1, p. 41) and environment, etc.

Werner Gallusser und Verena Meier

UNTERWEGS ZU EINER "GEOGRAPHIE DER GEISTESHALTUNG"?

Ergebnisse und Perspektiven einer Basler Arbeitsgemeinschaft

Angeregt durch das Schrifttum von M. BÜTTNER, insbesonders den Aufsatz "Zur Geschichte und Systematik der Religionsgeographie" (1985) mit dem "Bochumer Modell" und den wegleitenden Beiträgen von "Geographia Religionum" Band 1, unternahm ich im Sommersemester 1986 den Versuch, die darin behandelten Grundfragen der Religionsgeographie vom Methoden- und Problemverständnis der aktuellen Humangeographie her zu diskutieren. Dabei war es wichtig, die Sichtung und Gewichtung der Problematik zusammen mit interessierten Geographiestudenten zu vollziehen, um nicht allein die Repetition und die Bestätigung des Bisherigen, sondern eigenständige, ja spontane Reaktionen und weiterführende Anregungen zu erlangen. Nachdem ich (W. G.) mich als Geograph u. a. mit religiösen und ethischen Fragen in Schrifttum und Lehre befaßt habe, ging es mir vor allem auch darum, mit diesem wissenschaftlich-didaktischen Versuch Argumente oder - bescheidener - "Ansätze" zu einem erweiterten Paradigma der Religionsgeographie zu finden, d. h. sich mit jungen Menschen aus dem "Werk der Älteren" auf Fragestellungen und neue Forschungswege zu besinnen.

Das Semesterprogramm, zusammen mit meiner Assistentin Frau Verena Meier (Dipl.Geogr.) erarbeitet, brachte neben einer intensiven Besprechung der obgenannten Schriften, der Auswertung verschiedener Bibliographien und Studien ausgewählter Texte vor allem die schwerpunktmäßige Diskussion der Grundthematik "Geisteshaltung und Raum", der wichtigsten methodischen Ansätze der Religionsgeographie und möglicher Forschungsperspektiven. In einem abschließenden "Forschungskongreß" begründeten die Teilnehmer eigene Entwürfe zur Vertiefung bisheriger Fragestellungen bzw. zu neuen Forschungsperspektiven. Nachfolgend berichten wir über die gewonnenen Einsichten in stark gekürzter Form, und zwar im ersten Teil aus der bewertenden Sicht der beiden Autoren, im zweiten Teil die individuellen Beiträge der studentischen Teilnehmer knapp zusammenfassend.

I. Zwischenbilanz

1. Auf der Suche nach Forschungsschwerpunkten

Übersieht man die Fülle von Forschungsansätzen und methodischen Schulen, so dürfte dies - wenn man sich auf den Boden der Forschungswirklichkeit stellt - nicht eitel Freude bereiten. Die Gefahr eines akademischen "Turmbaus zu Babel" mit unüberschaubarer Zersplitterung und der fachsprachlichen Entfremdung wächst, wenn man nicht freiwillig zu einem gewissen Konsens im Forschungsparadigma findet. Darum sind die integrierenden Bemühungen um eine interdisziplinäre und internationale "Geographie der Religion und Geisteshaltung" zu begrüßen. Es ist denn auch unser Bestreben, das heutige Schrifttum möglichst weit überblickend zu würdigen, um daraus jene Themen herauszuspüren, welche die aktuelle Mensch-Raum-Problematik integrativ umfassen.

Es ist eines der Verdienste von BÜTTNER, in seinem vorerwähnten Beitrag quasi die Basis für neue Konzepte und Fragestellungen des Bereichs Religion - Umwelt freigelegt zu haben, und zwar in voller Würdigung etwa der sozialgeographischen, der wahrnehmungs- und handlungsorientierten und der neueren umweltphilosophischen Veröffentlichungen. Insbesondere können wir sein Eintreten für eine prozessualdidaktische Sicht von Religionsgeographie (BÜTTNER 1985, S. 36 f.), d. h. für eine sich öffnende, kooperative Forschungshaltung, nachfolgend nur bekräftigen.

Von seiner pragmatischen Bedeutung her wäre der religionsgeographisch bewährte **"Koexistenz"-Ansatz** besonders zu betonen, d. h. alle wissenschaftlichen Bemühungen, das räumliche Neben- und Ineinanderwirken von Religionsgruppen bewußt und verständlich zu machen. Obschon hiezu auf ausgereifte Studienbeispiele zurückgegriffen werden kann - z. B. auf BOALs Belfast-Analyse, auf die Hunsrück-Studie von HAHN oder auf BÜTTNERs Exkurs über die Waldenser - verspricht diese Forschungsrichtung eine willkommene Orientierungshilfe für das menschliche Zusammenleben. Zudem gewinnt die Koexistenz-Problematik mit der modernen Entwicklung der Verkehrs- und Medien-Technik an Brisanz, was auch den Fallstudien zum Pilgertourismus (vgl. hiezu G. RINSCHEDE und A. SIEVERS) einen zusätzlichen Stellenwert verleiht.

Es muß allerdings vermerkt werden, daß von einer religionsgeographischen Analyse von Koexistenz-Situationen gefordert werden müßte - weit über den soziologischen Beziehungsmechanismus hinaus - die kulturräumlichen, die historischen und geistigen Hintergründe hinreichend differenziert mitzuberücksichtigen. Ohne eine multidisziplinäre Öffnung zu aller Kultur- und Religionswissenschaft scheint darum ein echter Fortschritt in der "Koexistenz"-Forschung nicht möglich. Dies läßt sich aus der geographischen Wissenschaftsgeschichte deutlich erkennen, wo sich ein Erkenntnisgewinn für die Sozial- und Religionsgeographie erst dann abzuzeichnen begann, nachdem irgendein Brückenschlag zu einer Nachbardisziplin erfolgt war und deren neue Erkenntnisse - wie z. B. die Arbeiten von M. WEBER über die protestantische Ethik - auch für die Geographie z. B. durch A. RÜHL oder H. HAHN fruchtbar gemacht werden konnten.

Von den traditionellen Betrachtungsweisen her darf der **"Indikator"-Ansatz** wohl eine geographisch zentrale Rolle beanspruchen, leitet er sich doch primär vom Raum als einem Indikator oder einer Funktion des gestaltenden geistigen und religiösen Menschen ab. Für ein primär physiognomisches Geographieverständnis mag es einleuchtend erscheinen, etwa im Sinne von SOPHER (1967), formal positive oder negative Religionseinflüsse aus der Kulturlandschaft herauszulesen, was sich auch forschungsdidaktisch rechtfertigen läßt. Die Betrachtung der indirekten Einflüsse des geistig-religiösen Hintergrundes dürfte jedoch vertiefte wissenschaftliche Einsichten erwarten lassen, wie es die wegweisende Studie von N. KLIOT (1978) zeigt. Wie schon ihr Titel verrät - "The political landscape: a geographical analysis of the impact of ideology on the landscape" - lohnt sich die intensive Auseinandersetzung mit diesem aktuellen Versuch, die komplexe Ideologie-Raum-Problematik systematisch anzugehen.

Der Autor geht von der Annahme aus, daß sich neueren Gründungssiedlungen in Israel besonders enge Verbindungen zu den nachvollziehbaren Ideologien ihrer Bewohner nachweisen ließen. Zur Vergleichsuntersuchung wählt er drei Siedlungstypen mit unterschiedlich definierten Geisteshaltungen ihrer Bewohner aus (Kibbutz, Moshav, Moshava), die er befragungsstatistisch und mittels Kartierungen methodenkritisch und thematisch überzeugend analysiert. Daß dabei etwa in Kap. 2 (political landscape) politisch-geographische und in Kap. 3 (social and political processes) sozialräumliche Sachverhalte behandelt werden, erscheint uns notwendig, wenn auch methodisch schon eher bekannt. Damit wird aber die Geisteshaltung der israelischen Siedler sinnvoll mit den begründeten Zeit- und Gesellschaftsfaktoren verknüpft, d. h. KLIOT versucht, Geisteshaltung über Verhaltensunterschiede (z. B. mit Zeitbudgets), Entwicklungs- bzw. Lage-Charak-

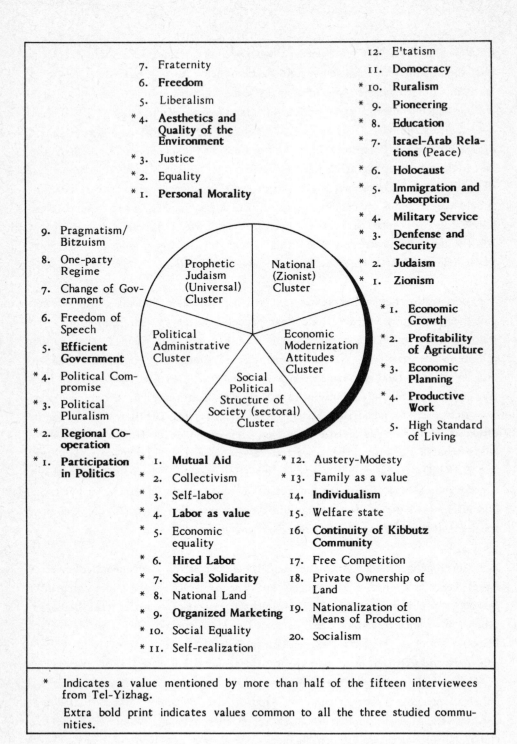

Abb. 1: "Ideologie-Struktur" des Kibbutz Tel-Yizhag

Quelle: nach KLIOT 1978, S. 412

teristiken und Nutzflächenquoten faßbar zu machen. Dies ergibt die Basis für eine verfeinerte Analyse der "Siedlungssymbolik" (Kap. 4) und der "ideologischen Wertestruktur" der Testräume (Kap. 5).

Mit der Symbol-Klassifikation und ihrer differenzierten Verortung dürfte ein entwicklungsfähiges Instrument der "Geisteshaltungs-Geographie" in Gebrauch gesetzt worden sein. Es unterstützt weiterführende Untersuchungen der landschaftlichen Wertbezüge auf dem Ideologie-Hintergrund, welche u. E. die Frage des Raumes als Ausdruck der Geisteshaltung zentral betreffen. So wirken sich ideologische Werte direkt auf Lebensführung, Verhalten und Landschaft aus, wobei etwa an staatsbürgerliche und militärische Implikationen erinnert sei. Des weiteren kann sich das ideologische Wertsystem im Raum "konsonant" oder "dissonant" widerspiegeln, je nach der jeweiligen Ideologiestruktur (z. B. kollektivistische oder individualistische Systeme) und deren Reichweite (national, regional, lokal) oder Entwicklungsphase. Um das komplexe Ideologiesystem besser faßbar und vergleichbar zu gestalten, differenziert und bewertet der Autor die Testräume wie in Abb. 1 nach je fünf Ideologiebereichen ("Ideology Clusters", Kap. V, S. 410 - 414).

Zu Recht wird abschließend vermerkt, daß das Bezugssystem Ideologie (Geisteshaltung) - Verhalten - Landschaft ganz wesentlich von der Wirkungsdauer (Ideologiealter) mitgeprägt werde. Daher sind wegen der räumlich-institutionellen Persistenz komplexe Prozeß-Rückkoppelungen zu erwarten; auf Grund der empirischen Befunde vermutet der Autor zwischen dem Beginn der ideologischen Wirksamkeit und ihrem landschaftlichen Niederschlag eine Phasenverschiebung von etwa zwei Generationen ("two-generation gap").

Diese knappen Hinweise auf eine bemerkenswerte neuere Publikation mögen genügen, um die allgemeine Bedeutung und Aktualität des Indikator-Ansatzes für ein künftiges Forschungsparadigma "Geographie der Religion und Geisteshaltung" zu bekräftigen.

2. Eine "Geographie der Geisteshaltung"?

Der Weg von der Religionsgeographie zu einer Geographie der Geisteshaltung kann einerseits als Erweiterung angesehen werden, als ein Weiterschreiten, das denjenigen Zeichen Rechnung tragen will, die einen "neuen Hellenismus" (HABERMAS 1981) anzeigen. Subkulturelle Splittergruppen mit eigen ausgeprägtem Dogma und Ethik machen sich bemerkbar. In ihrer Pionierposition sind sie auffallend, auch bei der Raumgestaltung.

Man kann die Beziehung zwischen einer Geographie der Geisteshaltung und der Religionsgeographie aber auch als ein anknüpfendes Zurückgreifen ansehen. Geht man ganz allgemein davon aus, daß geistige Werte und die damit verbundene Haltung einer Umwelt gegenüber ernst zu nehmen sind, dann scheint es sinnvoll, Orientierungshilfen bei den Forschungsarbeiten zu suchen, die sich schon lange mit Geistigem befassen, beispielsweise in der Religionsgeographie.

Während die grundsätzliche Fragestellung nach der Beziehung zwischen Geisteshaltung und Umwelt bleibt, treten im Blick auf die aktuellen Probleme neue Fragen ins Blickfeld. Die folgenden Anliegen scheinen uns zentral:
Es müssen Konzepte gefunden werden, die eher den Kern unserer Blickrichtung fassen, und nicht Abgrenzungen definieren. Es ist zum Beispiel schwierig zu entscheiden, ob die räumlichen Aspekte der Konfrontation zwischen tamilischen Asylanten und Schweizern ein Thema der politischen Geographie, der Kulturgeographie im engeren Sinne, oder eben einer Geographie der Geisteshaltung sind. Wichtiger ist, daß unsere Perspektive zur Problemerhellung beitragen kann.

Es ist ein weiteres Anliegen, die zeit-räumliche Dimension neu zu überdenken. Stichworte dazu wären: "vom historischen Kontext zur Ausrichtung in die Zukunft", "neue Mittel der Umsetzung von Geisteshaltung in Umweltgestaltung" und "größere räumliche Dynamik". Die Bedeutung dieser Stichworte soll im Folgenden erläutert werden.

Eines der wichtigsten Merkmale einer Geographie der Geisteshaltung ist nach wie vor, daß Menschen im Bezug auf ihre "Glaubenszugehörigkeit" gruppiert werden. Die Aufgabe ist die, die speziellen Beziehungen dieser Gruppen zu ihrer Umwelt zu verstehen. Geisteshaltungen spiegeln sich entweder direkt in der Umweltgestaltung oder indirekt über politisches, wirtschaftliches, demographisches, soziales,... Handeln im Raum. Damit ist auch die Annahme verbunden, daß es räumliche Indikatoren für Geisteshaltungen gibt, das heißt, deren "Spuren können in der Alltagswelt gesichert werden" (HARD 1985).

Löst man sich von der Beschränkung auf religiöse Geisteshaltungen, um auch andere Geisteshaltungen einzubeziehen (Geisteshaltung soll hier definiert sein als "Identifikation mit einem mehr oder weniger eng umschriebenen Ideensystem, individuell und sozial"), so wird eine Aktualisierung der Thematik möglich. Gruppen, die sich im Laufe der Geschichte aus einer Religionsgeographie im engeren Sinn herausdefiniert haben, sollen wieder berücksichtigt werden. Um ein Beispiel zu nennen: Frauen, die früher vielleicht einem katholischen Frauenbund angehört hätten, schließen sich heute in einer autonomen Selbsthilfegruppe zusammen, um die Wohnqualität ihres Quartiers zu verbessern. Doch in manchen Fällen fehlt die kontinuierliche Tradition. Einzelne Gruppierungen treten vielmehr in Re-aktion zum historisch Gewachsenen auf, und ihr Handeln zielt in eine bewußt neue Richtung. Dies bringt eine stark zukunftsgerichtete Komponente ins Spiel; Visionen und Utopien sind zwar kein neues Thema - man denke zum Beispiel an den Auszug der Mormonen - doch als zentraler Bestandteil einer Geographie der Geisteshaltung wäre ihnen mehr Beachtung zu schenken.

Die Verschiebungen, denen man bei einer Aktualisierung des Themas Rechnung tragen muß, sind wohl nicht bei grundsätzlich neuen Geisteshaltungen selbst zu suchen. Rebellen hat es sicher schon immer gegeben, Pazifisten, Naturfanatiker aber auch Antisemiten sind nichts Neues. Neu sind die Zielscheiben ihres Handelns (z. B. bei Kernkraftwerkgegnern), neu sind aber vor allem die Mittel, mit denen Ideen umgesetzt werden können (z. B. Terroristen), neu sind damit auch die Ausmaße der Umgestaltung.

Viele der Gruppierungen, die ins Blickfeld treten, sind sehr dynamisch, das heißt, eine stabile Gleichgewichtssituation zwischen Geisteshaltung und Umwelt (vgl. BÜTTNER 1985, S. 36) ist eher die Ausnahme. Diese Dynamik kann in Zusammenhang gebracht werden mit dem Bild einer "schrumpfenden Welt": erhöhte räumliche Mobilität erleichtert Export und Import von Geisteshaltungen und damit verbundene Felder von friedlicher und konfliktträchtiger Koexistenz. Zudem ist die Diffusion von Geisteshaltungen auch weniger an die räumliche Mobilität von "Missionaren" gebunden, denn moderne Massenmedien nehmen eine immer bedeutendere Stellung ein.

Bevor nun eine konsequente Aktualisierung theoretischer Ansätze versucht wird, sei noch darauf hingewiesen, daß eine Sensibilisierung für Geisteshaltung überhaupt nicht an der Geisteshaltung der Forscher vorbeisehen kann. Indem Geographen selber ins Objektfeld rücken, eröffnet sich eine weitere Ebene der Analyse.

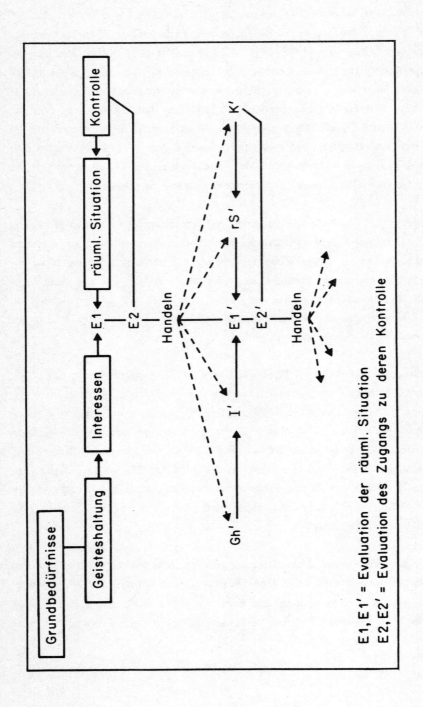

Abb. 2: Geisteshaltung und Umweltgestaltung
Quelle: Modell nach V. MEIER

E1, E1' = Evaluation der räuml. Situation
E2, E2' = Evaluation des Zugangs zu deren Kontrolle

3. Zur Diskussion: Ein Modell zur Umsetzung von Geisteshaltung in räumliches Handeln

Das Faszinierende an einer Geographie der Geisteshaltung ist, daß sie den "Geist", - die Kultur, ins Zentrum geographischer Betrachtungen rückt. Eine der ursprünglichen Bedeutungen von Kultur ist Ackerbau, d. h. von Menschen gehegter Boden, als Existenzgrundlage. Kultur ist eine bewußte Hinwendung, dabei kann das leitende Wissen verbal ausgedrückt und in Büchern codiert sein, oder als praktisches Wissen ins alltägliche Handeln einfließen. In einer "Geographie der Geisteshaltung" werden die immateriellen Aspekte der Kultur speziell beachtet und die damit verbundene Haltung, das heißt die Ausrichtung in der Umwelt in Perzeption und Handeln.

Wollen wir nun Landschaften lesen, die mit sehr deutlichen Symbolen von Geisteshaltung markiert sein können - wie es z. B. David HARVEY in seinem Artikel um die Basilika von Sacré-Coeur beschreibt (HARVEY 1979) - so müssen wir uns den Handlungen zuwenden, die solche Symbole gesetzt haben, ein handlungswissenschaftlicher Ansatz (SEDLACEK 1982; GIDDENS 1984) liegt nahe. Das Landschaftsbild ist Momentaufnahme eines Prozesses (s. auch BÜTTNER 1985) der mehr oder weniger erfolgreichen Umsetzung von Geisteshaltung in räumliches Handeln. Abbildung 2 ist ein Versuch, diesen Weg von der Geisteshaltung zur Raumgestaltung modellhaft darzustellen.

Die Geisteshaltung ordnet, gewichtet und verknüpft Grundbedürfnisse in einem Wissen, das einerseits als tradiertes Kulturgut da ist, sich aber ständig entwickelt, um äußeren Einflüssen (konkurrierenden Geisteshaltungen, Veränderungen der natürlichen Umwelt) Rechnung zu tragen.

Die momentane Geisteshaltung bestimmt nun konkrete Interessen und die Optik, mit der die räumliche Situation evaluiert wird. Je nach Differenzen ergibt sich die Notwendigkeit zur Veränderung. Zugang und Anwendung von Kontrollinstrumenten (z. B. Finanzkraft, Gewaltanwendung, charismatische Überzeugungskraft eines Führers), bestimmen dann wesentlich die Durchsetzungskraft der Vorstellungen einer Geisteshaltung, auch im Bezug auf die Raumgestaltung. Dem Erfolg des Handelns entsprechend werden zukünftige Projekte ausgerichtet und in der neuen räumlichen Situation umgesetzt.

Hier muß jedoch darauf hingewiesen werden, daß Auseinandersetzung mit dem

Lebensraum im engeren Sinn nicht allein prägend ist für die Veränderung von Geisteshaltung. Im "globalen Dorf" kann eine eher zufällige Konfrontation mit fremder Geisteshaltung zumindest Auslöser radikaler Änderung von Geisteshaltung werden.

Zusammenfassend seien nochmals folgende Verbindungen zur Kultur-/Sozialgeographie betont. Es ist sinnvoll, von einem **handlungswissenschaftlichen Ansatz** auszugehen: in einer Geisteshaltung werden Projekte entworfen, und die **Umweltwahrnehmung** wird dann wesentlich von deren Interessen beeinflußt, d. h. Form und Ausrichtung der Wahrnehmungsfilter entsprechen der Geisteshaltung. Bei der Verwirklichung dieser Projekte wird die Umwelt gestaltet und werden damit wiederum Voraussetzungen für zukünftige Projekte geschaffen.

II. Forschungsperspektiven

Als Ergebnis unseres simulierten "Kongresses" zur "Geographie der Geisteshaltung" geben wir nachstehend eine kurze Zusammenfassung der vorgetragenen Projektthemen.

1. Francis ROSSÉ: Die Wohnplätze konfessioneller Gruppen im städtischen Koexistenzraum.

Die Thematik orientiert sich am Koexistenz-Ansatz und sieht darin eine zwar alltägliche, aber zukunftsträchtige Fragestellung, denn die konfessionelle Koexistenz - wie sie sich auch aus der zunehmenden Zahl von Mischehen ergibt - führt in Städten zu vielschichtigen Forschungsmöglichkeiten. So eröffnet die vertiefte Analyse der Wohnplatzverteilung, der innerstädtischen und der Stadt-Umland-Wanderungen und der sozialökonomischen Stadtstruktur ein besseres Verständnis für die religiösen und interkonfessionellen Zusammenhänge im städtischen Lebensbereich. Unter Auswertung methodischer Beispiele (BOAL 1969; GALLUSSER 1984; HAHN 1958; STERN 1984) beschränkt sich der Referent auf die exemplarische Darstellung des Basler Problemraums.

Im Blick auf STERNs Analyse der Basler Juden (auf Grund von Mitgliederlisten) werden Tatbestände über das Wohn- und Migrationsverhalten religiöser Minderheiten klargelegt, welche einem einvernehmlicheren Zusammenleben der städtischen Bevölkerung dienlich sind. Eine ähnliche Untersuchung über die Moslems wäre wohl schwieriger, da sprachliche Barrieren existieren und eine islamische

Gemeinde noch nicht entsprechend etabliert ist.

Bei einer systematischen Erforschung müßte wohl auch das aktuelle Phänomen der Konfessionslosen einbezogen werden, bilden sie doch mit 14 % der Wohnbevölkerung Basels die drittgrößte Bekenntnisgruppe.

In jedem Fall kann von dieser Art religionsgeographischer Stadtforschung ein bedeutender Erkenntnisgewinn sowohl für die erforschten Religionsgruppen wie auch für die koexistierende Wohnbevölkerung erwartet werden. Daß der Referent eine Auftragsstudie "Die räumliche Organisation der Kirchengemeinden der Ev.-Ref. Kirche Basel-Stadt in Bezug auf die aktuelle Stadt- und Quartierstruktur" bearbeitet, dürfte das allgemeine Interesse an dieser speziellen Thematik deutlich machen.

2. Jean-Marc BOLL: Der Wirtschaftsgeist als Element der Geographie der Geisteshaltung - dargestellt anhand der Werke von Alfred RÜHL.

Das Bemerkenswerte ist hier die Wiederbelebung von RÜHLs Werken über den Wirtschaftsgeist, 60 Jahre nach ihrer Entstehung. Nach einer kurzen Kennzeichnung der drei Arbeiten über den Wirtschaftsgeist im Orient, in Amerika und Spanien, gibt der Vortragende einen Einordnungsversuch von RÜHLs "Wirtschaftsgeist" in das Bochumer Modell von BÜTTNER: Auf der Religionsebene, der Ebene der religiös geprägten Geisteshaltung, wäre der Wirtschaftsgeist einzuordnen. Seine religionsbedingte Prägung ist vor allem in Amerika (Puritanismus) deutlich, aber auch im Orient beeinflußt der Islam nebst der historischen Entwicklung den Wirtschaftsgeist ziemlich stark. Nur in Spanien ist der Wirtschaftsgeist kaum religiös, sondern historisch bedingt geprägt. Auf der Sozialebene werden die Menschen durch die Religionsebene (Wirtschaftsgeist) beeinflußt und gestalten unter diesem Einfluß ihre Umwelt, die Indikatorebene ... Ein deutliches Beispiel für einen Rückkoppelungsprozeß haben wir in Amerika gefunden: Durch die Ausbeutewirtschaft wurde die Landschaft (Indikatorebene) verändert, indem wertvolle Ressourcen (z. B. Wald) drastisch verschwanden. Diese Verarmung der Landschaft führte bei den Menschen (Sozialebene) zu einer Änderung ihres Wirtschaftsgeistes (Religionsebene), indem jetzt eine landschaftsschonendere Wirtschaft betrieben wurde, was sich wiederum in der Landschaft (Indikatorebene) in Form von z. B. Aufforstungen und Naturparks ausdrückt.

RÜHLs spezielle Leistung bestehe in der differenzierten Einbindung des Wirtschaftsgeistes eines Raumes in dessen historisch gewachsene, religiös-kulturelle Situation mit der damit verbundenen psychologischen (Verhaltens-)Prägung der Bevölkerung. Der Wirtschaftsgeist sagt etwas aus über den Stellenwert von "Arbeits- und Wirtschaftseifer" im kulturellen Wertgefüge und erweitert daher die religionsgeographische Aussage zu einer allgemeinen Feststellung im Sinn von "Geisteshaltung". Unter weiterer Beachtung der religiösen Antriebe im Menschen erreicht somit die Reflexion über den Wirtschaftsgeist die Perspektive einer "Geographie der Geisteshaltung".

3. Markus SCHNEIDER: Naturbewußtsein und "Recreation Management"

In der Geisteshaltung des Menschen kann das Naturbewußtsein verschieden stark entfaltet sein und zu räumlichem Ausdruck gelangen. Angesichts des unübersehbaren Eingriffs der menschlichen Technologie in den Naturhaushalt der Erde erscheint dem Referenten eine umfassende Untersuchung über das menschliche Naturbewußtsein und ein ökologisch ausgerichtetes "Recreation Management" wünschenswert.

Auf Grund eines Versuchsmodells möchte er die Beziehung zwischen Naturaufenthalt (des Menschen) und Naturbewußtsein (im Menschen), bzw. zwischen Naturschutz, Planung und Erholungsform empirisch nachvollziehen und für ein konkretes "Recreation Management" auswerten.

Auch in diesem Ansatz wird die menschliche Geisteshaltung zur integrativen Grundlage für die Beurteilung jeglicher Mensch-Umwelt-Problematik.

4. Konstantin ZALAD: "Modern Times" - und wir. Die Einstellung zur Zukunft und zum technischen Fortschritt als Indikator einer Geisteshaltung

Modern times - was für Folgen ziehen die Technisierung von Arbeit und Umwelt nach sich im Denken und Handeln des Menschen? Die Absage grün-ökologischer Gruppen an weite Bereiche der Technik hat diese Fragestellung einmal mehr einer weiteren Öffentlichkeit vermittelt.

Eine solche Infragestellung des Fortschrittes ist eine Haltung, die quer zu den üblichen politischen Kategorien verläuft, doch ist sie an bestimmte gesellschaftliche Gruppen gebunden, größere nationale und regionale Unterschiede müßten feststellbar sein.

Es ist unsere Annahme, daß die Einstellung zu Technik und Zukunft für weite Bereiche menschlichen Handelns und Denkens prägend ist. Was uns als Geographen interessiert, sind Unterschiede in diesen Geisteshaltungen, die den Raum oder die menschlichen Organisationsformen betreffen. Eine Karte der Verteilung solcher Geisteshaltungen würde zugleich das Veränderungspotential verschiedener Gebiete widerspiegeln.

Wie könnte man die entsprechenden Daten erheben? Jede Geisteshaltung findet ihren Ausdruck auch im Physiognomischen. Symbole/sichtbare Zeichen der Einstellung zur Technik ließen sich finden. Man müßte jedoch berücksichtigen, daß materielle Veränderung dem Bewußtseinswandel hintennach hinkt.

Die Erforschung der Gedanken und Vorstellungen ist nur über die Befragung der Betroffenen möglich. Fragen zur Einschätzung der Lebensqualität gestern, heute und morgen müßten durch Meinungsbefragungen zur Problemlösungskapazität der Technik ergänzt werden.

5. Adrian BÜRGI und Stephan MARTY: Touristisches Verhalten als Ausdruck einer Geisteshaltung

Seit Anfang der 70er Jahre gibt es in der Tourismusdiskussion Ansätze, Verhaltensmotive in der Freizeit mit persönlichkeits- und sozialpsychologischen Merkmalen in Beziehung zu bringen. Im Verhältnis zur Arbeitswelt kann dann die Haltung der Reisenden grundsätzlich auf zwei Positionen vereinfacht werden: die Konträrhaltung, d. h. eine Flucht aus der Arbeitswelt, und die Komplementärhaltung, die Freizeit und Arbeit in einer ganzheitlichen Lebensgestaltung verbinden will. Nun ist es wichtig, in diesem Zusammenhang darauf hinzuweisen, daß bei einer Erklärung der Haltung in der freizeitorientierten Umgebung auf die Verhältnisse in der arbeitsorientierten Umgebung zurückgegriffen werden muß. Denn, sowohl Push- wie auch Pullfaktoren für das Bedürfnis mobiler Freizeit können aus dem sozioökonomischen Wandel, den die Arbeitswelt im Laufe der Industrialisierung erfahren hat, abgeleitet werden.

Unter der Annahme, daß Komplementärhaltungen einer Konträrhaltung vorzuziehen sind, zielen Ansätze einer maßvollen Entwicklung des Tourismus (Stichwort Sanfter Tourismus) genau auf diese Änderung des Einzelnen in seiner Grund-

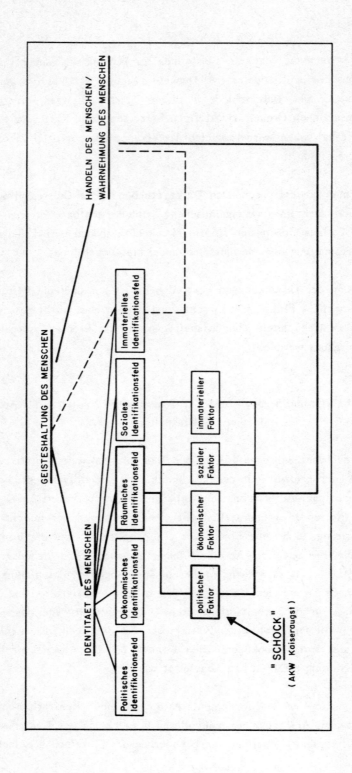

Abb. 3: Die verschiedenen Betrachtungsebenen der "Geisteshaltung"

Quelle: Modell nach D. KÖHLER

haltung, das heißt der Geisteshaltung in der alltäglichen Umgebung.

Im Sinn einer Geographie der Geisteshaltung könnte differenzierter auf räumlichen Forderungen und Konsequenzen bestimmter Werthaltungen eingegangen werden, vor allem die Beziehung zwischen "alltäglicher" Geisteshaltung und Geisteshaltung in der Freizeit müßte empirisch weiter erforscht werden.

6. Catherine AMSTUTZ: Asylanten in der Schweiz - Tamilen in Basel

Mit der Ankunft tamilischer Exilsuchender in Basel ist einmal mehr die Problematik der Integration fremder Minderheiten zur Sprache gekommen. Zwei sehr ungleiche Gruppen stehen sich gegenüber. Ungleich nicht nur in Bezug auf die kulturelle Herkunft und Weltanschauungen, ungleich auch in Bezug auf die Möglichkeiten, elementare Grundbedürfnisse zu befriedigen. Zwischen der "starken" Mehrheit, die sich im eigenen Territorium weiß, und der fremden Minderheit bestehen Kommunikationsschwierigkeiten, oft sogar Abweisung.

Man kann sich nun fragen, ob auch räumliche Indikatoren Rückschlüsse auf bestehende Probleme zulassen. Würde vermehrte räumliche Integration zu einer "Entmythifizierung" des fremden Anderen führen und so die Kommunikation erleichtern und fördern? Was für eine Geisteshaltung liegt den Stimmen zugrunde, die sich gegen eine solche Integration wehren? Mit was für einem Territorialitäts- und Heimatsgefühl ist eine solche Geisteshaltung verbunden, und wo fühlen sich diese Menschen bedroht?

7. Dieter KÖHLER: Die Perversion als raumwirksamer Faktor

Geht man von der Annahme aus, daß "Geisteshaltung" mehr bedeutet, als nur Religion, nämlich eine Haltung, die sich der Intellekt "geschaffen" hat (durch Erfahrungs- und Lernprozesse), so können verschiedene Identifikationsfelder unterschieden werden, von denen der Bereich der traditionellen Religionsgeographie nur eines besetzt (das immaterielle Identifikationsfeld), Geisteshaltung aber in allen anderen Feldern auch präsent ist (s. Abbildung 3). Der Mensch bestimmt mit seiner Geisteshaltung in welchem Maß ein Identifikationsfeld aktiviert, d. h. für ihn wichtig ist. Veränderungen der Geisteshaltung ziehen eine Neuorientierung der Identifikationsfelder nach sich, was sich verändernd auf das Handeln auswirkt. In unserem speziellen Fall interessiert vor allem das räumliche Identifikationsfeld.

Fragt man sich nun, wie es zu verändertem Handeln - im Zusammenhang mit veränderter Geisteshaltung - kommen kann, so wird hier die Hypothese aufgestellt, daß ein "Schock", d. h. die Perversion bestehender Normen, in der Wahrnehmung stärker auftritt, als immerwiederkehrende Handlungen, und somit eher Veränderungen bewirkt.
Ob das Handeln nun eher engagiert oder aber passiv und resigniert ist, hängt unter anderem von der Intensität der Identifikation der Menschen mit ihrem Raum (d. h. dem Aktivierungsgrad des räumlichen Identifikationsfeldes) ab.

Ein Beispiel: In der Region Basel kann, was die Politik betrifft, von einer liberalen Geisteshaltung gesprochen werden. Dies bewirkt, daß der politische Faktor des räumlichen Identifikationsfeldes besonders "aktiviert" (sensibilisiert) ist. Gemäß der oben aufgestellten Hypothese erfolgt räumliches Handeln vor allem dann, wenn nun dieses Identifikationsfeld durch einen Schock "getroffen" (bewegt) wird. Ein Beispiel dafür sind die Auseinandersetzungen um das AKW Kaiseraugst, das wegen seiner pervertierten Form ("Kernkraft als Perversion der Gesellschaft") besonders stark wahrgenommen wird. Dieser "Schock" hat die Bevölkerung "wachgerüttelt" und ein Umdenken eingeleitet. Auseinandersetzung und Wiederorientierung der (räumlichen) Identität haben aktive, engagierte Handlungen hervorgerufen, wie sie durch keine noch so gute langjährige politische Informationsarbeit erreicht worden wären.

III. Schluß

Überschauen wir abschließend unsere vorläufige Standortbestimmung, so lassen sich darin etwa vier Haupttendenzen erkennen. Eine erste postuliert die theoretisch-methodische **Vertiefung im geisteswissenschaftlichen Bereich**, etwa in der Diskussion raumzeitlicher Beziehungen von Ideologie und Wertsystem. Diese Diskussion und methodische Aneignung eines vertieften Verständnisses für den "virtuellen Raum" kann nicht ohne **interdisziplinäre Ausweitung** des Fragehorizontes geschehen. Ohne Tuchfühlungsängste diskutieren wir übergeordnete Fragestellungen mit allen hiezu befähigten, interessierten und engagierten Forschungspartnern. Weil wir den Raum im Sinne von LEIBNIZ als "ordo coexistendi" verstehen, braucht eine lebendige Geographie dieses Gespräch zu einer soliden Begründung ihres jeweiligen Forschungsparadigmas. Zum andern darf gerade unter dem Siegel der "Religionsgeographie" die Grundsatzfrage gestellt werden: Was können wir Geographen zur Beantwortung realer grenzüberschreitender Lebensfragen überhaupt beitragen, wenn wir uns der Kommunikation mit Forschern ähnlicher Zielrichtung aber anderer Betrachtungspositionen entziehen? Im Blick auf die zahlreichen sich drängenden Probleme der Gegenwart ist die Bereitschaft zur interdisziplinären Orientierung unerläßlich, ebenso wie die **Offenheit für die Alltagsprobleme der Gegenwart.** Gewiß erweisen sich die frisch auftauchenden Tagesfragen für die langfristig angelegte Forschung als unbequem, ja störend. Aber ebenso sicher wie sich die Medien allermeist unsystematisch, dafür kürzestfristig und darum wenig fundiert der "Verarbeitung" der Aktualität widmen, ebenso gewiß erweisen sich diese lästigen und oft auch "heißen" Aktualitäten bei genauerer Prüfung als echte Bereicherung für die wissenschaftliche Fragestellung und für ein lebendiges Forschungsparadigma, wie es - so hoffen wir - einige Beispiele von Teil II belegen. Die Tendenz zur Forschungsaktualisierung darf aber nicht dahingehend interpretiert werden, die traditionelle Religionsgeographie sei grundsätzlich und allein durch eine neue, bessere Forschungskonzeption abzulösen. Gerade die Zwischenbilanz (Kap. 1) und einige Beispiele von Teil II bestätigen die **Leistungs- und Entwicklungsfähigkeit der traditionellen Religionsgeographie,** so etwa des Koexistenz- und des Indikator-Ansatzes.

In diesem Sinne hoffen wir, zu einem konstruktiven Besinnungsinhalt auf dem Weg zu einer "Geographie der Geisteshaltung" beigetragen zu haben: zurückblickend, umschauend, abwägend!

Literatur

BOAL, F. W. (1969): Territoriality on the Shankill-Falls divide, Belfast. - In: Irish Geography, Band 6, Heft 1, S. 30 - 50. Dublin.

BÜTTNER, M. (1985): Zur Geschichte und Systematik der Religionsgeographie. - In: Geographia Religionum, Band 1, S. 13 - 121. Berlin.

GALLUSSER, W. (1984): Konfessionelle Bevölkerungsstruktur und Kultraum im aktuellen Verstädterungsprozeß, dargestellt an der religionsgeographischen Entwicklung der Regio seit 1950. Alemanisches Jahrbuch, Bühl.

GIDDENS, A. (1984): The constitution of society, Outline of the Theory of Structuration. Cambridge.

HABERMAS, J. (1981): Wozu noch Philosophie? Einleitung zu: Philosophisch-politische Profile. Frankfurt am Main.

HAHN, H. (1950): Der Einfluß der Konfessionen auf die Bevölkerungs- und Sozialgeographie des Hunsrücks. Bonner Geographische Abhandlungen, Heft 4, Bonn.

HAHN, H. (1951): Die berufliche und soziale Gliederung der evangelischen und katholischen Bevölkerung des Kreises Memmingen. - In: Erdkunde, Band V, S. 171 - 174, Bonn.

HARD, G. (1985): Die Alltagsperspektiven in der Geographie. - In: Analyse und Interpretation der Alltagswelt. Osnabrücker Studien zur Geographie, Band 7. Osnabrück.

HARVEY, D. (1979): Monument and Myth. Annals of the Association of American Geographers, Band 69, Heft 3.

KLIOT, N. (1978): The political landscape: A geographical analysis of the impact of ideology on the landscape. Worchester, Mass.

RINSCHEDE, G. und SIEVERS, A. (1985): Sozialgeographische Untersuchungen zum Pilgerphänomen. - In: Geographia Religionum, Band 1, Berlin.

RÜHL, A. (1925): Vom Wirtschaftsgeist im Orient. Leipzig.

RÜHL, A. (1927): Vom Wirtschaftsgeist in Amerika. Leipzig.

RÜHL, A. (1928): Vom Wirtschaftsgeist in Spanien. 2. erweiterte Ausgabe, Leipzig.

SEDLACEK, P. (1982): Kulturgeographie als normative Handlungswissenschaft. - In: SEDLACEK, P. (Hrsg.): Kultur-/Sozialgeographie. Paderborn.

SOPHER, D. E. (1967): Geography of Religions. Foundations of Cultural Geography Series, S. 24 - 46. Englewood Cliffs, N. J.

STERN, S. (1984): Wohnplätze der Basler Juden 1910 - 1970. - In: Regio Basiliensis, 25. Jg., Heft 2/3, S. 119 - 127. Basel.

WEBER, M. (1905): Die protestantische Ethik und der Geist des Kapitalismus. Archiv für Sozialwissenschaft und Sozialpolitik XX und XXI.

Zusammenfassung

Angeregt durch das Schrifttum von M. BÜTTNER, insbesondere den Aufsatz "Zur Geschichte und Systematik der Religionsgeographie" mit dem "Bochumer Modell" unternahmen wir im Rahmen einer Arbeitsgemeinschaft den Versuch, einige der Grundfragen aufzugreifen und von unserem Verständnis einer aktuellen Humangeographie her zu diskutieren. Um diese Diskussion möglichst auch für neue Fragestellungen und Forschungswege zu öffnen, wurde das Leitthema sehr weit gefaßt als "Geisteshaltung und Raum". Nach der systematischen Behandlung von bewährten Ansätzen und Methoden präsentieren die Teilnehmer abschließend ihre eigenen Projekte.

Angesichts der Gefahr eines akademischen "Turmbaus zu Babel" in der Religionsgeographie, war es unser Bestreben, aus dem heutigen Schrifttum jene Themen herauszuspüren, welche die aktuelle Mensch-Raum-Beziehung integrativ umfassen und so eine Basis bilden können für eine möglichst offene entwicklungsfähige Zusammenarbeit zwischen interessierten Forschern.

Von seiner pragmatischen Bedeutung her ist der religionsgeographisch bewährte "Koexistenz-Ansatz", so wie er in F. W. BOALs Belfast-Analyse oder in der Hunsrück-Studie von H. HAHN exemplifiziert ist, zu betonen. Als eine neuere wegweisende Studie, die dem "Indikator-Ansatz" zugerechnet werden kann, wurde N. KLIOTs Analyse der "politischen Landschaft" Israels erkannt. Sie macht Landschaft als Ausdruck der Ideologie zum Gegenstand der Forschung. Insbesondere faszinieren dabei die methodischen Möglichkeiten, die räumlichen Auswirkungen von Geisteshaltung u. a. durch Siedlungssymbolik und Wertestruktur faßbar zu machen.

Fragt man nach den neuen Themen, die bei einer Aktualisierung der "Geographie der Geisteshaltung" diskutiert werden können, so ist darauf hinzuweisen, daß weniger die Geisteshaltungen selbst sich verändert haben, sondern daß neue Ziele auftreten und ganz andere Mittel die Verwirklichung von Ideen im Raum bestimmen.

Größere räumliche Mobilität und die zunehmende Bedeutung von Massenmedien erleichtern den Import und Export von Geisteshaltung, so daß ständig neue Zonen des Konfliktes oder der friedlichen Koexistenz geschaffen werden.

Auf der Suche nach klaren Konzepten, um diese Themen zu beleuchten, wird hier ein Modell skizziert, das die Umsetzung von Geisteshaltung zur Raumgestaltung im Sinne eines "handlungswissenschaftlichen Ansatzes" (P. SEDLACEK) faßt: Eine Geisteshaltung ordnet, gewichtet und verknüpft Grundbedürfnisse und bestimmt konkrete Interessen. Im Licht dieser Interessen wird die räumliche Situation und der Zugang zu deren Kontrolle evaluiert, und die Umwelt direkt und indirekt verändert. Dem Handlungserfolg entsprechend werden zukünftige Projekte ausgerichtet und in der neuen räumlichen Situation verwirklicht.

Der im Rahmen der Arbeitsgemeinschaft organisierte "Kongreß" diente als eine didaktische Simulation dieser Forschungssituation. Die Absicht der Veranstalter bestand darin, zusammen mit den Studenten eine möglichst offene, ja spontane "Ideenbörse" zu erreichen, welche über den bisherigen Stand der "Religionsgeographie" hinausweisen sollte.

Faßt man die vorgelegten Beiträge nach ihrer Grundthematik zusammen, so lassen sie sich etwa folgenden drei Problembereichen zuordnen:

1. Kritischer Nachvollzug weiterführender Ansätze der "sozialwissenschaftlichen Klassik" (seit Max Weber)

Jean-Marc BOLL: Der Wirtschaftsgeist als Element der Geographie der Geisteshaltung - dargestellt an Werken von Alfred Rühl

2. Wiederaufnahme des Koexistenz-Ansatzes

Francis ROSSÉ: Die Wohnplätze konfessioneller Gruppen im städtischen Koexistenzraum

Catherine AMSTUTZ: Asylanten in der Schweiz - Tamilen in Basel

3. Aktuelle Reflexionen über den geistigen Hintergrund der "räumlichen Aktion"

Markus SCHNEIDER: Naturbewußtsein und "Recreation Management"

Adrian BÜRGI und Stephan MARTY: Touristisches Verhalten als Ausdruck einer Geisteshaltung

Konstantin ZALAD: "Modern Times" - und wir. Die Einstellung zur Zukunft und zum technischen Fortschritt als Indikator einer Geisteshaltung

Dieter KÖHLER: Die Perversion als raumwirksamer Faktor (Mit eigenem Modell der räumlichen Aktion)

Insgesamt ergab die Auseinandersetzung mit der Geisteshaltungsproblematik eine erstaunliche "Zentralperspektive", d. h. eine Betrachtungsdimension, in der sich zentrale Anliegen des Menschen und seiner Umwelt begegnen. Es geht dabei um das Zusammenleben der Menschen auf der (technisch bedingt) kleiner werdenden Erde und um die zunehmend stärkere Umgestaltung der Umwelt durch den geistgeprägten Menschen.

Die Frage nach der Zukunft der Erde im Zeichen der umwelttechnischen Umwälzungen verlangt immer dringender nach Einsicht in die eigentlichen Ursachen und Zusammenhänge menschlichen Handelns im Raum: nach den inneren geistigen Modellen, nach welchen der Mensch seine Umwelt begreift und gestaltet. Aus unserer humangeographischen Problemsicht scheint darum die Zeit dafür reif zu sein, Erde und Mensch neu zu entdecken, und zwar mit einer international und interdisziplinär zu entwickelnden "Geographie der Geisteshaltung".

Summary
"On our way to a geography of belief systems (Geographie der Geisteshaltung)"
A brief report on the perspectives of a Basel working group

Stimulated by the writings of M. BÜTTNER, in particular by his article "on the history and philosophy of the geography of religion" presenting the Bochum model, we decided to pick up some of these ideas and reflect on them with our understanding of today's human geography. To allow for new themes and for addressing immediate every-day issues, the seminar discussion was based on a very broad interpretation of a "geography of belief systems": our focus was on attitudes of the mind (Geisteshaltung) and their imprints on the landscape. After a thorough discussion on traditional approaches and methodology the students presented their own projects at a final symposium.

As one views today's increasing variety of research approaches and methodological schools, any attempt to avoid an academic Tower of Babel is welcome. It is therefore also our aspiration to trace those themes which capture the problems of today's men - environment relations in a most integrating way and thus can provide a basis for a most viable and open cooperation among concerned scientists.

Looking for **connecting links** with established concepts we found the "coexistence approach" as exemplified in F. W. BOAL's Belfast study and the work of H. HAHN on the "Hunsrück" area very useful. Another very stimulating approach is presented by N. KLIOT's analysis of the "political landscape" in Israel. There, landscape as an expression of ideology is made a topic for research. It is particularly fascinating to see the methodological possibilities which are used to capture the spatial consequences of belief systems, such as tracing settlement symbolism and value structure.

As the discussion on a "geography of belief systems" is gaining new impetus, one is challenged to look for the **new themes** this actualization entails. One of them might be a renewed concern for visions and utopias, as some of the new cultural subgroups emerge in opposition to a historically grown context, rather than building on continuous tradition. Not so much the attitudes themselves have changed, but there are new targets (e.g. nuclear freeze), and most of all, the means to realize ideas have become much more powerful (e.g. thinking of terrorism). Increased spatial mobility facilitates the import and export of belief systems and consequently new areas of peaceful coexistence or conflict are created. The media gain importance.

To approach those issues, we need **appropriate concepts** to tell about perspectives rather than territories. We need a framework, with ideas and projects and their translation into action at its very center.
A model is presented that links with "action oriented" approaches in social geography (handlungswissenschaftliche Geographie) as proposed by P. SEDLACEK, and also draws on concepts of A. GIDDENS' social theory.
Belief systems organize basic needs to shape distinct interests. In the light of these interests the environment is evaluated and access to the means of control over this situation is sought. Action will be taken to transform the landscape directly or indirectly. Beliefs and interests will be adjusted, thus shaping the new situation for consequent projects.

At the end of the study group's seminar we organized a **"conference"** to serve as a didactic simulation of the research situation. It was our intention to arrive at a most open, spontaneous exchange of ideas, which would lead beyond today's state of a "geography of religion".

Summarizing the presented contributions according to their central theme, one can distinguish the following three areas of concern:

1. Critical evaluations of seminal approaches of "social science classics" (starting with the work of Max Weber)

Jean-Marc BOLL: Belief systems and economic spirit (Wirtschaftsgeist), a review of the writings of A. Rühl

2. Resumptions of the "Coexistence - Approach"

Francis ROSSÉ: The coexistence of religious groups in Basle, an analysis of residential patterns

Catherine AMSTUTZ: Political refugees - Tamils in Basle, coexistence and rejection

3. Present-day reflections on the mental background to spatial action

Markus SCHNEIDER: "A sense of nature" and recreation management

Adrian BÜRGI and Stephan MARTY: "Soft Tourism", values and attitudes must change in every-day working environment first

Konstantin ZALAD: "Modern Times" - what does it mean to us? Attitudes towards the future and technological progress as indicators of a belief system

Dieter KÖHLER: Belief systems and regional identity, how the perversion of norms can lead to action (including a model on belief systems, identity and spatial action)

In conclusion, the discussions of belief systems yielded a remarkable "central perspective", i.e. a focusing dimension where vital concerns of human beings and their environment come together: The issue is about living on a (for technical reasons) shrinking earth and about the increased impact of belief moulded man reshaping his environment.

In the light of environment transforming technological change questions after the future of our planet demand with more and more urgency and understanding of the actual causes and relationships of man's action in space: of the internal mental constructs according to which human beings understand their world and consequently will act.
From our viewpoint as concerned human geographers the time seems ready to rediscover the earth and mankind through our efforts to develop an international and interdisciplinary "Geography of belief systems".

Karl Hoheisel

SIEGFRIED PASSARGES
"DAS JUDENTUM ALS LANDSCHAFTSKUNDLICH-ETHNOLOGISCHES PROBLEM":
PARADIGMA EINER ZEITGEMÄSSEN RELIGIONSGEOGRAPHIE?

Religionsgeographie studiert die Wechselwirkungen zwischen Religion und geographischer Umwelt. Dabei ist es von untergeordneter Bedeutung, ob dies im Rahmen einer eigenen Disziplin geschieht oder nicht[1]. Nachdenklicher stimmt, was David E. SOPHER mit aller gebotenen Vorsicht als Ergebnis eines Überblickes über das der Religion gewidmete geographische Schrifttum der letzten ca. 15 Jahre festhält: "Geographic work that deals with religion is likely to remain diffuse". Fährt er auch fort: "Work that brings the discipline's ecological, statial and regional perspectives to the study of religions and their institutions is likely to have most to say that is original and worthwile, ..."[2], so wird seine erstgenannte Beobachtung doch in ganz besonderer Weise auf die vergleichsweise wenigen Versuche zu beziehen sein, die Einflüssen von Geofaktoren auf Inhalt und Form religiöser Entwürfe gewidmet sind.

So fasziniert waren geographisch an Religion interessierte Forscher früherer Zeiten von den unbestreitbaren Erfolgen der Naturwissenschaften, daß sie dazu neigten, auch Religion als eine Art Naturwirklichkeit den Gesetzmäßigkeiten der Naturkausalität unterworfen zu sehen. Deshalb ringen ihre Studien oft mit den verschiedenen Formen des Geodeterminismus[3]. Letztlich gaben aber die inzwischen bekannten Unzulänglichkeiten dieser Betrachtungsweise den Ausschlag, daß nach dem Zweiten Weltkrieg methodenbewußte Geographen möglichst ganz von Umweltabhängigkeitsforschungen Abstand nahmen. Im deutschen Sprachraum, bei FICKELER, seinem Mentor C. TROLL und anderen kam, wie ich vermute, ohne hier detailliert den Nachweis führen zu können, das Bemühen hinzu, die Geographie ein für allemal von der noch erheblich verhängnisvolleren Hypothek, mit der der Nationalsozialismus[4] namentlich in Gestalt der angewandten politischen Geographie K. HAUSHOFERs[5] ihr Fach befrachtet hatte, zu befreien und künftig ganz freizuhalten.

Verquickung mit nationalsozialistischem Gedankengut scheint auch einer der Hauptgründe, weshalb die kulturgeographischen Folgerungen, die PASSARGE besonders in seinem Judentumsbuch 1929[6] aus der ein Jahrzehnt zuvor von ihm begründeten "Landschaftskunde" auch zur Lösung praktischer Probleme zog, eigentlich seit ihrem Erscheinen kaum zur Kenntnis genommen, geschweige denn ernsthaft diskutiert wurden. Ähnliches gilt von seinem umfassenderen, aber methodisch gleich orientierten Büchlein "Landschaft und Kulturentwicklung in unseren Klimabreiten"[7] und "Grundzüge der gesetzmäßigen Charakterentwicklung der Völker auf religiöser und naturwissenschaftlicher Grundlage und in Abhängigkeit von der Landschaft"[8]. Diese auffallend schwache Rezeption ist, was immer die Gründe sein mögen, zu sehr zu bedauern, da sich PASSARGE nach anfänglicher Ablehnung als Landschaftskundler bedeutende Verdienste und diesen entsprechende Anerkennung erworben hat und seine Untersuchung "der Abhängigkeit des Menschen und seiner Kultur von der Natur des Landes, der Landschaft" auch die Einwirkungen "von der Umwelt, den Städten, der ganzen Landschaft", "der Landschaften, die der Mensch selbst geschaffen hat, nämlich der Kulturlandschaften"[9] behandelt. Deshalb schien es an der Zeit, neben der Anwendung seines Konzeptes auf das Judentum die Gründe für die geringe Resonanz zu prüfen, die seine Sichtweise gefunden hat, um abschließend Grundsätzliches zur Methodik von Umweltabhängigkeitsuntersuchungen daraus abzuleiten.

I. Judenfeindschaft und Sozialdarwinismus

Der deutschen Geographie bis zum Ende des Zweiten Weltkrieges kann kein Antisemitismus vorgeworfen werden. Mit dem bekannten Sven Hedin-Freund und -Studienkameraden A. PHILIPPSON, dem damals anerkanntesten Wirtschaftsgeographen A. RÜHL und A. HETTNER, der als "Vierteljude" in der NS-Zeit ziemlichen Anfeindungen ausgesetzt war, zählte sie so namhafte Juden zu Vertretern, daß die nichtjüdischen deutschen Geographen kaum Neigung zeigen konnten, sich antisemitisch zu äußern und entsprechende Entgleisungen, die natürlich trotzdem vorkamen, als höchst peinlich empfanden. Bei dem Privatgelehrten E. BANSE[10] wurde nicht nur das vielfach für skurril gehaltene Verständnis der Geographie als Kunst und Wesensschau, sondern auch der Antisemitismus von der Hochschulgeographie abgelehnt.

1. PASSARGEs Antisemitismus

PASSARGE schreibt in seiner Selbstbiographie "Aus 70 Jahren"[11] er sei dem Judentum gegenüber neutral gewesen, ein Jude, VOHSEN, sogar sein Freund, bis "ich zu einer richtigen Erkenntnis des Einflusses dieses orientalischen Religionsvolkes auf europäischem Boden ... infolge der über unser Volk und unseren Staat hereinbrechenden Katastrophe gelangte". Mit dieser Katastrophe ist der Zusammenbruch Deutschlands nach dem Ersten Weltkrieg gemeint, denn nichts habe ihn in seinem ganzen Leben mehr erschüttert," ... und es gab für mich nur einen Weg, das seelische Gleichgewicht wieder zu erlangen: die wissenschaftliche Arbeit und das Sich-Vertiefen in die psychologischen Probleme, die diese unselige Zeit so plötzlich in den Vordergrund schob"[12]. Die Probleme der Charakterentwicklung der Völker sowie des Judentums und seiner Wirkung auf alle Völker der Erde werden als Konsequenzen aus diesen neu gewonnenen Einsichten anerkannt.

Gewiß wollte sich PASSARGE mit diesem autobiographischen Passus nicht zum Antisemitismus bekennen. Auch das Vorwort seines Judentumsbuches vermerkt: "Hinsichtlich meiner Auffassung des Judentums ist seit meiner Reise nach Palästina ein starker Wandel eingetreten", sieht dadurch aber nur "die für objektive Untersuchung des jüdischen Problems erforderliche Unvoreingenommenheit gewonnen". Er hält diese für so groß, daß er keine wissenschaftliche Schrift zuvor so leidenschaftslos geschrieben habe wie diese, "und es wenige Schriften geben dürfte, die so gänzlich jedes Gefühl auszuschalten sich bemühen"[13].

Die Interpretation wird davon auszugehen haben, daß PASSARGE hier seine ehrliche Meinung ausspricht. Objektiv steht dieser Ehrlichkeit allerdings gegenüber, daß er als deutscher Herausgeber eines antisemitischen Klassikers firmiert. Seiner wissenschaftlichen Sorgfalt und betonten Objektivität stellt er damit ein denkbar schlechtes Zeugnis aus, denn bei der in deutscher Übersetzung herausgegebenen Schrift handelt es sich um ein umfangreiches Buch, das der zur orthodoxen Kirche konvertierte Jude und zeitweise als Spitzel der politischen Polizei Rußlands tätige Jacob BRAFMANN 1869 in russischer Sprache unter dem Titel "Das Buch vom Kahal"[14] herausgebracht hatte.

Grundlage dieses Buches bildeten ganz gewöhnliche Protokolle der staatlich anerkannten jüdischen Selbstverwaltungsorganisation, des Kahal, von Minsk aus den Jahren 1789 - 1828, und ähnliche Dokumente aus anderen Städten. Diese Materialien sind echt, auf Eigenheiten der Übersetzung[15] ist hier nicht einzugehen. Und mit großem Weitblick hielt PASSARGE sie durchaus zu Recht für "volkskundlich von größtem Wert".[16]

Allerdings hatte BRAFMANN die Dokumente mit einem Kommentar versehen, der die Sache so darstellte, als unterstütze der Kahal in jeder Stadt die jüdischen Händler in ihrem Bemühen, ihre christlichen Konkurrenten mit allen nur möglichen Mitteln zu ruinieren, um sich schließlich den Besitz der Christen anzueignen[17]. PASSARGE macht sich diese Unterstellungen einer "Mondnatur", einer geheimbündlerischen Hinterseite des orthodoxen Judentums, zu eigen. Zwar beschränkt er die subversiven Absichten auf die von ihm sog. "Odisten", eine Minderheit innerhalb des östlichen Judentums seiner Zeit, von der die zersetzende Wirkung auf die Wirtsvölker ausgehe, erteilt BRAFMANNs Thesen aber insofern geradezu die höheren Weihen der Wissenschaft, als er das Judentum als naturwissenschaftlich-ethnologisches Problem aufzurollen vorgibt und sich mit seiner Kompetenz als Geograph, der die Abhängigkeiten des Menschen und seiner Kultur von den verschiedenen landschaftskundlichen Faktoren studiere, dafür verbürgt, nun "sine ira et studio" in allen wesentlichen Punkten den Schleier gelüftet zu haben, der das Judentum bisher noch immer umgab[18].

In der Öffentlichkeit erregte PASSARGE, als das noch dazu im umstrittenen Hammer-Verlag[19] herausgegebene Buch BRAFMANNs erschien, beträchtliches Aufsehen. Und in der Hamburger Bürgerschaft wurde, seiner Selbstbiographie zufolge, der Antrag gestellt, ihn aus seinem Amte zu entfernen. Doch obgleich er auch wegen Äußerungen in Vorlesungen und wegen anderer Vorkommnisse des Antisemitismus verdächtigt wurde, habe sich die Sache im Sande verlaufen[20].

Widerlegt war die Berechtigung des Vorwurfs damit noch keineswegs. Ganz im Gegenteil läßt die kompromißlose Sicherheit, mit der PASSARGE das Judentum aus der Landschaft ableitet, vermuten, daß noch andere Faktoren außer der erwähnten tiefen Enttäuschung über die Demütigungen Deutschlands nach dem Ersten Weltkrieg und der daraus resultierenden Suche nach Sündenböcken für seine Erkenntnis der Sozial- und Kulturschädlichkeit des Judentums verantwortlich waren[21]. Zumindest ist äußerlich für seinen editorischen Mißgriff und seine unverhohlene Rechtfertigung der Judenverfolgung auf der Grundlage der BRAFMANN - "Protokolle" auf seine recht eigenwillige Arbeitsweise, namentlich seinen Umgang mit Fachliteratur hinzuweisen. Die zahlreichen, zum Teil recht umfangreichen Veröffentlichungen[22] des Arztes und langjährigen Hamburger Ordinarius für Geographie verraten selten scharfe Beobachtungsgabe, großen Ideenreichtum und ganz erstaunliche Arbeitskraft, können aber nicht darüber hinwegtäuschen, daß er selbst einschlägige Fachpublikationen nicht zur Kenntnis nahm, sie wohl tatsächlich auch gar nicht kannte, und sich jedenfalls in den hier auszuwertenden Büchern selbst mit den in den vergleichsweise mageren Literaturverzeichnissen zusammengefaßten Arbeiten nicht wirklich auseinandersetzte. Sonderbar klingt auch, daß er sich in einer Schrift, die selbst zeigen soll, daß und wie unsere Kultur zugrunde geht, betont, er habe SPENGLERs "Untergang des Abendlandes" absichtlich nicht gelesen, um ganz unbeeinflußt die landschaftskundliche Methode anwenden zu können[23].

Historische Kenntnisse, historisches Gefühl und Kenntnisse historischer Literatur gehen, wie sich noch deutlicher erweisen wird, PASSARGE weitgehend ab. Dennoch hätten ihn gründlichere Recherchen vielleicht zur Erkenntnis des zutiefst infamen Charakters der BRAFMANN-Protokolle führen können. Wahrscheinlich wäre ihm aber selbst dadurch nicht bewußt geworden, daß seine Grundannahmen über die Natur des Judentums nur als bloße Theorien, neben denen auch andere gültig sein könnten, zu gelten hätten.

2. PASSARGEs Sozialdarwinismus

Geradezu klassisches Beispiel einer "Paradigmenfixierung", die die Dinge nur noch so sehen kann, wie es die implizite Theorie beschreibt, ist sein Sozialdarwinismus. Proteste, anonyme Briefe und andere "Liebenswürdigkeiten", die es regnete, nachdem er in der Hamburger Universitätszeitung den "wissenschaftlichen Nachweis" zu führen versucht hatte, daß "der Pazifismus des Mannes eine degenerative Domestikationserscheinung"[24] sei, konnten ihn anscheinend nicht im geringsten irre machen. Jedenfalls nahm er einen weit größeren Skandal in Kauf, indem er, Arzt und Hochschullehrer, 1922 nicht nur den im Kampf mit Naturgewalten herangezüchteten "natürlichen Fundamentalcharakteren", auch "Instinktnaturen" genannt, die zutiefst verächtlichen "Erziehungsnaturen" gegenüberstellte[25], sondern Bildung und Schulung ganz abgeschafft oder doch erheblich zurückgedrängt sehen wollte: "Je stärker die Dressur auf der Schule ist, je gründlicher Bildung und Wissen werden, je stärker das Gehirn auf Kosten von Muskulatur und Blut zur Entwicklung kommt, umso mehr schwinden Mut und mechanische Willenskraft, Rücksichtslosigkeit und Ellenbogenkraft. Körper- und Willenskrüppel werden auf der höheren Schule herangezüchtet, die für das praktische Leben nicht geeignet und vor allem keine Persönlichkeiten sind; keine führenden Geister entstehen, sondern gelehrte Durchschnittsköpfe, ... die sich in den Augen ihrer Gegner unsagbar verächtlich machen".[26]

Die durchgreifenden Maßnahmen, die, wie er ausdrücklich unterstreicht, "keine Vorschläge" sein wollen, aber nötig wären, "damit die hoffnungslos Degenerierten fortsterben und die Domoralisierten zur Vernunft kommen", bestehen darin, "daß man den Kampf ums Dasein frei walten läßt"; Verbote der Einfuhr von Lebensmitteln, damit der Bevölkerungsüberschuß durch Hungersnot beseitigt werde und vor allem Körper- und Willenskrüppel sterben, gehören ebenso dazu wie Verbote ärztlicher Behandlung aller Krankheits- und Degenerationserscheinungen sowie aller Maßnahmen zur Bekämpfung von Seuchen, damit Epidemien ungehindert die Großstädte reinigen könnten, und schließlich Abschaffung der sozialen Fürsorge und aller sonstigen, den so notwendigen Kampf ums Dasein abschwächenden Gesetze. In jedem Fall sei der anerkannte Satz, "daß der Bürger die Pflicht hat gegebenenfalls sein Leben im Kampf für das Vaterland zu opfern", zu erweitern: "Jeder einzelne Bürger - Mann, Frau - hat die Pflicht, bei Erkrankung solche unglücklichen Geschöpfe sterben zu lassen, deren körperliche Beschaffenheit keine gesunden Kinder verbürgt, und deren Dasein nur künstlich mit ärztlichen Mitteln aufrecht zu erhalten ist"[27].

Wiederholt ist auch in anderen Zusammenhängen von eugenischen, Reinheit und Gesundheit der Rasse sichernden Maßnahmen die Rede. Im Gegensatz zu BANSE hat er sich aber zur Rassenlehre selbst nicht bekannt, hauptsächlich wohl deshalb, weil "die Rasse ein Erzeugnis der Landschaft und des Lebens in ihr ist"[28]. Entsprechend hält er das jüdische Problem nicht für ein Rassenproblem[29]. Auf seine Ablehnung des Rassendogmas führt er es sogar zurück, daß er, obgleich seit 1933/1934 Parteimitglied, im darauffolgenden Jahr 1935 plötzlich emeritiert wurde[30].

Judenfeindschaft, unverhohlene Rechtfertigung der Ghettos[31] und ein rückhaltloses Ja zur sozialdarwinistischen Version der Devise vom "survival of the fittest" waren Grund genug, daß die entsprechenden Schriften bei ihrem Erscheinen zurückhaltend aufgenommen und nicht einmal in den geographischen Zeitschriften kursorisch angezeigt wurden. Krasser Ethnozentrismus, wie er in Formeln wie "die Slawen, das Unkraut Europas" oder in durch und durch abschätzigen Urteilen über Sarten[32] und Armenier bzw. der "armenoiden Rasse"[33] zum Ausdruck kommt und im Unterschied zu den zahllosen naiven Formen in der Völkerkunde jener Zeit bei PASSARGE wissenschaftlich, landschaftskundlich begründet erscheinen mußte, taten ein weiteres, außer seinen Diagnosen und Therapievorschlägen zur Behebung der Krise von Volk und Staat auch ihre wissenschaftlich-landschaftskundliche Fundierung in Mißkredit zu bringen. Die überwiegende Ablehnung, die PASSARGEs Landschaftskunde im Jahrzehnt nach dem Ersten Weltkrieg außerhalb der Geographenkreise in Königsberg und Hamburg erfuhr[34], dürfte nicht zuletzt auch damit zusammenhängen. H. KANTER, bis zu seiner Beurlaubung 1945 selbst Hochschullehrer der Geographie und PASSARGE verbunden, scheint selbst diese Möglichkeit überspielen zu wollen, wenn er dessen "eingehender(e)" Beschäftigung "mit dem Problemkreis der Kulturgeographie erst nach Festigung der Landschaftskunde, etwa nach Beginn der 30er Jahre"[35], einsetzen läßt und in seiner Literaturübersicht die uns hier beschäftigenden Schriften einfach ausklammert. Für eine Antwort auf unsere Frage ist es deshalb erforderlich, das Judentumsbuch zunächst in den Rahmen des PASSARGEschen Kulturgeographiekonzeptes zu stellen, das 1928 bereits vorlag und von ihm selbst angewendet worden war[36].

II. PASSARGEs Grundgedanken zu einer Kulturgeographie

Zwischen 1920 und 1940 war PASSARGEs Name "fast untrennbar" mit dem Stichwort "Landschaftskunde" verbunden[37]. In dieser Spanne ist es seiner Tatkraft und Zähigkeit auch gelungen, die Landschaftskunde zur Grundlage weiterer geographischer Forschungen zu machen. Vor allem hat in seinen Augen auch in der Kulturgeographie die Landschaft das echt geographische Moment zu bilden und der geographisch relevante Problemkreis sich aus dem Verhältnis zwischen Landschaft und den kulturellen Erscheinungen zu ergeben[38].

Wiederholt hat PASSARGE diesen Rahmen zu füllen versucht. Um Gewißheit zu erlangen, in seinem Judentumsbuch nicht auf ein später verworfenes oder doch substantiell verändertes Verständnis von Kulturgeographie zu stoßen, sei der kurze Rückblick in seiner bereits mehrfach erwähnten Selbstbiographie zum Ausgangspunkt gewählt.

Dort[39] sieht PASSARGE den Menschen und seine Kultur von vier Kräftegruppen abhängen: dem Raum, dem Menschen selbst, seiner Kultur und seiner Geschichte. "Durch (ihre) wechselseitigen Beziehungen ergibt sich eine Fülle von Fragen, die aber nur zum Teil geographischer Natur sind"[40]. Welche dies sind, veranschaulicht PASSARGE, indem er die Naturlandschaft mit der Nabe eines Rades vergleicht, von der, ähnlich den Speichen, Kräfte und Einflüsse auf die als Reifensegmente vorgestellten Kulturbereiche ausgehen, deren Einbettung in die "Landschaftsräume" die geographischen Kulturwissenschaften wie geographische Völkerkunde, Wirtschaftsgeographie, politische Geographie und Geschichtsgeographie studieren.

Obwohl sich PASSARGE immer wieder auch mit religionsgeographischen Fragen wie z. B. der landschaftskundlichen Erklärung des biblischen Jahweglaubens, der Juden als Religionsvolk oder der "harmonische(n) Vereinigung zwischen darwinistischer und biblischer Weltanschauung"[41] beschäftigt hat, führt er in dem zusammenfassenden Rückblick Religion nicht als eigenes Gebiet auf. Kulturlandschaftliche Religionsforschung gehört aber selbstverständlich in diesen Zusammenhang und wird von ihm an den genannten Beispielen unter genau der gleichen Rücksicht, der Abhängigkeit auch des religiösen Verhaltens von Landschaftsräumen, entfaltet, in denen wie in der Großstadt oder der Fabrik die Naturkräfte weit zurückgedrängt sein können. PASSARGE wird nicht müde zu betonen, daß nicht nur zentrifugale Kräfte von der Nabe auf die Reifensegmente ausgehen, sondern umgekehrt auch die Nabe, der Landschaftsraum, von den Segmenten, d. h. den Kulturerscheinungen, mitgestaltet wird. Beide Kräftegruppen gehören nach seiner Überzeugung zusammen, und "die Erforschung der Kulturlandschaft mit der Fragestellung nach dem, was sie enthält, und wie sie zu erklären ist ..." ist von "der Erforschung des Menschen und seiner Arbeit mit den davon ausgehenden Einwirkungen und Beziehungen auf die Kulturlandschaft" nicht zu trennen. Landschaftskundlich orientierte Analyse ganz gleich welchen Kulturbereichs ist deshalb nur zu leisten, wenn der sie praktizierende Geograph Spezialist auf wenigstens zwei Gebieten ist, der Geographie und der jeweiligen Kulturwissenschaft[42].

Ohne Frage setzt PASSARGE mit seiner Betonung der Wechselseitigkeit der Beziehungen zwischen Landschaft und Kulturerscheinungen jedenfalls für die Religion die Akzente grundsätzlich richtiger als viele spätere geographisch an Religionen interessierte Forscher mit ihrer selbst gewählten Beschränkung auf die nach PASSARGEs Terminologie sog. zentripetalen Kräfte[43]. Auch darin hat er, wiederum auf die Religionsgeographie beschränkt, weithin recht, daß sich Geographen vor ihm kaum um die Nabe, wenig um die Speichen, aber, wenn auch gelegentlich laienhaft, mit umso größerer Vorliebe um die Reifensegmente gekümmert, also gleichsam den kulturellen vor den geographischen Stoffen den Vorrang eingeräumt haben. Deshalb drängt sich die Frage geradezu auf, ob ihm denn hier eine grundsätzliche Wende gelungen sei.

Eine endgültige Antwort hätte PASSARGEs Spätwerk viel stärker einzubeziehen als es hier geschehen kann. Außerdem dürfte neben seiner landschaftskundlichen Behandlung des Judentums der Entwurf seiner geographischen Völkerkunde nicht fehlen. Die Beschränkung auf das Judentum bleibt auch insofern einseitig, als im folgenden alles zur Natur der Landschaftsräume selbst möglichst ausgeklammert und in erster Linie nur seine Gedanken zur Abhängigkeit, den Raumeinflüssen, sozusagen den Speichen in ihrer zentrifugalen Richtung, untersucht werden.

Soweit bekannt, hat PASSARGE nie eine Liste aller Aspekte der Raumeinflüsse erstellt, doch die bei verschiedenen Anlässen gebotenen Zusammenfassungen verraten große Weite und Umsicht.

Grundlage der Ausbildung kultureller, mithin auch religiöser Lebensformen bildet der Daseinskampf, den soziale Gruppen miteinander, primär jedoch mit der Naturlandschaft, führen. Darin treten zwar auch Lebewesen, Tiere und Menschen, in Erscheinung, werden von PASSARGE aber, zumindest was den Menschen betrifft, einer "selbständigen Landschaftsform", der Kulturlandschaft zugerechnet, in der, wie schon erwähnt, Naturkräfte nimmer mehr zurücktreten können. Im einzelnen sieht er wie andere Sozialdarwinisten bei dem Überlebenskampf eine Fülle ganz verschiedener Einflußgrößen am Werk. Im Menschen selbst sind anatomische, physiologische und psychologische Vorbedingungen zu unterscheiden, Faktorengruppen, die ihn als Arzt naturgemäß besonders interessierten. Schon diese Vorbedingungen sind aber keineswegs invariant, sondern innerhalb bestimmter Grenzen vom Daseinskampf selbst abhängig. Das gilt erst recht von den individuellen und ethnischen Eigenschaften und Fähigkeiten körperlicher wie geistiger Art.

Außerhalb des Menschen, in seinen Aktionsräumen, spielt die ganze Palette der durch Formen und Farben, Bewegungen und Kontraste auf alle unsere Sinnesorgane ausgeübten Reize eine große Rolle. Davon ist der von der geographischen Umwelt ausgehende Landschaftszwang zu unterscheiden, dem sich eine Kultur anpassen oder den sie siegreich überwinden muß. Von besonderer Bedeutung für diese Auseinandersetzung mit der Natur sind Beschäftigung und Lebensweise sowie das ganze Arsenal kultureller Hilfsmittel, die von Höhe und Differenziertheit einer Kultur abhängen.

Neben Besonderheiten der Völker und von außen, aus den Aktions- oder Landschaftsräumen stammenden Einflüssen gibt es noch eine dritte Faktorengruppe, die für die Ausbildung unterschiedlicher Lebensformen, sozialer und politischer Verhältnisse, in landschaftlich ähnlichen Gebieten gleicher Kulturhöhe verantwortlich ist. Verschiedenheiten angrenzender Landschaften und daraus resultierende Unterschiede im Geschichtsverlauf beispielsweise führen zu unterschiedlichen Lebensformen etwa in den Steppen Rußlands und der Donauländer.

Die Auseinandersetzung mit den Aktions-, Lebens- oder Landschaftsräumen, zu denen, wie erwähnt, auch künstliche, von Menschen geschaffene wie das Haus, die Fabrik oder die Stadt, gehören, kann nur vom Betrachter auf einzelne Variablen (Klimafaktoren, Merkmale des Reliefs, städtische Lebensbedingungen u. dgl.) bezogen, gedacht werden. In Wirklichkeit gehen die Einflüsse auf Körper, Geist und Kultur von den aus der Summe der einzelnen Variablen gebildeten Landschaftsräumen aus und können sich auf Ernährung, Wirtschaft, Siedlung, Verkehr, auf Lebensweise und Beschäftigung, kurz auf die gesamte Kultur einschließlich der politischen und sozialen Verhältnisse erstrecken, wobei allerdings zu beachten bleibe, daß landschaftliche Einflüsse stets relative, von der erreichten sozialen Differenzierung abhängige, seien.

Auf den ersten Blick will es scheinen, lange Umwege monokausaler Kultur- und Religionserklärungen hätten vermieden werden können, wäre dieses von PASSARGE auf wenigen Seiten entworfene Beziehungsgeflecht beachtet worden. Allerdings handelt es sich um reichlich abstrakte Bemerkungen, die generalisierend vorgetragen, empirisch kaum zu verifizieren, geschweige denn zu operationalisieren sind.

Das tatsächliche Zusammenspiel der aufgezählten Faktoren und ihr je relatives Gewicht bleiben völlig unerörtert. Außerdem ist der mechanische Zuschnitt seines Modells nicht zu übersehen. Die Lebensräume werden praktisch als Summen verschiedener Reize begriffen, die gleichfalls zumindest in gewissen Grenzen variierende Reaktionen auslösen. Sinnsetzende Tätigkeiten und freie Entscheidungen fehlen oder werden nur jenen wenigen zugebilligt, die wie der Landschaftskundler die "allgemeinen Kulturgesetze"[45] und die "Entwicklung des Charakters in Abhängigkeit von Landschaft und Kulturstufe"[46] durchschauen und sogar hoffen dürfen, durch geeignete Maßnahmen[47] den Verfall gesunder Fundamentalcharaktere zu Willens- und Körperkrüppeln in den Städten aufhalten, wenn nicht gar umkehren zu können. Obwohl lebensräumliche Einflüsse mithin grundsätzlich nicht unentrinnbar sind, legt die Ausweitung des Konkurrenz- und Ausleseprinzips, von DARWIN lediglich zum Verständnis der Artenvarianz eingeführt, über den biologischen Bereich hinaus zur Erklärung von menschlichem Verhalten und entsprechender Gestaltung ethischer, rechtlicher und politischer Normen[48] den Verdacht auf nur oberflächlich kaschierten naturkausalen Determinismus nahe.

Dieser Eindruck verdichtet sich, wenn PASSARGE stets nur Einflüsse der Aktionsräume in ihrer realen Gestalt, so wie der Empiriker sie beschreibt, zu unabhängigen Variablen wählt. Der Gedanke, erst das Bild, das sich Menschen von den Landschaftsräumen machen, könnte Verhalten steuern[49], kommt ihm überhaupt nicht und konnte zu seiner Zeit wohl auch noch gar nicht konsequent zu Ende gedacht werden.

Die Analyse von PASSARGEs Erklärung von Jahwe-Religion und Judenproblem auf landschaftskundlich-ethnologischer Basis soll die Leistungsfähigkeit seines Konzeptes und die Berechtigung der angedeuteten Bedenken prüfen.

III. Erklärung von Jahwe-Religion und Judentum

Geht man von dem mehr oder weniger abstrakten Resümee der kulturgeographischen Grundlagenproblematik zu PASSARGEs Judentumsbuch über, ist man zunächst ratlos. Nach dem einleitenden Hinweis, er wolle ausschließlich den "leidenschaftslosen Standpunkt reiner naturwissenschaftlicher Erkenntnis"[50] einnehmen, holt er sehr weit aus, weil er neben den landschaftskundlichen auch die ethnologischen Grundlagen des Judentums vor Augen führen möchte.

Für unsere Fragestellung sind nicht alle Erwägungen ethnologischer Natur gleich wichtig, und wir müssen diese Seite ausklammern, soweit sie zum Verständnis von PASSARGEs landschaftskundlicher Lösung nicht unbedingt erforderlich ist.

Auch sein langes rassenkundliches Kapitel darf hier übergangen werden, weil er, wie bereits erwähnt, sehr richtig feststellt: "Das 'jüdische Problem' ist kein Rassenproblem"[51]. Aus den gleichfalls umfangreichen Abhandlungen zu den "Grundlagen für die Untersuchung des jüdischen Problems"[52] wird in späterem Zusammenhang vor allem auf seine Thesen zur "Entwicklung des Charakters in Abhängigkeit von Landschaft und Kulturstufe"[53] zurückzukommen sein. Die Kapitel "Land und Mensch im Orient"[54] bzw. "Land und Leute im heutigen Palästina"[55] vereinigen insgesamt gehaltvolle Daten und Beobachtungen zur natürlichen und kulturellen Beschaffenheit der Region in großer Zahl und stellen eindrucksvoll unter Beweis, wie vorzüglich es PASSARGE, obgleich weder philologisch noch bibelwissenschaftlich geschult, versteht, den biblischen Texten aufgrund guter Kenntnis der Verhältnisse im Palästina seiner Zeit ein weitgehend zutreffendes Bild der kulturellen Lebensformen Altpalästinas zu entnehmen. Durchaus notwendige kritische Rückfragen müssen aber auch hier unterbleiben.

1. Das Ghetto

Enttäuschend wirkt, was er über die religiöse Seite des Judentums zu sagen weiß. Für das jüdische Ghetto, dessen Problematik wissenschaftlich klarzustellen er als ausschließliches Ziel seiner Schrift bezeichnet[56], stützt er sich im Kern auf die von ihm herausgegebenen Minsker Protokolle[57]. Kahal-Organisation und Kultreligion, so betont er immer wieder, seien die beiden Pfeiler, die den Erhalt, das Überleben des Religionsvolkes geleistet hätten, seien aber nicht als weitblickende Schutz- und Trutzmaßnahmen anzusprechen. Ganz im Gegenteil handele es sich um eine Art instinktiver Reaktion auf äußere Einwirkungen. Dennoch seien Zweckbestimmung und Absicht des jüdischen Glaubens in der Durchsetzung strenger Zucht und strengster Abschließung gegen die übrige, nichtjüdische Welt zu suchen, d. h. konkret in der Erzeugung von Haß, Hochmut und Fanatismus in den Herzen der Gemeindemitglieder zum Schutz vor äußeren Einflüssen[58].

Seine breite Darstellung des osteuropäischen Ghetto-Judentums[59] verfolgt allein den Zweck, diese Immunisierungsstrategien möglichst lebendig vor Augen zu führen. Dabei kommt es nicht nur zu Fehlern und Mißgriffen, die bereits in BRAFMANNs Verdrehung der Minsker Protokolle angelegt sind[60]. Auch was PASSARGE selbst z. B. über die Vergöttlichung der Rabbinen und deren Lehrer ausführt[61], trifft derart verallgemeinert nicht zu. Sein Bild der Vorstellungen, die Ghettojuden von Jahwe gehabt haben sollen, also das Gottesbild der Chasiden[62], grenzt ans Lächerliche. Für den Sinn z. B. der Lehre von den Schechkina, der leibhaftigen Gegenwart Gottes in der Welt[63], geht PASSARGE jegliches Verständnis ab, und die Tiefenschichten populär-kabbalistischer Mystik, die mit der von ihm ausschließlich apostrophierten Kultreligion und Gesetzesfrömmigkeit ein unteilbares Ganzes bilden, entgehen ihm vollständig.

Vielleicht war, als PASSARGE schrieb, eine ausgewogenere, sachentsprechendere Darstellung von Lehren und Strukturen des Chasidismus noch gar nicht möglich, denn selbst von der aufgeklärten jüdischen Forschung wurde er bis zum Zweiten Weltkrieg entweder schwer mißdeutet, schamhaft verschwiegen oder, völlig unnötig, wortreich entschuldigt[64]. Gründlicheres Studium des osteuropäischen Judenghettos, seiner Rechtslage und wirtschaftlichen Verflechtung mit der nichtjüdischen Umwelt, vor allem aber der Unterschiede zwischen Zwangsghettoisierung und freiwilliger, mehr oder weniger geschlossener Siedlungsweise in Judengassen, Judenvierteln, zum Teil auch dem "Schtetl"[65], und ein Blick in die maßgebende alttestamentliche Forschungsliteratur hätten ihn aber davor bewahren können, sein Zerrbild des Ghettos in die Zeiten des Ersten und Zweiten Tempels zurückzuprojizieren, Haß und Hochmut, Herrschsucht und geheime Verfolgung Außenstehender, Autoritätsglaube und Kultreligion als Erbgut nicht nur der jüdischen Tempelreligion, sondern schon als Frucht des Druckes kulturlandschaftlicher Gegebenheiten auf die in den gebirgigen Rückzugsgebieten Palästinas oder den Oasen des südlich angrenzenden Edomiterlandes "hausenden Hirtenvölker"[66] auszugeben.

2. Der Israel-Orden

Dem Literaturverzeichnis - Fußnoten und eindeutige Belege sind in PASSARGEs umfangreichem Werk selten - ist nicht zu entnehmen, worauf er seine Charakteristik der "Jahwereligion"[67] außer der Bibel im einzelnen stützt[68]. Obwohl sie ganz nach dem Muster des Ghettos und dessen Kultreligion ausfällt, wird er manchen Einzelzügen auch in alttestamentlichen Fachpublikationen begegnet sein.

Angeblich völliger Mangel an innerlicher seelischer Verwandtschaft zwischen Moses, ja schon den Patriarchen und ihren Gottheiten, das gänzliche Fehlen tiefempfundener innerlicher Überzeugung erweise, so führt PASSARGE aus, schon die frühe Jahwereligion als ausgesprochene Kultreligion, der es nicht auf Empfindung und sittliche Einstellung, sondern nur und ausschließlich auf pünktliche, wortgetreue, bedingungslose und regelmäßige Erfüllung bestimmter kultischer Vorschriften ankomme. Obwohl er sich des Werdens des AT durchaus bewußt ist, findet er schon "in dem Sinaigesetz Hunderte und Tausende ... von kleinen und kleinsten Bestimmungen peinlich genau niedergelegt", deren einziges Ziel "innigste Einigkeit und Geschlossenheit im Innern, Haß und Feindseligkeit nach Außen"[69] sei. Dies zeige sich am Verhältnis Jahwes seiner Gemeinde gegenüber, das in die Form eines Bundes oder Vertrages gekleidet sei, der die Zusage der Weltherrschaft und Auserwählung an blindem Gehorsam und kritiklose Erfüllung überaus verwickelter Zeremonialvorschriften knüpfe. Der Außenwelt gegenüber aber laute die Losung: "Absonderung, alles anders machen als die 'Heiden'"[70]. Alles in allem bilde so schon die Jahwegemeinde "laut göttlichem Befehl eine der primitiven Sippe der Naturvölker gleichende - aber genetisch wohl anders entstandene - Organisation einer kleinen, von allen Seiten von Gefahren bedrohten menschlichen Gemeinschaft, und Jahwe, der Gott dieser Gemeinschaft, ist im wesentlichen lediglich deren Abbild"[71].

Wie aber ist die Ausbildung dieser "Igelorganisation"[72] nun landschaftskundlich abschließend zu erklären? Durch die Situation der Landnahmen, lautet PASSARGEs Antwort, insbesondere durch Palästinas ursprüngliche Natur "als waldiges, schwer zugängliches Bergland, ein Rückzugsgebiet Verdrängter"[73].

Mit dieser Bemerkung, die, zumal aus der Feder eines landschaftskundlich denkenden und arbeitenden Geographen, auf den ersten Blick nur verständliches Kopfschütteln auslösen mag, will PASSARGE aber weder die große landschaftliche Vielfalt leugnen, die sich den Bewohnern eigentlich von jeher dargeboten und in den Schriften niedergeschlagen hat[74], noch Palästina als reines Rückzugsgebiet abtun. Entscheidend ist vielmehr die Kombination naturlandschaftlicher und bevölkerungsmäßiger Faktoren, die er in Anlehnung an SELLINs[75] Deutung der Patriarchen- und Landnahme-Erzählungen wie folgt beschreibt: "Die Herren des Landes - Kanaanäer, Amoriter, ägyptische und hethitische Herren - hatten die Ebenen des Küstenlandes, das Jesreelbecken, den Jordangraben, auf den Gebirgen aber die breiten Becken und Tafelflächen (Ostjordanland!) besiedelt und beherrschten die Verkehrswege. Wie die Bibel es schildert, waren Schafnomaden - friedfertig, geduldet und Demütigungen ausgesetzt ... - in Palästina eingezogen und hatten - Buch Judith - die unbewohnten Gebirge mit ihren Wald- und Steppenweiden besetzt ... Die waldigen Gebirge waren wohl rechte Rückzugsgebiete, und es wird auch nicht an Bedrückungen gefehlt haben. Gegenüber den Herren des Landes waren die längst seßhafte Fellachen gewordenen Chabiri sicher in einer wenig beneidenswerten Lage, auch dürften sie durch Flüchtlinge aus den eigentlichen Kulturgebieten starken Zuzug erhalten und in mancherlei Fehden mit den Landesherren gelebt haben"[76].

PASSARGEs Vermutung, die in der Patriarchenzeit einsickernden Kleinviehnomaden seien in den gebirgigen Rückzugsgebieten mit den dort lebenden ältesten Gebirgsbewohnern verschmolzen und hätten dabei viel von deren Zweigeschlechterglauben angenommen, darf hier auf sich beruhen bleiben, desgleichen die Einordnung der EL-Gottheiten in die von der Völkerkunde sog. Zweigeschlechterreligion[77]. Seine totemistische Interpretation der altkanaanäischen Religion verdient heute, da Charakter und Mythologie der Elohim viel besser bekannt sind, keine Widerlegung mehr.

Landschaftskundlich interessiert ihn am Zweigeschlechterglauben und dem damit verbundenen Kohabitationskult vor allem die im Milieu sartoider Charaktere davon ausgehende Gefahr der Entsittlichung. Bei den Charaktersarten könnte dies die Bereitschaft zur Übernahme neuer Götterkreise erhöht haben, in deren Mittelpunkt die gewaltigen Naturerscheinungen standen, bei den körperlich und seelisch gesund gebliebenen Gruppen aber zur Verdrängung der Zweigeschlechterreligion in den Untergrund geführt haben[78].

"Annahme des Zweigeschlechterglaubens mit Beschneidung und der Geheimorganisationen"[79] so charakterisiert er deshalb rückschauend die Tragödie der Patriarchenzeit. Dabei legt er den Nachdruck aber ganz offensichtlich auf die Geheimorganisationen, denn schon die oben in dem längeren Zitat beschriebenen Verhältnisse hätten "in hohem Grade die Entwicklung von religiös-politischen Geheimbünden"[80] begünstigt. Und in den biblischen Erzählungen von den "drei Patriarchen wird das Schicksal der in die Gebirge gedrängten, dauernd geknechteten und mißhandelten Völker geschildert, denen nur die Religion bleibt - eine Religion der Hoffnung auf die Zukunft, auf Auserwähltheit und kommende Herrschaft über alle Völker der Erde"[81], denn zu einer Religion der "Unterdrückten, Leidenden, Hassenden und Hoffenden ... kommt als Selbstverständlichkeit ... der Geheimbundcharakter jeder religiösen Gemeinde"[82].

So wörtlich will PASSARGE seine These von den religiös-politischen Geheimbünden verstanden wissen, daß er die "Juden Altpalästinas"[83] - nach heutigem Sprachgebrauch, der das Judentum erst mit dem Babylonischen Exil beginnen läßt, ein Unding - nach dem Muster der im Libanon beheimateten, dann aber seit dem 18. Jahrhundert ins Haurangebirge, den Ǧebel ad-Duruz ausgewanderten, religiös-politischen Geheimorganisation der Drusen deutet und mit anderen muslimischen Orden vergleicht[84]. Die angeblich parallelen "landschaftlichen Einflüsse", nämlich die für die Entstehung besonders relevanten Determinanten "starke Bedrängnis von außen und große Not im Innern"[85], unterstreichen nur PASSARGEs mangelndes Verständnis für religiöse Phänomene in ihrem kulturellen Gesamtkontext, besonders des "Religionsvolkes" oder "Ordens Israel" im Kanaan der Vorkönigszeit[86]. Selbst wenn man PASSARGEs Darstellung allen, nicht erst heutigen Bedenken zum Trotz für zutreffend halten wollte, geht jeder Vergleich mit dem stark gnostisch gefärbten, durch einen Gegensatz zwischen Eingeweihten und Nichteingeweihten konstituierten Drusentum in die Irre! Lassen sich Ausbreitung durch Aussendung von Missionaren und Unterwanderung, bis der Boden für die Anlage von Lehrhäusern, Burgen oder militärische Aktionen bereitet ist[87], für den überwiegend politischen Assasinenorden noch halbwegs aus den Quellen belegen, so sind sie für den Israel-Orden der Patriarchen- und Vorkönigszeit reine Spekulation, quellenmäßig nicht zu begründende Extrapolationen des BRAFMANN-PASSARGEschen Zerrbildes vom osteuropäischen Judenghetto.

Doch obwohl sich in Palästina seit der Patriarchenzeit aus einzelnen Geheimbünden eingesickerter Kleinviehnomaden unter Aufsaugung verschiedener Sippen und Stämme der Gebirgsvölker ein religiöser Orden, das nur durch die Religion zusammengehaltene Volk Israel, gebildet hatte und dieser Orden Kolonien u. a. in Ägypten besaß, Ghettos mit straffer Ghetto-Disziplin und -Moral[88] - "die biblische Darstellung vom Schicksal der Israeliten in Ägypten kann als eine Idealvorstellung der jüdischen Ghettos im Ausland aufgefaßt werden"[89] - entstand der für die weitere Geschichte und das moderne "Judenproblem" entscheidende Jahweorden doch erst durch die Flucht einer Ordenskolonie aus Ägypten in die Grund- und Quellwasseroase Kadesch Barnea im Ägyptischen Graben knapp 80 km südlich von Beerscheba[90].

3. Der Jahwe-Orden

Wie schon für das Werden des Zehn-Stämmebundes in Kanaan längst vor Moses entnimmt PASSARGE auch für Moses und die Wüstenwanderung die Hauptdaten aus SELLINs bereits erwähnter "Geschichte des israelitisch-jüdischen Volkes"[91], spitzt sie aber durch landschaftskundlich gewonnene Aspekte weiter zu und zieht die notwendigen Schlüsse daraus[92].

Zunächst war die genannte Oase - und dafür kann sich PASSARGE wieder auf SELLIN und andere Alttestamentler berufen - schon vor Moses Sitz eines Kultes des Gottes Jahwe. Dieser stammte aus der Welt der Wüste und der Kamelnomaden, ist aber ursprünglich weder Kriegs-, noch Sturm-, Gewitter- oder gar Vulkangott, sondern die Personifizierung eines glühend heißen Fallwindes, des Chamsin Ägyptens bzw. des Saum Arabiens. In Südpalästina kommt er aus SE und heißt in der Sprache der Bibel deshalb "der Wind von vorn", in Übersetzungen vielfach "Ostwind". Außerdem steckt im arabischen Chamsin die Bedeutung 50, wohl weil dieser Wind nach volkstümlicher Auffassung etwa 50 Tage nach dem Frühlings- und Herbstaquinoktium auftritt. Das könnte neues Licht auf den ältesten Festkalender werfen, denn Pesach, das ja erst später auf den Exodus gedeutet wurde, fiele Ende März mehr oder weniger mit dem Einsetzen des Chamsin zusammen, und das Wochenfest schlösse ihn ab. Entsprechend lägen Sühnetag und Laubhüttenfest im Herbst[93].

Auf diesen Glutwind paßten auch alle Eigenschaften, die die Bibel Jahwe zuschreibt. Er schadet und nützt zugleich, d. h. er straft und belohnt, bringt Regen, man kann ihm aber auch nicht ins Gesicht schauen, er ist ein Gott, der an keinen Ort gebunden ist, sondern gleichsam mitzieht. Wie der von Kleinviehnomaden und Oasenbewohnern gefürchtete Chamsin, der Gott der Kamelnomaden, im Edomiterlande zum Gott ihrer angestammten Feinde, eben von Kleinviehnomaden und Oasenbewohnern, geworden sein könnte, erklärt PASSARGE mit der bekannten Tatsache, daß "dem gefürchteten Feinde gerade inbrünstigste Verehrung entgegengebracht wird"[94].

Die vorgetragene landschaftskundliche Ableitung des Jahweglaubens vereinigt eine Reihe trefflicher Beobachtungen, ohne die Jahwegestalt ganz plausibel machen zu können. Das Konstruierte ist besonders den Ausführungen zum Monotheismus anzumerken. Mit der Feststellung, "die Beduinen sind überall Polytheisten" und "müßten jeden Monotheismus in Polytheismus verwandeln"[95], lehnt er ganz zu Recht die These von der Wüste als Wiege des Monotheismus überhaupt und des israelitischen im besonderen ab. Entscheidet man sich aber mit PASSARGE für die Oase, dann schwerlich zutreffend mit der Begründung, die Oasenbewohner neigten, dank gesicherter Wasserversorgung den Naturgewalten so gut wie gar nicht ausgesetzt, dazu, alle sie treffenden Mißgeschicke auf eine Ursache zurückzuführen[96]. Von Vorbehalten gegen die implizierte These, Gottesglauben sei Frucht des Kausaldenkens, abgesehen, müssen außer Naturvorräten unbedingt auch kulturgeographische Aspekte der Oasen-Stadt herangezogen werden, da der Monotheismus exklusiver Natur ist und insofern Vielgötterglauben voraussetzt. Allah beispielsweise ist weder Kind der Wüste noch von Quell- und Grundwasseroasen, sondern einer Oasenstadt mit ausgeprägtem Fernhandel. Letztlich überwiegen auch bei PASSARGE kulturgeographische Aspekte, wenn er die Oasenbewohner "von den Beduinen unterdrückt, daher fanatisch religiös" sein läßt[97].

Weit mehr als zündende Gedanken war es denn auch die "Haßorganisation des Jahwekultes", die im Besitz der aus Ägypten stammenden Ghettoerfahrungen durch Verhetzung und Wühlarbeit die Unterdrückten zum Siege zu führen und die eigene Herrschaft über das Ost- und Westjordanland zunächst in Palästina zu begründen in der Lage war. "Einen geeigneten Nährboden (aber) fand (die) aus Kadesch kommende henotheistische Oasenreligion in der Stadt Jerusalem"[98].

Mit dieser lakonischen Bemerkung setzt sich PASSARGE über die auch ihm bekannte Tatsache hinweg, daß Jerusalem erst viele Jahrhunderte nach Moses zum Zentrum der Jahwereligion wurde. Versteht man die Melchisedek-Erzählung[99] mit der Mehrzahl heutiger Alttestamentler als relativ späte Ätiologie, dann spielt Jerusalem unter den Kultstätten der Vorkönigszeit überhaupt keine Rolle. PASSARGE brauchte aber unbedingt ein geradezu weltstädtisches Zentrum in Reichtum[100], Luxus und üppigem Leben, einen Sammelplatz "frommer begeisterter Gläubiger und schlimmer sittlicher Verfallsmenschen", denn von allen denkbaren Landschaftsräumen Palästinas ist nur ein solches Großstadtmilieu geeignet, "eine starke Sartoidierung des Charakters zu bewirken"[101].

Damit ist das Stichwort gefallen, das die landschaftskundliche Stellung Jerusalems, "dauernd Haßgefühle (gegen alles Nichtjüdische), wachzuhalten"[102] wie überhaupt PASSARGEs gesamte landschaftskundliche Erklärung des Judentums trägt.

4. Sartcharakter

PASSARGE erweitert die russische Bezeichnung für Stadt- und Oasenbewohner Turkestans zur Bezeichnung für ein Naturell, das der friedliche Wettbewerb der Menschen untereinander heranzüchtet. Er entschied sich für diesen Terminus, weil die Charakterentwicklung von der Landschaft, und nicht von der Rasse abhängig ist, wie es das von PASSARGE im gleichen Sinne zunächst benutzte "armenoid" suggerieren könnte[103].

Kennzeichnend für den Sarten ist die Beherrschung all der Fähigkeiten, die der friedliche Wettbewerb verlangt: Schlauheit, Gerissenheit, Zähigkeit und Unverfrorenheit bis zu wirbelsäulenlosem Kriechertum und Unvornehmheit sowie ein sehr starkes religiöses Gefühl, ja sogar glühendem religiösem Fanatismus; staats- und kulturtragende Tugenden wie persönlicher Mut und Herrschersinn, Stolz, vornehme Gesinnung und Ehrgefühl gehen ihm ab[104].

Im Judentumsbuche ist "die Landschaft, die den Sartcharakter entstehen läßt, die Stadt"[105], im Buch zur Charakterentwicklung aber sind es bestimmte Oasen, Narilandschaften und Gastkolonien[106]. Insofern zum Stadtleben aber noch hinzukommen müsse, daß kriegerische Gelüste und Fertigkeiten ausscheiden und auf dem Städter oder den städtischer Beschäftigung Nachgehenden ein dauernder Druck laste, den eine Herrenschicht ausübe[107], decken sich beide Darstellungen.

In der Gastkolonie kommt der Vorgang der Sartoidierung zum Abschluß, weil dort die Auseinandersetzung mit der Natur von rein städtischen Tätigkeiten abgelöst ist und die Unterdrückung ihren Höhepunkt erreicht. Solange der harte Kampf andauert, behält der Sarte seinen erworbenen, der Umgebung optimal angepaßten Charakter. Hört der Kampf jedoch auf, beginnt der Verfall, eine Degeneration mit allen unangenehmen Begleiterscheinungen der Entsittlichung.

Die Jerusalemer Priesterschaft und die späteren Rabbinen handelten deshalb instinktiv richtig, als sie Druck und Disziplin immer weiter verstärkten. Das gleiche Ziel verfolgen die eingangs erwähnten Maßnahmen, die dem Ghetto den starken äußeren Druck erhalten wissen wollen. Denn fallen die einengenden Schranken, können die Gastsarten vorübergehend ihre in vielem so große Überlegenheit der Fähigkeiten und Kenntnisse entfalten, üben dann aber mit dem Fortschreiten des Verfalls ihrer "vor allem auf straffer religiöser Disziplin beruhenden sittlichen Kräfte ... eine äußerst verhängnisvolle, zersetzende Tätigkeit (aus), die zu dem Ruin der staatlichen und sozialen Verhältnisse der Wirtsvölker führt, wie Spaltpilze den Nährboden zerstören, auf dem sie wachsen"[108].

In Narilandschaften und Oasenstädten mag sich die Entwicklung langsamer, in gemäßigteren Formen vollziehen, da der Kampf mit den Naturkräften nicht so vollständig wie im Ghetto erloschen ist, doch die grundsätzlich gleiche Struktur auch dieser Landschaftsräume bewirkt, daß sich dieselben Charaktereigenschaften verfestigen, so daß auch deren Bewohner nicht imstande sind, "etwas Neues aufzubauen"[109]. Die geschilderte fanatische Religiosität, Kultreligion und geheimbündische Struktur als deutlichstes Zeichen der Mondnatur, des Sich-Verstellens sind deshalb auch Merkmale der Religion dieser Siedlungsräume und Ausdruck des Sartcharakters ihrer Bewohner[110].

IV. Schluß

Die aus einem sehr westlichen Staats- und Kulturverständnis wertend abgeleiteten Thesen zu den Menschentypen oder Fundamentalcharakteren verdienen heute keine Auseinandersetzung mehr. Die zahllosen Potentialsätze, zu denen PASSARGE namentlich bei der Rekonstruktion von Altisrael und frühem Judentum seine Zuflucht nimmt, wohl um sein wissenschaftliches Gewissen zu beruhigen, unterstreichen überdeutlich, für wie schmal, brüchig und wohl auch unzureichend er selbst die Fakten hielt, die die Anwendung seines losgelöst von atl.-jüdischem Material entwickelten Hypothesengebildes auf die Geschichte Israels und des Judentums rechtfertigen sollten. Ghettoproblem und Judenfrage waren dadurch weder landschaftskundlich noch wissenschaftlich im strengen Sinne dieses Wortes zu lösen.

Doch so beträchtlich auch der wissenschaftliche Skandal sein mag, der PASSARGEs beide Werke zur Kultur- und Charakterentwicklung, seine Edition und Kommentierung der Minsker Protokolle und schließlich sein Judentumsbuch nicht erst aus der Rückschau umwittert, er darf den kultur- und religionsgeographisch Denkenden und Arbeitenden nicht abhalten, sich von landschaftskundlicher Fragestellung und methodischen Leitlinien des weitgereisten, mit ausgezeichnetem Blick für landschaftliche Zusammenhänge begabten Forschers inspirieren zu lassen.

Vorbildlich ist zunächst die von ihm angestrebte weite Perspektive. Daß sie dann ein Mann von seinem Kenntnisreichtum, seiner Arbeitskraft und seinem Darstellungsgeschick in so wesentlichen Punkten wie den sozialen, rechtlichen und politischen Verhältnissen und den Details des Geschichtsverlaufs auch nicht entfernt zu realisieren im Stande war, muß zu denken geben. Hervorzuheben bleibt weiter, daß er sich mit der Frage nach den landschaftskundlichen Determinanten gruppenhaften Verhaltens genau auf die Dimension zu konzentrieren verstanden hat, die sich geographisch sowohl für die Gestaltung des Landschaftsraumes wie der religiösen Institutionen als zentral und deswegen besonders zukunftsträchtig erwiesen hat. Ansätze, die das Abfärben geographischer Umwelten auf religiöse Denk- und Handlungsmuster letztlich damit erklären wollen, daß Religionsgruppen ihre Symbole eben ihren Lebensräumen entnehmen, aus deren Materialien schaffen müßten, dürften auch durch PASSARGEs verhaltensbezogene Betrachtungsweise als zweit- und drittrangig erwiesen sein. Dem damals noch weithin unbewältigten Erbe der einseitig naturwissenschaftlich orientierten Richthofenschule ist es zuzuschreiben, wenn PASSARGE Verhalten letztlich nur als mehr oder weniger mechanische Reaktion auf Umweltreize verstehen konnte. Seine wichtige Unterscheidung von natur- und kulturräumlichen Kräften, die auf Menschen wirken, ist dadurch zum Schaden seiner Analysen zwar eingeschränkt, aber nicht hinfällig geworden.

Der Gedanke, daß erst wahrgenommene und nicht schon real existierende Landschaftsräume Verhalten steuern, war als methodisches Prinzip zwischen den beiden Weltkriegen nicht zu erwarten, hätte sich aber durchaus wie von selbst einstellen können, hätte PASSARGE Wettbewerb und äußeren Druck, also die Auseinandersetzung von Menschen miteinander in nichtkriegerischer Form differenzierter, nicht nach dem Muster des Kampfes mit Naturgewalten zu begreifen gewußt, d. h. die sozialen, rechtlichen und politischen Rahmenbedingungen gebührend gewürdigt, die stets auf interpretierten, bewerteten Räumen aufbauen. Vielleicht versagte sich PASSARGE nicht ganz zufällig diesen Weg, die Gefahr, im grenzenlos ausufernden Stoff zu ertrinken, müßte ihm bewußt geworden sein.

Im Jahre 1922, als PASSARGE die hier behandelten Schriften abzufassen begann
- A. HETTNERs wesentliche Äußerungen zum "Wesen der Geographie" lagen
längst vor -, konnte die Geographie noch immer theoretisch wie praktisch als "die
Wissenschaft der 'unbegrenzten Möglichkeiten'"[111] apostrophiert werden. PASSARGE hat sie in seinem Judentumsbuche offensichtlich nicht von einem Einheitsprinzip aus sinnvoll einzugrenzen versucht, aber doch all die Punkte berührt, die für eine wissenschaftstheoretische Fundierung religionsgeographischen Arbeitens auch heute noch von Belang sein dürften. Insofern bezeichnet gerade seine mißlungene landschaftskundliche Erklärung einen wichtigen Abschnitt der noch längst nicht abgeschlossenen Suche nach dem operationalisierbaren Konzept einer Religionsgeographie, die die Wechselseitigkeit der Beziehungen zwischen Lebensraum und Religion ernst nimmt, ohne zu ihrer Analyse die Kompetenz mehr als einer Fakultät zu erwarten.[112]

Anmerkungen

[1] SOPHER, D. E. (1981): Geography and religions: Progress in Human Geography 5/4, 519.

[2] Ebd.

[3] Einzelheiten u. a. bei HARD, G. (1982): Geodeterminismus/Umweltdeterminismus; - In: JANDER, L./SCHRAMKE, W./WENZEL, H. J. (1982): Metzler Handbuch für den Geographieunterricht. Stuttgart. S. 104/7; vgl. auch: Die hydraulische Gesellschaft und das Gespenst der asiatischen Restauration, Gespräch mit Karl August WITTFOGEL: Die Zerstörung einer Zukunft, Gespräche mit emigrierten Sozialwissenschaftlern, aufgezeichnet von M. GREFFRATH (1979), Reinbeck b. Hamburg; 299/346 pass.

[4] TROLL, C. (1947): Die geographische Wissenschaft in Deutschland in den Jahren 1933/45. Kritik und Rechtfertigung. - In: Erdkunde 1, 3/48, bes. 3/10.

[5] SCHÖLLER, P. (1959): Geopolitik: Staatslexikon 3. 6. Aufl. Freiburg, 776/80.

[6] Das Judentum als landschaftskundlich-ethnologisches Problem. München 1929, im folgenden zitiert als "Judentum".

[7] Hamburg 1922.

[8] Berlin 1925.

[9] Vgl. SCHULTZ, H.-D. (1980): Die deutschsprachige Geographie von 1800 bis 1970. Ein Beitrag zur Geschichte ihrer Methodologie. Abhandlungen des Geographischen Instituts. Anthropogeographie, Bd. 29, 156, Berlin.

[10] Einzelheiten ebd. 128/38; vgl. TROLL (o. Anm. 4), 7.

[11] Nur maschinenschriftlich vorhanden in der Staats- und Universitätsbibliothek Hamburg.

[12] Selbstbiographie (s. vorige Anm.) 453.

[13] Judentum 6.

[14] Bd. 1: Materialien zur Erforschung der jüdischen Sitten, Bd. 2: Das Buch von der Verwaltung der jüdischen Gemeinde, Hammer-Verlag Leipzig 1928.

[15] PASSARGE spricht nur von "einer neuen Verdeutschung des russischen Originals"; wer sie angefertigt hat, ist mir nicht bekannt.

[16] Das Buch vom Kahal 1, S. XX.

[17] COHN, N. (1969): Die Protokolle der Weisen von Zion. Der Mythos einer jüdischen Weltverschwörung. Köln/Berlin, 67 f.

[18] Das Buch vom Kahal 1, S. VIII. LIIf.

[19] Vgl. seine Rechtfertigung und Anerkennung der "zurückhaltende(n) tolerante(n) Stellungnahme des Verlages" ebd. 2, S. V f.

[20] Selbstbiographie (s. Anm. 11) 453 f.

[21] Besonders aufschlußreich seine Würdigung des "jüdische(n) Problem(s)" im "Buch von Kahal" 2, 343/82, die unter dem Motto des Heine-Wortes "das Judentum ist ein Unglück" steht.

[22] KANTER, H. (1960): Siegfried Passarges Gedanken zur Geographie. - In: Die Erde 91, 50 spricht von insgesamt 285 Schriften; vgl. die kurze Zusammenstellung der wichtigsten ebd. 50 f. u. SCHULTZ (o. Anm. 9) 457/9.

[23] Kulturentwicklung 1.

[24] Selbstbiographie (s. o. Anm. 11) 453.

[25] Kulturentwicklung 98 f.

[26] Ebd. 133; vgl. auch Charakterentwicklung 81/96. 119/28.

[27] Kulturentwicklung 150/2; für einen ähnlich uneingeschränkten Konkurrenzkampf hatte sich bereits, noch ehe um 1910 der Begriff "Sozialdarwinismus" geprägt war, der Philosoph und Soziologe H. SPENCER (The principles of sociology, London 1876, pass.) ausgesprochen. Zum Beitrag DARWINscher Ideen zur Nazi-Philosophie vgl. ZMARZLIK, H.-G. (1963): Der Sozialdarwinismus in Deutschland als geschichtliches Problem: Vierteljahreshefte für Zeitgeschichte 11, 246/73 und bes. umfassend auch für die Weimarer Zeit GASMAN, D. (1971): The scientific origin of National Socialism. London.

[28] Charakterentwicklung 129.

[29] Judentum 103.

[30] Selbstbiographie (o. Anm. 11) 455.

[31] Vgl. Kulturentwicklung 141 f.

[32] Vgl. Charakterentwicklung 112 u. Sachregister 172 s. v.; Judentum 131/40.

[33] Kulturentwicklung 121/5, vgl. Charakterentwicklung 98 f.

34 Vgl. SCHULTZ (o. Anm. 9) 154 m. Beleg.

35 KANTER (o. Anm. 22) 47.

36 Besonders in seinen Büchern zur Kultur- und Charakterentwicklung.

37 SCHULTZ (o. Anm. 9) 154 mit Beleg.

38 Vgl. KANTER (o. Anm. 22) 47; vgl. ebd. 49 zum Total- oder Lebensraum; zu PASSARGEs Behandlung der "Kulturlandschaften" als "wirklicher Landschaften", aber "selbständiger Landschaftsformen" vgl. SCHULTZ (o. Anm. 9) 156 mit Anm. 1.

39 Selbstbiographie (o. Anm. 11) 489/94; außerdem stützt sich der folgende gedrängte Überblick von den ebd. 491 genannten vier kurzen Aufsätzen aus "Petermanns Mitteilungen" auf die folgenden drei: Landschaftsreiz und Landschaftszwang: a. a. O. 77 (1931) 225/7; Kulturelle Lebensformen als Gegenstand länderkundlicher Spezialuntersuchungen: ebd. 77 (1931) 306 f.; Die kulturelle Länderkunde und das Vierkräfteproblem: ebd. 78 (1932) 1/5.

40 KANTER (o. Anm. 22) 47.

41 Charakterentwicklung 139/53, Zitat 139.

42 KANTER (o. Anm. 22) 48.

43 Dazu Einzelheiten bei BÜTTNER, M. (1985): Zur Geschichte und Systematik der Religionsgeographie. - In: ders., Hoheisel, K., Köpf, U., Rinschede, G., Sievers, A.: Grundfragen der Religionsgeographie (= Geographia Religionum Bd. 1). Berlin, bes. 30/3.

44 Vgl. o. Anm. 39.

45 Vgl. Judentum 114/22.

46 Ebd. 122/45; vgl. Charakterentwicklung.

47 S. o. S. 5 f.

48 Zum Sozial-, ethischen oder politischen Darwinismus: RENSCH, B. (1981): Darwin/Darwinismus; - In: TRE 8, S. 372/6 (Berlin/New York); vgl. Judentum 325: "Der Mensch ist kein Wesen mit freier Willensbestimmung. Er gleicht einem auf einem Schiff fahrenden Passagier, der sich wohl innerhalb des Schiffes bewegen kann, aber das Schiff fährt mit ihm dahin, wohin der Lenker des Schiffes - ob man ihn Gott oder Naturgesetz nennt, bleibt der Anschauung jedes einzelnen überlassen - es steuert".

49 Zum Ansatz der Umweltwahrnehmung: HARD, G. (1973): Die Geographie. Eine wissenschaftstheoretische Einführung, Berlin/New York. (Slg. Göschen 9001), 200/20; zu neueren Entwicklungen SAARINEN, Th. F. u. SELL, J. L. (1981): Environmental perception - In: Progress in Human Geography 5/4, 525/47.

50 Judentum 20.

51 Ebd. 44/103, Zitat 103.

52 Ebd. 104/73.

53 S. o. Anm. 46.

54 Judentum 174/258.

55 Ebd. 259/84.

56 Ebd. 325.

57 S. o. Anm. 14.

58 Judentum 325/7.

59 Ebd. 328/99.

60 Vgl. bes. PASSARGEs Kapitel "das jüdische Problem": Das Buch vom Kahal 2, 343/82 (s. o. Anm. 21).

61 Judentum 333/5; nahezu einzige Quelle der Darstellung der Kultreligion bildet Bodenschatz, Kirchliche Verfassung der heutigen Juden, Erlangen 1748.

62 Judentum 338/42.

63 Ebd. 342 f.

64 Vgl. die von PASSARGE im Literaturverzeichnis aufgeführten Geschichten der Juden von DUBNOW, S. oder GRAETZ, H. und bes. DUBNOW, S. (1931): Geschichte des Chassidismus, 2 Bde., Berlin.

65 PASSARGE weiß um den Unterschied von freiwillig gewähltem und Zwangsghetto (Charakterentwicklung 106), verfällt aber sofort wieder ins Brafmann-Klischee: "Das Judentum hat es obendrein verstanden, auf religiöser Grundlage - Bibel und Talmud - die freiwillig gegründeten Judenghettos aller Länder zu einer großen heiligen Sippe zusammenzuschweißen" (ebd. 108).

66 Judentum 273.

67 Ebd. 313/23.

68 Im Literaturverzeichnis werden lediglich folgende Arbeiten genannt: DUBNOW, S. (1925): Die älteste Geschichte des jüdischen Volkes (= Weltgeschichte des jüdischen Volkes, Bd. 1), Berlin. GRAETZ, H. (1921/25): Volkstümliche Geschichte der Juden, 3 Bde., Wien und Berlin; HAUSER, O. (1921): Geschichte des Judentums, Weimar. MEYER, Ed. (1906): Die Israeliten und ihre Nachbarvölker. Halle. u. SELLIN, E. (1924): Geschichte des israelitisch-jüdischen Volkes, Bd. 1, Leipzig.

69 Judentum 317 f.

70 Ebd. 321.

71 Ebd. 321 f.

72 Ebd. 322. 326 u. ö.

73 Ebd. 451.

74 Vgl. z. B. OHLER, A. (1979): Israel - Volk und Land. Stuttgart.

75 SELLIN (o. Anm. 68), bes. 16/47.

76 Judentum 426.

77 Vgl. ebd. 403/8.

78 Ebd. 407 f.

79 Ebd. 440.

80 Ebd. 426.

81 Ebd. 424.

82 Ebd. 431.

83 Ebd. 408.

84 Ebd. 408/11; vgl. 412/24 pass.

85 Ebd. 410.

86 Ebd. 426.

87 Ebd. 21 f. 439.

88 Ebd. 441.

89 Ebd. 429.

90 Ebd. 431/9.

91 SELLIN (o. Anm. 68) bes. 85.

92 Judentum 439.

93 Ebd. 414/8, auch zum folgenden.

94 Ebd. 418.

95 Ebd. 412.

96 Ebd. 412 f.

97 Ebd. 412 f.; vgl. auch Charakterentwicklung 105 f. zur Entstehung des Monotheismus in Narilandschaften.

98 Judentum 451.

99 Gen. 14, 17/24.

100 PASSARGE hält es sogar für möglich, daß "diese Priesterstadt im römischen Kaiserreich ... die reichste Stadt der Erde" war (Judentum 444).

101 Ebd. 443. Nur die babylonischen Gastkolonien konnten noch fanatischere, haßerfülltere, zersetzendere und demoralisierendere Charaktere erzeugen (ebd.).

102 Ebd. 445.

103 Charakterentwicklung 98.

[104] Judentum 132/5. 138/40; vgl. Kulturentwicklung 118/26. 131/41; Charakterentwicklung 99/114. 119/28.

[105] Judentum 132; 140 f.

[106] Charakterentwicklung 99.

[107] Judentum 132.

[108] Charakterentwicklung 109; vgl. 113. 22 f.

[109] Ebd. 109.

[110] Judentum 136/8.

[111] SCHULTZ (o. Anm. 9) 87 mit Beleg.

[112] Überarbeitete und erweiterte Fassung eines Referates im Rahmen des religionsgeographischen Kolloquiums am Rande des 44. Deutschen Geographentages in Münster. Außer allen an der Aussprache im Anschluß an den Vortrag beteiligten Kolleginnen und Kollegen danke ich auch Herrn PLEWE sehr für Hinweise, Anregungen und wertvolle persönliche Informationen, die ich während der Vorbereitung der Vortragsfassung brieflich erhalten habe.

Zusammenfassung

In seinem Buch "Das Judentum als landschaftskundlich-ethnologisches Problem" überträgt S. PASSARGE ein von atl.-jüdischem Material losgelöst entwickeltes Hypothesengebilde auf Israel, das Judentum und insbesondere das osteuropäische Ghetto. Eine Überprüfung dieses Konzeptes, das er kurz nach Erscheinen des Judentumsbuches in erweiterter Form theoretisch vorgetragen und später in seiner Autobiographie ausdrücklich bestätigt hat, ergibt, daß er trotz judenfeindlicher, ausgeprägt sozialdarwinistischer Einschläge im Prinzip sehr umfassend nach den kulturlandschaftlichen Determinanten gruppenhaften Verhaltens fragt. Deshalb schenkt er Übernahmen symbolisierender Gegebenheiten aus der jeweiligen Landschaft zum Ausdruck religiöser Wahrnehmungen und anderen, verschiedentlich ausführlich diskutierten Wegen, auf denen die geographische Umwelt Eingang in Glaube und Ritual von Religionen gefunden haben soll, mit Recht wenig Beachtung. Der letztlich biologisch-deterministische, sinn- und wertsetzendes Tun ausschließende Grundcharakter seiner Betrachtungsweise, grobe Verkennung der denunziatorischen Absichten seiner Hauptquelle, BRAFMANNs Minsker Kahalprotokolle, und die dadurch wesentlich mitbedingte Willkür und Einseitigkeit der Datenauswahl schon für das alte Israel sowie weitgehende Vernachlässigung sozialer, rechtlicher, politischer, doch auch kultur- und religionsgeschichtlicher Dimensionen gerade des osteuropäischen Judentums bewirken aber, daß weder seine

Grundthese von der Sartoidierung der primären Fundamentalcharaktere in bestimmten Landschaftsräumen noch das Judenproblem insgesamt landschaftskundlich oder auch nur streng methodisch abgeleitet erscheinen. Eine Religionsgeographie, die religiöses Verhalten und die daraus erwachsenden Inhalte und Strukturen als Ergebnis der Auseinandersetzung mit Landschaftsräumen verstehen möchte, wird sich deshalb nur von PASSARGEs erfreulich weiter theoretischer Perspektive und zahlreichen trefflichen Einzelbeobachtungen etwa zur Wüstennatur Jahwes, nicht jedoch von der Anwendung seiner Methode auf das Judentum oder den dabei gewonnenen Einsichten inspirieren lassen dürfen.

Summary

In his book "Das Judentum als landschaftskundlich-ethnologisches Problem" S. PASSARGE transfers a hypothesis-field, developed without consideration of material of the Old Testament, to Israel, Judaism, and especially to the East European Ghetto. A detailed examination of this hypothetical concept reveals that he, although showing anti-Semitic and pronounced social-Darwinist elements, in principle and quite comprehensively inquires into elements of cultural Landschaft which influence the behaviour of groups. Thus he is (perfectly) right in not paying much attention to the way elements of a particular region are transferred to symbols as an expression of religious perception and other sometimes explicitly discussed ways in which geographic environment is said to have influenced belief and ritual of religions. However, PASSARGE presents an approach the character of which in the last analysis is biological-deterministic, he misjudges the denunciatory intention of his principal source, BRAFMANN's "Minsker Kahalprotokolle", which consequently leads to "considerably arbitrary and unbalanced choice of data even as to old Israel, to a long extent he omits social, juridical and political aspects as well as the layers of culture history and the history of religion especially concerning the East European Judaism. These facts entail that neither his basic thesis of the sartoidization of the principal fundamental characters in particular regions nor the Jewish problem appear to be deduced from the Landschaft nor to be strictly methodically developed.

A geography of religion intending to perceive religious behaviour and resultant structures as the result of the confrontation of man with his regional environment, can therefore only draw its inspiration from PASSARGE's broad theoretical perspective and numerous excellent individual observations.

However, what geography of religion must not adopt is the application of the methodological aspect of PASSARGE's approach to the study of Judaism and the resultant judgements.

Annemarie Ohler

RELIGION UND LAND.
ZUR GESCHICHTE IHRER WECHSELSEITIGEN BEZIEHUNGEN AM BEISPIEL ALT-ISRAELS.

I. Zur Fragestellung

Kann man religionsgeographische Fragen - wie BÜTTNER, HOHEISEL, KÖPF sie in Geographia Religionum Band 1 erarbeiten - an die Überlieferungen Altisraels herantragen? Der vorliegende Beitrag stellt grundsätzliche Überlegungen zu Möglichkeiten und Grenzen solcher Untersuchungen an und wird diese dann an einem Ausschnitt aus der Glaubensgeschichte Israels konkretisieren.

Hauptquelle solcher Arbeit ist das AT. Zwar gibt es reiche Textzeugnisse aus Nachbarvölkern und zahlreiche archäologisch erschlossene Belege der materiellen Kultur, aber Antworten auf religionsgeographische Fragen zu Altisrael geben sie nur, wenn man sie mit atl. Überlieferungen vergleicht. KÖPF (1985, S. 178) betont nun zu Recht: schriftlichen Quellen der Antike ist die religionsgeographische Fragestellung fremd, sogar dort, wo sie die Religion-Umwelt-Beziehung ausdrücklich ansprechen. Das gilt auch für das AT.

Die Religionsgeographie stellt die Doppelfrage nach dem Einfluß der Umwelt auf die Religion und der Religionsgemeinschaft auf die Umwelt. "Die Beziehungen zwischen geographischer Umwelt und Religion sind wechselseitig", beginnt HOHEISEL (1985, S. 123); er legt - ebenso wie KÖPF (1985, S. 168) - dar, daß es sich dabei um einen einzigen komplexen Wirkungszusammenhang handelt. Biblische Autoren sind an der religionsgeographischen Doppelfrage nicht interessiert; sie wollen vom Wirken Gottes sprechen. Doch wer sich von ihnen darüber belehren lassen will, erhält Auskünfte über konkrete Personen, benennbare Orte, geschichtliche Vorgänge. BÜTTNER (1985, S. 41, Anm. 67) führt den Begriff "Umfeld" ein: Eine Religionsgemeinschaft entwirft - angeleitet von ihrer Religion - ein strukturiertes Bild von Raum und Zeit. Wie wichtig biblischen Autoren der Zusammenhang des Glaubens mit dessen Umfeld ist, das zeigen schon die 3 550 Eigennamen der Bibel, mit denen sie mehr als 4 420 verschiedene Personen und Orte benennen.[1] Dazu wie die Umwelt Altisraels als ein vom Glauben Israels gedeutetes und strukturiertes "Umfeld" erlebt wurde, ist im AT reiches Material zu finden.

Eine zweite Überlegung führt noch weiter. Biblische Autoren halten sich nicht für Originalgenies; sie berufen sich ständig auf ältere Überlieferungen, die sie behutsam ergänzen, erweitern, umdeuten, in der Meinung, deren eigentlichen Sinn klarer hervorzuheben. Es macht ihnen nichts aus, daß in Brüchen und Rissen dieser Fortbildungsprozeß noch sichtbar wird. Altes Traditionsgut wird selbst dann noch weitergegeben, wenn es gewandelten Vorstellungen nicht entspricht.[2] Das führt dazu, daß biblische Texte erst im Verlauf vieler Generationen, in ständigem Gebrauch, in mehrfachen Umformungen ihre jetzige Gestalt gewannen. Oft haben lange Zeiten mündlicher Weitergabe sie geprägt, bevor die ebenfalls lange Geschichte literarischer Ausformung begann. Aus solchen Texten spricht weniger der Ausdruckswille Einzelner; menschliche Gemeinschaften haben sie gestaltet; und diese stehen in Rede- und Denkformen stärker als der Einzelne unter dem Druck der Umgebung. Die Frage nach dem Einfluß der Umwelt auf die Religion m u ß also an die Bibel gestellt werden; ohne sie sind biblische Texte nicht zu verstehen.[3]

Auch der zweite Teil der Doppelfrage ist zu bejahen: Weidewechsel, Aussaat, Ernte, Haus- und Städtebau, Krieg, Staatsführung - Lebensäußerungen, die die Umwelt prägen, waren für Altisrael Äußerungen des Glaubens an Gott; bestimmt vom Gesetz Gottes.[4] - Im Hinblick auf das AT ist schließlich auch die Feststellung von KÖPF und HOHEISEL zu bejahen, daß beide Teile der religionsgeographischen Doppelfrage unlöslich verbunden und die wechselseitigen Einflüsse von Religion und Umwelt nur als ein einziger geschichtlicher Prozeß faßbar sind, und das schon von Anfang an: Im AT spiegelt sich das Bewußtsein, daß Israel unter den Völkern des Alten Orients ein Spätling ist und Israels Land schon längst, bevor es "Israel" gab, von Menschen gestaltet war, für die der Umgang mit dem Land religiöse Bedeutung hatte: Israel fand vor "große und schöne Städte, die du nicht gebaut hast, mit Gütern gefüllt Häuser, die du nicht gefüllt hast, in Felsen gehauene Zisternen, die du nicht gehauen hast, Weinberge und Ölbäume, die du nicht gepflanzt hast."[5] Das Volk Israel und seine Religion entstanden in einem Land, das bereits von einer jahrhundertealten Kulturgeschichte geprägt war; und Israel trat darin ein. Auch dort wo israelitische Gruppen bisher unbesiedeltes Waldgebirge erschlossen[6], war das kein Anfang vom Nullpunkt. Was seßhaftes Leben bedeutete, wie man damit umging, dafür gab es bereits Antworten, die das Gesicht des Landes geprägt hatten, und von denen auch Neusiedler ausgehen mußten.[7]

KÖPF (1985, S. 171) stellt fest, in der Entstehungszeit einer Religionsgemeinschaft lasse sich die Beziehung zwischen Religion und geographischer Umwelt am klarsten fassen. BÜTTNER begründet, warum das so ist. Er verwendet dabei den Begriff des "Wahrnehmungsfilters": der Einfluß der Umwelt auf eine Religion ist wesentlich davon bestimmt, wie Gläubige die Umwelt wahrnehmen. -

(Die Kundschaftererzählung in Num 13 f ist wie eine Illustration dafür: "Das Land, das wir erkundet haben, frißt seine Bewohner auf. Die Leute, die wir dort gesehen haben, sind hochgewachsen ... wir kamen uns klein wie Heuschrecken vor." Für die Verbreitung dieser Nachrichten zahlen die Kundschafter mit dem Leben: Es ist nicht gleichgültig, wie ein Israelit das Land sieht; wer auf Gott vertraut, wird das Land, das er seinem Volk gibt, nicht schmähen.)

Die werdende Religion - erklärt nun BÜTTNER (1985, S. 37) - kennt "noch keine charakteristisch ausgeprägten Wahrnehmungsfilter oder gar Wahrnehmungsblockaden". Aus atl. Überlieferungen sind die Aussagen von KÖPF und BÜTTNER nicht einfachhin zu bestätigen, nicht weil sie nicht zuträfen, sondern weil zu wenig Genaues über die Anfänge des Glaubens Israels festzustellen ist. Hier wird wohl am deutlichsten spürbar, auf wie enge Grenzen der Forscher sich bald verwiesen sieht, der die Frage nach den wechselseitigen Beziehungen zwischen dem Glauben Israels und seiner Umwelt präziser fassen oder gar einigermaßen sicher beantworten will. Es wirkt sich aus, daß das AT vor allem Glaubenszeugnis ist; Erfahrungen glaubender Menschen in der Welt und mit ihrem Gott sollen darin lebendig bleiben. Daß Einflüsse aus der Umwelt diese Erfahrungen prägten, machen atl. Autoren meist erst dann deutlich, wenn sie sich davon absetzen.[8] Es kommt ihnen auf das lebendige Fortwirken alter Überlieferungen an, nicht auf ihre Entstehung. Darum muß derjenige, der nach dem Werden der Religion Israels fragt, den Text oft wie einen Palimpzest lesen, um Spuren vergangener, vergessener oder unterdrückter, von Tradenten und Bearbeitern verwischter Religiosität zu finden.

Die Entstehungsgeschichte des AT währte fast zwei Jahrtausende; wandernde Hirtensippen, bäuerliche Dorfgemeinschaften, kriegerische Stämme, weltoffene Städte, von Nationalinteressen zusammengehaltene Staaten, das völkerumgreifende Großreich Salomos, unter Fremdherrschaft lebende Gemeinschaften ohne eigene politische Verantwortung haben seine Überlieferungen geprägt; Seßhaftwerdung, Bildung von Staaten, Verlust autonomer Staatlichkeit brachten einschneidende Veränderungen im Verhältnis glaubender Menschen zu ihrem Land. Ein reiches Material für den Religionsgeographen, sollte man meinen: immer wieder erlebten Menschen, für die das Land "Erbe Jahwes" war, ihr Land ganz anders, gingen sie - von sich aus oder gezwungen - anders damit um. So ist auch wirklich das "Land" ein zentrales Thema in zahlreichen biblischen Texten; daß Israel nach Kanaan kam, die Güter dieses Landes nutzte, das Land wieder verlor: das alles sind für biblische Autoren religiös bedeutsame Vorgänge. Aber gerade die Tatsache, daß biblische Theologie immer wieder einen engen Zusammenhang zwischen Land und Glauben an Gott herstellt[9], erschwert dem Religionsgeographen die Arbeit. Denn um so stärker wirkt sich der "Wahrnehmungsfilter" des Glaubens an den Gott Israels aus. Biblischen Autoren lag es fern, all jene einander oft ausschließenden Wahrnehmungsweisen, mit denen Israel in seiner Geschichte dem Land begegnete, in ihrer Gegensätzlichkeit zu beachten; sie wollten nur eins: Den Glauben an den Gott Israels aus alten Überlieferungen neu beleben. Wie ist durch die so entstandenen Wachstumsschichten bis zur Entstehung biblischer Traditionen vorzudringen?

Einteilung und Anordnung des Stoffes und das sprachliche Gewand des AT sind ein Werk der Nachexilszeit. (Ein Vergleich: Wie sähe eine Auswahl deutscher Literatur vom Heliand bis Kafka aus, in einheitlichem sprachlichem Gewand, nach inhaltlichen Gesichtspunkten geordnet?) Wer mit historischen Quellen arbeitet, muß immer bedenken, daß sie die Wirklichkeit selektiv und tendenziös darbieten. Beim AT sind darüber hinaus viele Stufen literarischer Bearbeitung und eine lange Geschichte mündlicher Überlieferung zu beachten. Ein breiter Konsens in der Exegese konnte zwar lange den Eindruck erwecken, als sei es mit Hilfe eines ständig verfeinerten Instrumentariums anerkannter Methoden gelungen, die Entstehungsgeschichte des AT zu rekonstruieren. Doch in den letzten Jahren wurden Eckpfeiler dieses Gebäudes in Frage gestellt: Waren Israels Vorfahren halbnomadische Sippen? Gab es den vorstaatlichen Stämmebund? Wie alt ist das gemeinsame "Credo"? Fraglich wurden Umfang, Abgrenzung, zeitliche und räumliche Ansetzung oder gar die Existenz von Quellenschriften, die zum klassischen Bild der Entstehungsgeschichte des AT gehörten.[10] Eine neue Theorie, die Schichtungen, Doppelungen, Widersprüche erklärt, ist noch nicht in Sicht. Die heutige Exegese kennt keine sicheren Methoden, die es erlauben, vom vorliegenden Text aus die dahinter stehende Geschichte Israels zu erreichen. Mehr als je muß eine Entstehungsgeschichte des AT hypothetisch bleiben.

Es ist verständlich, daß manche Exegeten sich auf die Erklärung der Endgestalt alttestamentlicher Texte beschränken möchte. Für die religionsgeographische Forschung hätte das fatale Folgen: BÜTTNERs Theorie der "Wahrnehmungsblokkade" trifft hier zu; je größer der Abstand des Textes vom darin erzählten Vorgang, je länger die Geschichte der Tradition und literarischen Verarbeitung, desto ungenauer die Verwurzelung in der raumzeitlichen Wirklichkeit, desto geringer sein Wert als Quelle für den Religionsgeographen.

Ein Beispiel: Ist die Jordangrenze nur eine Fiktion der Nachexilszeit, in der das zu Jerusalem gehörende Territorium ohnehin nicht weiter reichte? Oder dachte man schon so, als jenseits des Jordan noch bedeutende israelitische Siedlungsgebiete lagen? Läßt sich nachweisen, daß man schon im vorexilischen Israel von der Jordangrenze sprach, so wäre das ein Beleg dafür, daß Israel mit dem Bild des "Verheißenen Landes" eine bereits vorisraelitische geschichtliche Gegebenheit religiös verarbeitete: Der Jordan grenzte "Kanaan" ab, d. h. die auch in Mesopotamien und Ägypten so genannte Pufferzone zwischen den Großmächten; Israel hätte also die Tatsache, daß es in diesem geschichtlich vorgeprägten Raum Fuß faßte, als Auftrag Gottes verstanden[11].

Ist es zulässig, das AT nur noch nach den Strukturen seiner Endgestalt zu befragen und auf Theorien über die Entstehung dieser Texte in der Geschichte Israels zu verzichten?[12] Antworten gibt das Alte Testament selbst. Auch die "Autoren" der Endgestalt wollten Erinnerungen an die Geschichte Israels wachhalten. Wenn Menschen heute solche Texte in dem Sinn aufnehmen wollen, in dem sie geschrieben sind, müssen sie mit der modernen Form geschichtlicher Erinnerung, mit historisch-kritischen Fragen, an sie herantreten, trotz aller Unsicherheiten, die diese mit sich bringen. Es bleibt nach wie vor dabei, daß man das Alte Testament nach den Beziehungen des Glaubens Israels zu dessen Umwelt nicht nur befragen kann, sondern auch muß.[13]

II. Ein Beispiel: Erbe der Nomadenzeit und bäuerliches Leben

Am Anfang des Buches über den "Alttestamentlichen Glauben in seiner Geschichte" teilt W. H. SCHMIDT eine merkwürdige Beobachtung mit: Ps 136, ein Erntedanklied aus der Spätzeit des AT, beginnt - für unsere Begriffe "passend" - mit dem Lob des Schöpfers. Doch bevor dann Gott als Spender der Nahrung gepriesen wird, schaut der Dichter auf Taten Gottes in der Geschichte: Er führte Israel in das Land, von dem es lebt.[14] Die gleiche auffällige Verknüpfung von Erntedank und Geschichtserinnerung begegnet in Dt 26: Wenn der Israelit Erntefrüchte zum Altar bringt, soll er bekennen, daß er den Ertrag des Landes dem Herrn der Geschichte verdankt, der sein Volk ins Land brachte. Darf man in dieser Loslösung des Erntedanks von Fruchtbarkeitssegen und bäuerlicher Arbeit ein Erbe der Nomadenzeit sehen? Schaut der Bauer in Israel noch mit dem Blick des Wanderhirten auf das Land? - Die gleiche Einstellung zum Land spricht aus der Formel vom Land, "das von Milch und Honig fließt" (Ex 3,8; Num 13,28; Dt 6,3 u. a.). Sie scheint treffend auszudrücken, wie Hirten das Kulturland sehen: Sie beachten nicht die schweißtreibende Plackerei, mit der ein Bauer das Brot einem widerspenstigen Boden abringt, der sonst nur "Dornen und Disteln" (die Macchia des Mittelmeerraumes) hervorbringt (vgl. Gen 3,17; Jes 32,15). Ihnen fallen nur die Folgen mühseliger Feldarbeit auf: blühende Äcker wären eine gute Weide und würden hohen Milchertrag bescheren; wilde Bienen schwärmen, Honig zu sammeln lohnt sich.

Es ist verlockend, in all dem ein Erbe der Nomadenzeit zu sehen; doch die Entstehungszeit der Texte verbietet es. Wie Ps 136 ist auch Dt 26,5 ff. in einer Zeit abgefaßt, als Israel schon längst ein Volk von Bauern war. Auch die Formel von "Milch und Honig" begegnet erst in einer späten, der sogenannten deuteronomistischen Überarbeitungsschicht des Pentateuch.[15] Nicht Bauern sprechen aus diesen Texten, sondern "Intellektuelle", Tempelsänger, die sich rühmen, ihr Anteil sei nicht Landbesitz, sondern Jahwe (Ps 16,5).

Besseren Zugang zur Frühzeit Israels bieten Beobachtungen zur Festordnung. Die drei großen Jahresfeste sind Bauernfeste: Mit dem Fest der Ungesäuerten Brote feierte man den Beginn der Gerstenernte, eine neue Periode der Ernährung, in die der Sauerteig aus dem Getreide der letztjährigen Ernte nicht mit hinübergenommen werden darf. Das Pfingstfest gehört zur Weizenernte; Oliven- und Weinernte sind verbunden mit dem Laubhüttenfest.[16] Israel hat derartige Feste von älteren Bewohnern des Landes gelernt. Ein kanaanäischer Mythos ist z. B. bekannt geworden, der auf die kultische Bedeutung der letzten Garbe aufmerksam macht: Anat, Schwester des Gewittergottes, muß am Ende der Ernte- und Dürrezeit den Gott des Todes und der Ernte (den "Sensenmann" kennen auch wir) besiegen: Dieser wird "gespalten, geworfelt, verbrannt, zermahlen, ins Feld geworfen, von Vögeln gefressen", so wie es mit der Garbe geschehen kann.[17]

Stärker als von den drei großen Erntefesten ist der Lebensrhythmus der Israeliten vom Sabbat bestimmt. Der Sabbat aber ist kein Kultfest; er ist Tag der Ruhe. Zur Ruhe braucht man weder Altar noch Priester; den Sabbat begeht die Hausgemeinschaft mit "Sohn und Tochter, Sklave und Sklavin, dem Vieh und dem Fremden, der Wohnrecht hat" (Ex 20,10). Woher Israel die im Alten Orient einmalige Institution einer von allen natürlichen Rhythmen unabhängigen Feier eines jeden siebten Tages hat, ist ungeklärt. Zu den Erfordernissen bäuerlicher

Arbeit steht sie in Widerspruch: "Am siebten Tag sollst du ruhen. Selbst zur Zeit des Pflügens und Erntens sollst du ruhen" (Ex 34,21). Sowohl der Dekalog wie das Bundesbuch, eine aus vorstaatlicher Zeit stammende Gesetzessammlung, kennen das Sabbatgebot.[18] Schon seit der Frühzeit Israels erinnerte also der Sabbat alle sieben Tage daran, daß der Israelit nicht nur Bauer ist.

Anders als für den Sabbat läßt sich für das Paschafest wahrscheinlich machen, woher es stammt. Wie der Sabbat wird es in der Familie begangen; gemeinsam ißt man in der Nacht des ersten Frühlingsvollmondes das Paschalamm. Dessen Blut benutzt man, um Unheil abzuwenden (Ex 12,21). Die Festkalender des Alten Testamentes erwähnen den Sabbat nicht; das Paschafest wurde nachträglich und nur in Dt 16 mit dem Fest der Ungesäuerten Brote verknüpft, welches so einen neuen Termin erhielt: Nicht beim ersten Ernteschnitt, sondern anschließend an das Paschafest, nach dem ersten Frühlingsvollmond, wird es gefeiert.[19] Der Termin des Paschafestes, die Rolle des Lammes, der Abwehrritus, die Aufbruchstimmung der Feiernden ergeben einen Sinn, wenn ursprünglich Hirten damit den Weidewechsel im Frühjahr vorbereiteten, eine besonders für die soeben geborenen Jungtiere gefährliche Wanderung.

Sabbat und Pascha werden in der Familie begangen; darum gewannen sie in der Nachexilszeit von neuem große Bedeutung. Mit dem Untergang der Staaten waren alle größeren Organisationsformen der israelitischen Religionsgemeinschaft zerschlagen. Namenslisten in Esr und Neh zeigen: Die Familie ist zur wichtigsten Gruppierung im Gottesvolk geworden; wer nicht Zugehörigkeit zu einer alten Familie nachweisen kann, bekommt Schwierigkeiten bei der Ansiedlung im Land.[20] Exilierte und Heimkehrer mußten damit fertig werden, daß die äußere Ordnung des Landes, in dem sie lebten, nicht mehr von heiligen Institutionen ihres Volkes, sondern von einer fremden Verwaltung geregelt wurde. Daß Israels Religion das überlebte, hängt gewiß auch damit zusammen, daß die Familie seit der vorstaatlichen Zeit religiöse Bedeutung behalten hatte. Sabbat und Pascha konnte man ohne Tempel und Königtum, ohne verfaßte Priesterschaft und Wallfahrt begehen. (Die Beschneidung, ein ebenfalls in der Familie geübter Ritus, der aus vorstaatlicher Zeit überkommen war, wurde in der nachstaatlichen Zeit zum Erkennungszeichen Israels.)

Aus all dem ergibt sich folgende Hypothese: Nomadische Traditionen (Sabbat, Pascha) haben Jahrhunderte seßhaften Lebens überdauert und es möglich gemacht, daß Juden nach dem Verlust des Landes weiter mit der überlieferten Religion lebten. Diese Hypothese würde an Wahrscheinlichkeit gewinnen, wenn sich zeigen ließe, daß der Übergang zur Seßhaftigkeit in der Frühgeschichte Israels keinen vollständigen Bruch mit bisherigen Lebensformen mit sich brachte, so daß es einfach war, nomadisches Erbe festzuhalten. - An das nichtseßhafte Leben erinnern zwei atl. Überlieferungskreise: Erzvätertraditionen und Überlieferungen vom Auszug aus Ägypten. Die Erzvätertraditionen erklären, woher die religiöse Bedeutung der Familie kommt: Sie sind vornehmlich in der Form von Familiensagen erhalten; Erfahrungen von glücklich überstandener Gefahr für den Fortbestand oder den Frieden der Familie haben sich darin niedergeschlagen. Größere Gesellschaftsstrukturen als die Familie spielen keine Rolle; Sippenoberhaupt und Staatsführer verhandeln miteinander von Gleich zu Gleich. Es besteht auch kein Interesse daran, die erzählten Ereignisse zeitgeschichtlich zu verankern. In ihrer Endgestalt im AT erzählen diese Sagen vom Wirken Jahwes; doch es schimmert noch ein anderes Gottesverhältnis durch: Der "Gott Abrahams", der "Starke Isaaks", der "Verwandte (?) Jakobs" trägt keinen Namen wie JAHWE. Gott wird nach Menschen, nach Familienvätern benannt.[21]

Es wäre nun verlockend, dem an Menschen gebundenen Vatergott der Wanderhirten Lokalgötter des Landes gegenüberzustellen, die nach Orten benannt sind: "El von Betel" (Gen 31,13), "Beelzebul, Gott von Ekron", (2 Kön 1,3). Doch in kanaanäischen Mythen sind El und Baal nicht Lokalgottheiten, sondern universale Götter, befaßt mit der Schöpfung, wirkend im Naturgeschehen, aber nicht identisch mit diesem. Beelzebul begegnet hier z. B. als Baal zebul, "Baal (Herr), der Fürst". Einer der Titel Baals ist "Herr und König der ganzen Erde"; der Palast dieses Gottes auf dem Berg Zafon ist zugleich ein kosmischer Ort, Gipfel des Himmelberges. Kanaanäische Kulturlandbewohner wußten durchaus, daß ihre Götter nicht an die heiligen Orte des Landes gebunden waren.

Andererseits erlauben es die Erzvätersagen nicht, einen scharfen Gegensatz zwischen ortsgebundenen Gottheiten des Landes und einem mit den Familien wandernden Gott des Vaters zu konstruieren. Diese Sagen sind zwar nicht zeitlich, wohl aber örtlich gebunden. Die Patriarchen erleben an heiligen Stätten des Landes Offenbarungen ihres Gottes. In Gen 32,23 ff. ist z. B. eine Lokaltradition von einem an der Jabbokfurt Penuel lauernden göttlichen Wesen adaptiert. Altäre an heiligen Stätten werden auf Gründungen der Erzväter zurückgeführt (Gen 12,8; 13,8 u. a.). Für einen Konflikt zwischen lokalen Kulten der Seßhaften und einer Nomadenreligion finden sich kaum Anhaltspunkte.[22] Ein Beispiel friedlichen Nebeneinanders zeichnet Gen 34,18-20: Jakob kauft vor Sichem ein Grundstück, um sein Zelt aufzuschlagen und einen Altar für "El, den Gott Israels" zu errichten. Wanderhirten verehrten heilige Stätten an markanten Punkten der

Landschaft, bei Quellen, Bäumen, auf Anhöhen; ein aufgerichteter Stein oder Steinhaufen, ein Altar aus Erde oder unbehauenen Steinen genügten zur Kennzeichnung.[23] Ebensowenig wie die universalen Gottheiten der Kanaanäer an ihre Tempel ist der an diesen ländlichen Heiligtümern verehrte Gott an den Ort gebunden; er "kommt dorthin um zu segnen" (Ex 20,24). Wie die Tempel gelten auch diese Kultstätten als Orte des Segens: Lag es in vegetationsarmen Gegenden nicht nahe, Plätzen, an denen Bäume wuchsen oder Quellen entsprangen, besondere Segenskraft zuzuschreiben?

Äußerlich unterschieden sich die Heiligtümer der Wanderhirten, von denen die Erzvätersagen wissen, kaum von den zahllosen ebenso einfachen Orts- und Familienheiligtümern außerhalb israelitischer Siedlungen.[24] Sie sind Zeichen dafür, daß der Übergang vom Wanderhirten- zum Bauernleben vielfach konfliktlos verlief. Er war dadurch erleichtert, daß Kleinviehhirten des Alten Orients in Symbiose mit den Seßhaften lebten. Das Paschafest enthält ein Symbol dafür: Es war deswegen so leicht mit dem Bauernfest der Ungesäuerten Brote zu verbinden, weil diese rasch zuzubereitenden Fladen - typische Hirtennahrung - schon zum Hirtenfest gehört hatten. Das Mehl dazu kam von Bauern oder von einigen aus dem Hirtenklan, die begonnen hatten, ein Feld zu bebauen. Anschaulich wird das in Gen 37: Die Familie Jakobs bindet Garben; bald darauf muß der Jüngste die Brüder suchen, die weit fort Vieh hüten. - Diese aus dem AT gewonnenen Einsichten über die Lebensweise der Patriarchen stimmen mit Erkenntnissen der Archäologie überein. Einige Beispiele:

Dokumente des 18. Jh.s aus Mari am oberen Eufrat erwähnten Nomaden der Umgebung, die verschiedenartige Beziehungen zu der Stadt aufgenommen haben.[25]

Die biblische Überlieferung, wonach die Jakobsippe von Mizpa über Penuel und den Wadi Fara nach Sichem kam, gibt den geographisch richtigen, leichtesten Zugangsweg vom Ostjordanland zum westjordanischen Gebirge an. Man fand Zeichen friedlicher Nachbarschaft zwischen der Stadt Sichem und Nomaden in deren Umgebung aus der Mittel- und Spätbronzezeit, z. B. ein von der Stadt geduldetes Heiligtum auf dem Garizim. Amarnabriefe sprechen vom guten Einverständnis des Fürsten von Sichem mit Nichtseßhaften in der Nachbarschaft der Stadt.[26]

Mit Beginn der Eisenzeit ist in Palästina ein Siedlungsaufschwung zu beobachten, die Gründung zahlreicher unbefestigter Dörfer in unbesiedelten oder seit langem verlassenen Gebieten. Als Beispiel sei die Ausgrabung auf dem Hirbet el Msas im Negeb genannt. Sie legte ein großes und wohlhabendes Dorf frei, gegründet im 12. Jh. Einzelne Häuser sind noch in dem aus kanaanäischen Dörfern bekannten Stil gebaut, doch eine neue Form herrscht vor: Die Eingänge der ringförmig angelegten Häuser führen nicht mehr in ein regelloses Gassengewirr; sie öffnen sich ins freie Land. Dem Eingang gegenüber lag über die ganze Breite des Innenhofes ein Raum; an den Längsseiten trugen Pfeiler ein Dach. Breitraum, längsseitige Pfeiler und unmittelbarer Zugang vom Eingang zum Hof sind neue Bauelemente. War das Breitraumzelt der Nomaden das Vorbild; bevorzugte man deshalb auch den leichten Zugang ins freie Land? Die neuen Siedler müssen allerdings schon länger Kontakt mit Seßhaften gehabt haben; sie beherrschen ältere Techniken der Keramik und Metallverarbeitung; und schon im ältesten Stratum sind 30 % Großvieh nachzuweisen - die Wanderhirten des Alten Orients aber waren Kleinviehzüchter[27].

Archäologische Befunde belegen gegenseitige Bindungen von Nomaden und Seßhaften, rasche Aufnahme von Kulturlandtechniken durch Neusiedler und überraschend selbständige, neue Formen im Hausbau. Neu erscheinen zu Beginn der Eisenzeit auch wasserfeste Zisternen, die Siedlungen in bisher unbewohnten Gegenden erlauben. Die neuen Dörfer entstanden nicht in der dicht mit kanaanäischen Städten besetzten Ebene, sondern im zum großen Teil bewaldeten Gebirge. Eine neue Kunst des Terrassenbaus machte es möglich, guten Ackerboden an feuchteren Einschnitten der Talabhänge festzuhalten.[28] Innerhalb weniger Generationen verwandelte sich ein wildes Waldgebirge in fruchtbares Bauernland.[29] Den Menschen, die das alles leisteten, kann das Kulturland vorher nicht ganz fremd gewesen sein. Die Vätersagen von den Offenbarungen Gottes an heiligen Stätten des Landes enthalten das religiöse Pendant dazu: auch neue Formen der Gottesverehrung brauchten nicht gefunden zu werden.

Vor allem konnte man weiter den Vatergott verehren, der die Familie schützt. Denn auch die Neusiedler lebten im Sippenverband; im Gebirge sind die Ackerflächen meist so klein, daß Familien sie erschließen können; Sippen lebten in den Siedlungen beieinander. Der Ortsname Bethlehem ist z. B. austauschbar gegen den Sippennamen Efrata; zum Ort Ofra gehört die Sippe Abieser.[30] Die Gebirgslandschaft hat freilich diese Siedlungsform nicht erzwungen; älter als die vielen Dörfer sind die Städte Sichem und Jerusalem; kleinere Anwesen im freien Land waren von diesen abhängig. Auch in hellenistischer Zeit wird das Gebirge wieder von Städten abhängen infolge der Domänenwirtschaft reicher Städter. Wenn in der Frühzeit Israels unabhängige Dörfer im Gebirge entstanden, so deswegen, weil diese Siedlungsform dem Lebensgefühl der Neusiedler entgegenkam; aus der Familienreligion bezog es seine Kraft. Darum lebten Sippen in den Orten miteinander und pflegten ihr Heiligtum.

Nach altisraelitischem Ideal kann Land nicht einem Einzelnen gehören. Das "Vatererbe" verbindet nicht nur aufeinanderfolgende Generationen miteinander, die von Terrassenbau, Obst-, Wein- Olivenpflanzungen der Väter profitieren und sie für ihre Kinder in Ordnung halten. Es schafft auch über die Grenzen der Kleinfamilie hinweg eine Solidarität unter Verwandten, die im Löserecht und anderen Rechtsformen, sowie in religiösen Familienfesten zum Ausdruck kam.[31] Sich einem "Vatererbe" verpflichtet zu fühlen, das größer ist als die Äcker, die man selbst bebaut, ist nicht bäuerliche Denkweise. Ein Bauer, der mühsam seinen eigenen Acker pflegt, wird sein Herz eher an diesen hängen als an Äcker aus der fernen Sippschaft.[32] Hirten denken anders vom Landbesitz; ihre Tiere respektieren ohnehin nicht enge Grenzen. Wenn im bäuerlichen Israel die Institution des "Vatererbes" Symbol der Rechtspflichten blieb, die eine größere Sippe aneinander binden, so ist das nomadische Tradition. Das Fortleben solcher Traditionen im bäuerlichen Israel war möglich, weil die neuen Siedlungen meist abseits vom alten Kulturland entstanden. Hier konnte die Begegnung mit der Religion der Seßhaften in Frieden vor sich gehen; mitgebrachte Lebensformen blieben erhalten und Elemente kanaanäischer Religion wurden längst wie echt israelitische Ausdrucksformen des Glaubens erlebt (z. B. die Festordnung), bevor der Kampf der Propheten gegen die Ansteckung durch die kanaanäische Religion einsetzte.

D. h. nicht daß man Gegensätze zu "Kanaan" in der Anfangszeit überhaupt nicht erfuhr; sie waren im Gegenteil scharf. Dem mit der Familie verbundenen Gott stehen in der kanaanäischen Stadtkultur universale Götter gegenüber. Sie bewirken mit- und gegeneinander, ein jeder an dem von ihm behaupteten Platz, daß die Welt funktioniert, Regen und Dürre, Tag und Nacht sich ablösen. Die arbeitsteilige, geschichtete, konkurrierende städtische Gesellschaft spiegelt sich im Pantheon. Wenn Baal zur Herrschaft gelangt, fordert er, um seine Autorität geltend zu machen, einen Tempel als königliche Residenz. Der Gott, den Wanderhirten und bäuerliche Sippen verehrten, hat sich zur Fürsorge für eine kleine menschliche Gemeinschaft verpflichtet; er fordert nicht aufwendige Bauten, sondern Treue als Antwort auf seine Treue. Der weltoffene und tolerante kanaanäische Städter sähe keinen Grund, warum er nur bestimmten Göttern die Treue halten sollte. Mußte die unübersehbare Vielfalt der Welt nicht von einer Vielzahl von Göttern in Gang gehalten werden?[33]

Ein Konflikt zwischen israelitischer und kanaanäischer Religiosität war unvermeidlich, trat aber erst ein, als in der Königszeit Städte und Handel in Israel zu blühen begannen - die Propheten beginnen seit dem 9. Jh. den Kampf gegen Baal. Saul dagegen - den Kanaanäern feindlich gesonnen (2 Sam 21) - hatte einen seiner Söhne noch Ischbaal, Mann Baals, genannt; der kanaanäische Gottestitel ("Herr") konnte ohne Bedenken auch für den Gott Israels gebraucht werden. Jerobeam gründete das Nordreich mit Hilfe von Menschen, die sich gegen das Königtum - ein Erbe Kanaans - auf das altisraelitische Recht der freien Selbstbestimmung der Stämme beriefen. Dennoch stellte er in den Reichsheiligtümern von Betel und Dan (kanaanäisch inspirierte) Stierbilder auf (1 Kön 12,26 ff.).

Es fällt auf, daß der Prophet Amos bei seinem Auftritt in Betel das Stierbild nicht erwähnt, obwohl er die Strafe Jahwes an Israel zu begründen hat.

Eine nach modernen soziologischen Modellen gebildete Theorie erklärt die Toleranz dem kanaanäischen Erbe gegenüber damit, daß Israel nicht aus eingewanderten Nomaden, sondern aus der unterdrückten kanaanäischen Landbevölkerung hervorgegangen sei. Eine Utopie sei Wirklichkeit geworden: Im Widerstand gegen die städtische Herrschaft hätten Aufständische in den Dörfern im Gebirge eine neue Form des Miteinanderlebens gefunden, die "egalitäre Gesellschaft". Der Exodus, das Grundereignis des Glaubens Israels, habe stattgefunden, aber wichtiger als der Auszug aus Ägypten sei der Auszug aus der geschichteten Gesellschaft der Städte ins freie Gebirge und die Gesellschaftsform, in der jeder gleich viel galt.[34]

Es werden auch Gruppen in das Volk Israel eingegangen sein, die sich zuvor aus Abhängigkeit von kanaanäischen Stadtkönigen lösten. Die Stämme Issachar und Ascher haben wahrscheinlich nur deshalb in der von Städten dicht besetzten Jesreelebene siedeln können, weil sie bereit waren, in deren Dienst zu treten.[35] Eines Tages muß es ihnen gelungen sein, sich aus solcher Abhängigkeit zu befreien. Doch die Entstehung Gesamtisraels ist gewiß nicht auf einen Aufstand zurückzuführen.

Einige Anfragen an Vertreter der "Aufstandstheorie":

Sollte, solange das vom AT entworfene Bild von der Entstehung Israels irgend möglich ist, ein moderner Entwurf ihm vorzuziehen sein? Warum ist im AT der Aufstand der kanaanäischen Landbevölkerung vergessen? Die Kritik am Königtum ist im AT unüberhörbar; hätte sie sich eine so überzeugende geschichtliche Begründung wie den Aufstand der Vorfahren gegen kanaanäische Stadtkönige entgehen lassen?

Überlieferungen aus vordavidischer Zeit zeichnen Israel nicht als egalitäre Gesellschaft. Zu der im Gebirge lebenden Landbevölkerung gehört auch der reiche Nabal, der seine 3 000 Schafe gewiß nur mit vielen untergeordneten Hilfskräften scheren konnte, ganz zu schweigen davon, wie er die Wolle verarbeitete und vermarktete. Ebenso gehörten dazu die "bedrückten, verschuldeten, verbitterten" Männer (1 Sam 22,2), die sich David angeschlossen hatten. Die Geschichte kennt manches Beispiel dafür, daß ein erfolgreicher Aufstand am Ende Gesellschaftsstrukturen schuf, die denen ähnlich waren, gegen die man angetreten war. Wahrscheinlich hätte in Palästina damals ein Aufstand Unzufriedener eher zu einem neuen Königtum als zur "egalitären" Gesellschaft geführt: Davids Aufstieg zum Königtum wurde von unzufriedenen Menschen unterstützt; Jiftach und Abimelech verdanken ihnen ihre Macht; gleiches erzählt die Stele des Idrimi von Alalach[36].

Zur Aufstandstheorie paßt es wenig, daß Israel Elemente kanaanäischer Religion unbekümmert übernahm. Eine Gemeinschaft, die aus dem Aufstand gegen Städte hervorgegangen wäre, in denen man "El" und "Baal" verehrte, hätte kaum ihren Gott ebenso angerufen, hätte ihren Kindern nicht "el"- und "baalhaltige" Namen gegeben und sich selbst nicht Isra-el genannt. Vor allem kann die Aufstandstheorie nicht erklären, wieso der Siedlungsaufschwung am Beginn der Eisenzeit zur Bildung nationaler Territorialstaaten führte; neben Israel und Juda waren das Ammon, Moab, Edom, aramäische Staaten. Das AT sieht in diesen Völkern "Verwandte" Israels. Die Geschichte der Region wird von nun an nicht mehr von vielen winzigen Stadtkönigtümern bestimmt, sondern von Völkern, die ein größeres Territorium bewohnen.

Freilich - auch der Übergang der Wanderhirten zur Seßhaftigkeit, der sich in atl. Überlieferungen spiegelt, kann die Entstehung der neuen Staaten nicht erklären. Doch lassen diese Überlieferungen erkennen, daß Israel keinen einheitlichen Ursprung hatte. In der Jesreelebene stießen Stämme dazu, die sich aus dem Dienst kanaanäischer Städte gelöst hatten. Die Jakobssippe kam vom Ostjordanland her in die Gegend von Sichem. An Einwanderungen vom Süden lassen die Kundschaftergeschichten und die Kaleb-Überlieferungen in Num 13 denken. Im Buch Josua spiegelt sich ein Eindringen vom unteren Jordan her. In das judäische Hügelland scheinen Bewohner des Gebirges im Einvernehmen mit den Vorbewohnern eingesickert zu sein (Gen 38). Wie entstand aus diesen und anderen Bewegungen das eine Israel?

Es wäre hier von der zweiten Gruppe von Überlieferungen zu sprechen, die das AT außerhalb des Landes ansiedelt, und die sich auffällig von der Vätertradition unterscheiden: Mit der Erinnerung an den Auszug aus Ägypten ist der Name "Israel" verbunden; in diesen Traditionen hat Gott einen eigenen Namen: JAHWE führt sein Volk aus Ägypten; kriegerisches Pathos der Befreiung kennzeichnet diese Überlieferungen und das Bewußtsein, in einer Geschichte zu stehen: Die Rettung am Schilfmeer eröffnet dem Volk eine Zukunft. So sehr sich die Traditionen von Exodus und Wüstenzug von den Väterüberlieferungen unterscheiden, auch hinter ihnen steht ein "Erbe der Nomadenzeit". Es darzustellen, würde freilich den selbstgesetzten Rahmen dieses Beitrages sprengen. Nicht der Übergang halbnomadischer Kleinviehzüchter zum friedlichen Landesausbau, nicht die Gründung bäuerlicher Dörfer wäre damit zu erklären, sondern der Zusammenschluß von Stämmen, die sich - vereint unter dem Namen Israel - zu wehren und zu behaupten wußten.

Die Skizze ist ohnehin unvollständig; es fehlt z. B. die Frage nach dem Ursprung des Glaubens an den einen Gott, der im polytheistischen Alten Orient alles anderes als selbstverständlich ist. Läßt er sich zurückführen auf die Familienreligion, in der Gott und Familie einander treu sind? Es wäre ferner zu fragen, durch wen und auf welche Weise "nomadisches Erbe" im bäuerlichen und städtischen Israel überlebte. Dafür wäre es u. a. wichtig festzustellen, daß über die Davidszeit hinaus der Übergang zur Seßhaftigkeit noch nicht überall vollzogen war, ja daß noch vor dem Untergang Jerusalems eine Schar jahwegläubiger Nomaden in der Stadt Schutz suchte.[37] Es wäre dafür auch nach Herkunft, Geschichte und Bedeutung der Leviten in Israel zu fragen. In Ri 17 begegnet uns der wandernde, heimatlose Levit, und noch in den Psalmen rühmen sich Leviten, ihr Anteil sei nicht Landbesitz, sondern Jahwe (Ps 16,5 f.).

III. Vom Nutzen religionsgeographischer Theoriebildung für das Verständnis altisraelitischer Religionsgeschichte

Übergangszeiten in der Geschichte geben Anlaß zu fragen: Bruch oder Kontinuität, was ist deutlicher? Auch religionsgeographische Fragen gewinnen in solchen Zeiten schärfere Konturen: Sind mit einer anderen Lebensweise, einem anderen Verhältnis der Menschen zum Land auch Änderungen in ihrem religiösen Leben verbunden? Beeinflussen sich diese Änderungen gegenseitig? BÜTTNER (1985, S. 36 f.) beschreibt die Religion/Umwelt-Beziehung als dialektischen Prozeß, als ein sich aufschaukelndes Auf und Ab zwischen entgegengesetzten Phasen, in denen Geisteshaltung/Religion und Umwelteinflüsse sich im Gleichgewicht oder im Konflikt miteinander befinden. Wenn es wegen einer gewandelten Umwelt zu Konflikten kommt, kann die Religion nur überleben, wenn sie ein neues Gleichgewicht findet; wenn sich aber ein Gleichgewicht erst eingependelt hat, droht Erstarrung überlieferter Formen religiösen Lebens, die bald nicht mehr zur Umwelt passen; lebensfähig bleibt die Religion wieder nur, wenn das bemerkt und mit neuer Anstrengung neues Gleichgewicht gesucht wird.

Die Väterüberlieferungen spiegeln eine Periode des Übergangs wider, die gemeistert werden konnte, ohne daß scharfe religiöse Konflikte zu beobachten sind. Das entspricht dem Modell BÜTTNERs: Die Väterüberlieferungen erzählen von der Frühzeit der Glaubensgeschichte Israels; noch ist die Religion nicht so verfestigt, daß sie nicht relativ leicht neue Umwelteinflüsse bewältigen könnte; der Ausschlag der Wellenbewegung ist noch nicht so stark. Doch daß die Hirtensippen in das Leben im Lande offenbar friedlich hineinwuchsen, ist m. E. mindestens ebenso mit einem Wort zu erklären, das in keine Theorie paßt: Sie hatten "Glück" gehabt. Sie brauchten wesentliche Elemente ihres mitgebrachten Glaubens nicht aufzugeben; ihre Religion konnte Familienreligion bleiben, weil enges Nebeneinanderleben mit der ganz anders gearteten Religion der kanaanäischen Stadtkultur ihnen noch lange erspart blieb. Denn mit Beginn der Eisenzeit machten neue Techniken es möglich, zuvor noch wenig genutztes Land neu zu erschließen. Erst nach einer langen Zeit im "Schonraum" des Gebirges kam es zur heftigen Auseinandersetzung mit der kanaanäischen Religion. (Vergessen war inzwischen, daß der Prophetismus, aus dem die Wortführer dieser Auseinandersetzung kamen, auch kanaanäische Wurzeln hatte.) Israel hat später als verwandte Völker den Anschluß an die Entwicklung zum Staat, d. h. zum Königtum gefunden, es hat länger gebraucht, um städtische Kultur zu übernehmen, weil es in einer Gegend des Landes heimisch geworden war, die Zusammenschluß, Städtebau, internationalen Handel, Aufbau einer "modernen" Streitmacht erschwerte - für die Bewahrung, Entfaltung und Festigung mitgebrachter religiöser Traditionen war das ein "Glück".

Ein anderer Konflikt - oder muß man es eher einen Verschmelzungsprozeß nennen? - veränderte jedoch den Vatergottglauben bis zur Unkenntlichkeit: Gemeint ist die Begegnung mit der Schar, die Überlieferungen von der Befreiung aus Ägypten und vom Wüstenzug mit ins Land brachte. Zeuge dafür, daß der Vatergottglaube dabei "unterlag", ist das AT selber, das vom Glauben an JAHWE redet und die Religion jener Vorfahren Israels, die die Familienreligion der Väter besaßen, nur noch gegen den Sinn der Texte zu erschließen erlaubt. Gewandelt hat sich die Religion der Väter Israels also zunächst weniger durch den Übergang zur Seßhaftigkeit als durch die Begegnung mit einer "verwandten", durch andere geschichtliche Erfahrungen geprägten Gruppe: Der Teil der Vorfahren Israels, der zuerst versucht hatte, in Ägypten Fuß zu fassen, dem aber die "Landnahme" dort mißglückt war, weil das Leben in einem geregelten Beamtenstaat ihnen unerträglich geworden war, brachte auch religiöse Vorstellungen von Kampf, Auseinandersetzung und Befreiung mit.

Den neuen Siedlungen im Gebirge war es zwar zugute gekommen, daß die Städte des spätbronzezeitlichen Kanaan seit dem Rückzug Ägyptens geschwächt und uneins waren, aber gegen deren überlegene militärische Technik - gegen "eiserne Streitwagen" (Ri 1,18) - waren Hirten und Bauern machtlos. Vor allem: es kamen auch andere Siedlungssuchende ins Land; das werdende Israel mußte sich auch mit Edom, Moab, Ammon, Aram - mit den neuen Völkern - auseinandersetzen. Den Mangel an militärischer Technik mußte gegenseitige Hilfe ausgleichen. Den Weg zu solchem Zusammenschluß zeigten Bundestraditionen der aus der Wüste gekommenen Schar. Das AT läßt erkennen, daß die militärische Organisation sich in der Frühzeit Israels ebenfalls auf die Familie stützte.[38] Doch viel deutlicher tritt in den Überlieferungen von den Kriegen Israels ein anderes Element hervor, das nichts mehr mit der Väterreligion zu tun hat: An die Stelle des Vatergottes, der die Familien schützt, tritt JAHWE, der Gott der vereinten Heerscharen Israels.

Verwandte Elemente erleichterten die Verschmelzung von Vatergottglauben und Glauben an JAHWE: Gegenseitige Treue binden JAHWE und sein "Volk" (hebräisch AM meint eigentlich "Verwandtschaft") eher noch ausschließlicher aneinander. Auch die Umwandlung des Vatergottglaubens zum Jahweglauben kann nach dem Modell der religionsgeographischen Theorie betrachtet werden; Druck von Kräften der Umwelt, die den Siedlern ihr Land streitig machten, führte zu einem Prozeß in der Glaubensgemeinschaft, an dessen Ende der "Gott Abrahams, Isaaks und Jakobs" schließlich JAHWE genannt wurde. - Aber wieder spielt das "Glück" mit, der geschichtliche "Zufall": Diese Umwandlung hätte sich nie ereignet, wenn nicht eine verwandte Gruppe mit ganz anderen geschichtlichen Erfahrungen zu den Vätergruppen gestoßen wäre. Möglicherweise wären die Vätergruppen spurlos verschwunden, und wir wüßten nichts von ihnen; ihr Überleben verdanken sie der Vereinigung mit jener Schar, die aus Ägypten kam. Von ihr lernten sie, daß Jahwe den Bund der Seinen will, und daß er sein Volk befreit.

Religionsgeographische Theoriebildung regt zu genauerem Zusehen und zu Fragen an; die Antworten aus der konkreten Geschichte werden jedoch oft überraschend neu ausfallen.[39]

Zum Schluß sei auf ein Element der religionsgeographischen Theorie noch einmal eingegangen: Sind nur junge Religionsgemeinschaften fähig, aus einem Konflikt heraus das lebensnotwendige Gleichgewicht zu finden? - Das Alte Testament ist ein Beispiel dafür, daß es einer bereits jahrhundertealten Religionsgemeinschaft gelang, die tiefe Erschütterung des Exils zu überwinden: In der Nachexilszeit gewann dieses Buch seine Gestalt als schriftliche Zusammenfassung viel älterer und bis dahin noch z. T. vereinzelter Traditionen, die nun zur einen "Heiligen Schrift" zusammengefaßt wurden; der alte Glaube Israels lebte nach dem Verlust aller sichtbaren religiösen Institutionen, des Landes, des Königtums, des Tempels und seines Kultes und sogar der Lebensgemeinschaft des Volkes fort in einer Religion des Buches.

Vielleicht gelang das deswegen, weil äußere Umstände - "Glück" - dafür gesorgt hatten, daß Israels Glaube immer jung blieb. Dieser Glaube entstand in einem Land, das in der Pufferzone zwischen den großen Weltmächten lag, zwischen Ägypten und Mesopotamien, später zwischen dem griechischen Westen und dem Orient. Hier blieb nie genügend Zeit, daß ein stabiles Gleichgewicht sich einpendeln konnte. Es sah zunächst so aus, als ob die Vatergottreligion sich konfliktlos mit Traditionen der Seßhaften anreichern werde; doch der Prozeß wurde einerseits gestört durch die Notwendigkeit, die neuen Siedlungsgebiete zu behaupten, andererseits durch die verwandten Gruppen aus Ägypten, die eine religiöse Antwort auf diese Not mitbrachten: Israel mußte sich um Jahwe scharen, den Gott der Befreiung; Stämme entstanden, die sich in Notfällen zusammenschlossen. Doch bevor die israelitische Stämmegemeinschaft sich verfestigen konnte, machte die Philistergefahr es notwendig, daß Israel einen König erhielt und zum Staat wurde. - Die Geschichte Israels ließe sich weiter erzählen als Aufeinanderfolge abgebrochener religiöser Entwicklungen. Die Kräfte, die neue Entwicklungen in Gang gesetzt hatten, konnten sich nie beruhigen, ein stabiles Gleichgewicht gab es nie zu verlieren. Neue Umstände, von außen zuweilen brutal herangetragen, forderten neue religiöse Antworten, bevor die alten Antworten Zeit gefunden hatten, zu bloß äußeren Formen zu erstarren, die man einfach ablegen konnte. So sammelte sich ein Schatz lebendiger religiöser Traditionen an, der für die Religionsgemeinschaft Hilfen zum Überleben in unerwartet neuen Situationen bereit hielt.

Anmerkungen

[1] ODELAIN, O. et SEGUINEAU, A. (1978): Dictionnaire des noms propres de la bible. Paris, S. IX f.

[2] Ein Beispiel: Den Verfassern der Königsbücher war der Tempel von Jerusalem das allein legitime Heiligtum, und sie beurteilten die Könige danach, ob sie sich daran hielten (1 Kön 15,3 u. a.). Dennoch geben sie Traditionen anderer Heiligtümer aus der Zeit vor der Kultreform weiter (1 Kön 3,4 ff. u. a.).

[3] Dieser Zusammenhang ist zuerst herausgestellt worden von der "Schule" der deutschen alttestamentlichen Exegese um GUNKEL und NOTH: Gattungskritik ist nur zu betreiben, wenn man die umweltgeprägten Lebensformen der Gemeinschaften beachtet, die die jeweilige sprachliche Form unter bestimmten Lebensumständen ausbildeten und dauernd benützten.

[4] Während andere altorientalische Sammlungen von Gesetzen, die das Alltagsleben der Menschen regeln, als menschliche Regelungen gelten, allenfalls erlassen im Auftrag eines Gottes (vgl. z. B. die Einleitung zum Kodex des Hammurabi), gelten alttestamentliche Gesetze als "Wort Gottes", vgl. z. B. im Bundesbuch, der ältesten atl. Gesetzessammlung, Ex 22,26: Das "Ich", das hier redet, ist gehört worden als Ich Jahwes.

[5] Dt 6, 10f. Das Zitat stammt aus einer späten Schicht des AT; doch das Be-

wußtsein, in einem schon längst von anderen Kräften gestalteten Land zu leben, war älter; es drückt sich darin aus, daß Israel sein Land nicht nach sich benannte, wie bei vielen Völkern üblich, sondern am Namen "Kanaan" festhielt.

6   Das im Buch Josua entworfene Bild eines siegreichen Einzugs entstand in Übermalung älterer Überlieferungen; die wissenschaftliche Diskussion dazu faßt zusammen WEIPPERT, M. (1967): Die Landnahme der israelitischen Stämme. Göttingen.

7   Z. B. durch Übernahme der Erntefeste in den religiösen Kalender Israels; vgl. dazu die Hinweise in Abschnitt 2 dieses Beitrags.

8   Auch moderne Theologen neigen dazu, Umwelteinflüsse vor allem dort zu bemerken, wo das AT sich davon absetzt; Einflüsse des "Landes" gelten als "Gefahr"; "aber Israel ist ihnen ganz und gar nicht erlegen"; SCHMIDT, W. H. (1982): Der alttestamentliche Glaube in seiner Geschichte. Neukirchen, S. 90.

9   Vgl. z. B. die Verbindung von "Leben nach Gottes Gebot" und "Leben im Land" in Ex 20,12 (Elterngebot) und Mt 5,5 (Seligpreisung).

10 Aus der Literatur zu diesen Anfragen an die "klassische" atl. Exegese: MALAMAT, A. (1983): Die Frühgeschichte Israels. Theologische Zeitschrift 39, S. 1 - 16. SCHMIDT, H. H. (1976): Der sogenannte Jahwist. Zürich. RENDTTORFF, R. (1977): Das überlieferungsgeschichtliche Problem des Pentateuch. BZAW 147, Berlin. NORTH, R. (1981): Can Geography save J from Rensdttorff? Biblica, S. 47 - 55.

11 Zur Diskussion um atl. Beschreibungen der Ostgrenze des "verheißenen Landes" vgl. OHLER, A. (1979): Israel, Volk und Land. Stuttgart, S. 36 f.

12 Die "strukturalistische" Bibelexegese stellt vor POLZIN, R. M. (1977): Biblical Structuralism. Philadelphia and Missoula. Der Strukturalismus läßt mit der Untersuchung von "Längsschnitten" immerhin noch geschichtlich orientierte Fragen bestimmter Art zu; schärfer ist der Angriff gegen die historisch-kritische Exegese, den E. DREWERMANN (Tiefenpsychologie und Exegese. Olten 1985) führt: Historische Fragen zielen seiner Auffassung nach am Sinn der biblischen Texte vorbei, die unhistorische, allgemein menschliche, bildhafte Wahrheiten der Seele vermitteln, die mit "Einfühlung" und wenn wissenschaftlich, dann nur mit tiefenpsychologischen Methoden zu erschließen seien.

13 HOHEISEL (S. 139 f.) weist auf die Bedeutung der historischen Bibelexegese für die Erarbeitung von Material zur religionsgeographischen Forschung hin. Bahnbrechend waren die Schriften von H. GUNKEL und M. NOTH (zwischen 1920 und 1950). Theorien zur Religion/Umwelt-Beziehung aufzustellen, liegt bis heute den meisten Bibelexegeten fern. In den letzten Jahren gab es eine Reihe von Versuchen, Modelle moderner Soziologie auf Altisrael zu übertragen: KREISSIG, H. (1970): Die sozialen Zusammenhänge des jüdischen Kriegs. Berlin. KIPPENBERG, H. G. (1978): Religion und Klassenbildung im antiken Judäa. Göttingen. GOTTWALD, N. K. (1980): The Tribes of Jahwe. A Sociology of the Religion of Liberated Israel 1250 - 1050. London. Verschiedene deutsche Autoren, u. a. N. LOHFINK, greifen die Thesen von Gottwald auf in Bibel und Kirche, Heft 2, 1983. (Teil 2 dieses Beitrags wird darauf eingehen.) OTTO, E. (1982): Sozialgeschichte Israels. Biblische Notizen 15, S. 87 - 92. Ders. (1982): Hat M. Webers Religionssoziologie des antiken Judentums Bedeutung für eine Theologie des AT? ZAW, S. 187 - 203.

14 Wie Anm. 8, S. 13 f.

[15] G. V. RAD (Das formgeschichtliche Problem des Hexateuch. Stuttgart 1938) meinte, im geschichtlichen "Credo" von Dt 26,5 ff. ein altes Grundmuster sehen zu können, das den Rahmen für die atl. Geschichtswerke abgegeben habe. Aber inzwischen ist deutlich: Dt 26,5 ff. rekapituliert formelhaft den Inhalt bereits vorliegender Geschichtswerke, kann also bei religionsgeographischen Fragen nach der Frühgeschichte Israels nicht herangezogen werden.

[16] Vgl. die atl. Festkalender in Ex 23, 14 - 17; 34, 18 - 23; Dtn 16, 1 - 17.

[17] RINGREN, H. (1979): Die Religionen des Alten Orients. Göttingen, S. 233.

[18] Ex 20,10; 23,12. Jes 1,13; Hos 2,13; Am 8,12 nennen Sabbat und Neumond nebeneinander. Man hat daraus schließen wollen, der Sabbat sei ursprünglich die Vollmondfeier gewesen und entspreche dem akkad. schapattu, an dem man aus Angst vor Unglück keine neuen Geschäfte begann. Doch weder passen die Namen schapattu und Sabbat etymologisch zusammen, noch kann man sich vorstellen, wie ein Unglückstag zum festlichen Ruhetag werden kann; zudem zeigt Ex 23,12, daß bereits in der Zeit vor den Propheten der Sabbat im 7-Tage-Rhythmus gefeiert wurde, der in die Mondphasen nicht paßt.

[19] Dtn 16,9 erinnert daran, daß das Fest der Ungesäuerten Brote eigentlich Erntefest ist. Das Paschafest wurde bei der deuteronomischen Reform mit dem Wallfahrtsfest verknüpft, weil man keine kultische Schlachtung außerhalb des Heiligtums dulden wollte, wie sie bis dahin bei der Familienfeier des Pascha üblich gewesen war. Trotzdem behielt das Pascha den Charakter des Familienfestes. Noch PHILO VON ALEXANDRIEN erklärt: "In der Paschanacht sind alle jüdischen Hausväter Priester." De vita Moysis, II, 224.

[20] Der soziologische Entwurf von KIPPENBERG (wie Anm. 13) geht aus von Belegen für die große Bedeutung der Sippen im Juda der Nachexilszeit.

[21] Die grundlegende Arbeit zum Vatergottglauben: ALT, A. (1929): Der Gott der Väter. Stuttgart. Zur neueren Diskussion darüber vgl. WESTERMANN, C. (1975): Gen 12 - 50. Erträge der Forschung. Bd. 48, S. 97 - 113. Darmstadt.

[22] Gegensätze zwischen Wanderhirten und Seßhaften spiegeln sich in Sagen, die von den Gefahren für die Frauen der Hirten durch die Stadtbewohner wissen: Gen 12, 20 - 20; 20; 26. Doch der Konflikt wird friedlich-geschäftlich beigelegt. Gen 34 allerdings erzählt von blutiger Rache an den Stadtbewohnern für die Vergewaltigung der Hirtentochter. Doch ist damit zu rechnen, daß dieser blutrünstige Zug in die friedlichere Familiensage erst im Zuge späterer Überarbeitung eingetragen wurde, die mit dieser Sage nicht nur an den Aufenthalt Jakobs bei Sichem, sondern auch an eine Niederlage der Stämme Simeon und Levi bei dieser Stadt erinnerte.

[23] Quelle: Gen 16,7; Baum: Gen 18,1; Höhe: Gen 22,2; aufgerichteter Stein: Gen 28,18; Steinhaufen: Gen 31,46 f.; Altar aus Erde oder unbehauenen Steinen: Ex 20,24 f.

[24] Familienheiligtum: Ri 6,25; außerhalb der Ortschaft: 1 Sam 9,25.

[25] KUPPER, J. R. (1957): Les nomades en Mésopotamie au temps des rois de Mari. Paris.

[26] OTTO, E. (1979): Jakob in Sichem. Stuttgart.

[27] VOLKMAR, F.: Die kulturhistorische Bedeutung der früheisenzeitlichen Siedlung auf dem Hirbet el Msas. Zeitschr. d. dtsch. Palästinavereins 96, S. 121

- 135. Zum Siedlungsaufschwung im Ostjordanland vgl. E. OTTO (wie Anm. 26) S. 101; Otto rechnet mit Neusiedlungen durch Ammoniter. Zu Neugründungen in Obergaliläa vgl. KING, Ph. J. (1983): Die archäologische Forschung zur Ansiedlung der Israeliten in Palästina. Bibel und Kirche, S. 72 - 76. Zur Übernahme der Technik der Metallverarbeitung berichtet A. BIRAN (Tell Dan. Five Years Later. The Biblical Archaeologist 80, 1981, S. 168 - 189) von Ausgrabungen in Dan: Eine wohlhabende Siedlung des 13./14. Jh.s wurde am Anfang des 12. Jh.s von einer ärmlichen Neusiedlung abgelöst, die der Archäologe fast nur an ihren in ältere Schichten eingegrabenen Vorratsgruben erkennen kann. Aber über diesen offensichtlichen Bruch hinweg wird an diesem Ort die gleiche Technik der Metallverarbeitung weitergereicht.

[28] Überschätzt wird gelegentlich die Auswirkung der damals neuen Technik der Eisenverarbeitung, die der archäologischen Schicht den Namen gab. Sie dürfte sich nicht überall rasch durchgesetzt haben; Eisen bleibt in Palästina noch länger kostbar (vgl. dazu OHLER wie Anm. 11, S. 44 f.). Zudem kannte man auch in der Bronzezeit Werkzeuge, die sich zur Rodung und Bearbeitung steiniger Böden geeignet hätten.

[29] K. KENYON (Digging up Jericho. London 1957, S. 185) stellte bei Ausgrabungen in Jericho fest, daß die vom Gebirge herabgeschwemmten Schichten seit dem Ende der Spätbronzezeit dicker wurden: Erosion durch Entwaldung.

[30] Ri 6,11; Rut 4,11, vgl. dtsch. Ortsnamen auf -ingen.

[31] Zum Löserecht: OHLER (wie Anm. 11, S. 199 ff.); zur Rechtspflege als Aufgabe der Verwandtschaft: 2 Sam 14, 4 - 7; zum Rechtsschutz, den Verwandtschaft bietet: 2 Kön 4,14; zum religiösen Familienfest: 2 Sam 20,6.

[32] Nomaden vor Mari kannten wie das AT ein "nahalum", das nur in der Sippe vererbt wurde, vgl. 1 Kön 21. Das dem Schutz des Sippenbesitzes dienende Löserecht gilt in Rut 4,6 dem Einzelnen als "Schaden für sein eigenes Erbe".

[33] E. HORNUNG (Der Eine und die Vielen. Darmstadt 1971) erschließt diese Denkweise am Beispiel des ägyptischen Pantheons.

[34] Vgl. GOTTWALD (wie Anm. 13); zuerst bei MENDENHALL, G. E. (1982): The Hebrew Conquest of Palestine. The Biblical Archaeologist 25, S. 66 - 87.

[35] Vgl. OHLER (wie Anm. 11) S. 218

[36] SMITH, S. (1949): The Statue of Idrimi. London.

[37] Rekabiter in Jerusalem: Jer 35; ihr Ahn unterstützte den Kampf gegen Kanaans Religion, 2 Kön 10,15 ff. - Die Heimat einiger der "Helden Davids" ist nicht mit einem Orts-, sondern mit einem Sippennamen oder einer Landschaft angegeben: Sam 23,28-30, Zalmon der Ahoachiter; Hiddai von den Bächen Gaaschs.

[38] OHLER (wie Anm. 9) S. 86 - 89.

[39] BÜTTNER (a. a. O. S. 53 f.) und HOHEISEL (a. a. O. S. 153) machen in etwas anderer Weise auf diese Unableitbarkeit konkreter geschichtlicher Phänomene aus der religionsgeschichtlichen Theorie aufmerksam.

Zusammenfassung

I. Fragestellung

Moderne religionsgeographische Fragen sind alttestamentlichen Autoren fremd. Trotzdem müssen sie an das AT gestellt werden - aus zwei Gründen: 1. Atl. Texte sprechen vom Wirken Gottes in Raum und Zeit. 2. Diese Texte sind von ihrer Entstehungsgeschichte her mehr von Vorstellungen menschlicher Gemeinschaften als vom Denken einzelner geprägt und Umwelteinflüssen damit stärker ausgesetzt. Da jedoch die Rekonstruktion der Entstehungsgeschichte des AT aus seiner Endgestalt immer hypothetisch bleiben muß, sind religionsgeographische Fragen im Einzelnen nur schwer präzise zu beantworten.

II. Ein Beispiel

Familienbräuche (Sabbat- und Paschafeier) trugen im 6. Jh. dazu bei, daß der Glaube Israels den Verlust des Landes überstand. In diesen Feiern lebten Traditionen nomadischer Vorfahren Israels fort. Wie in der nachexilischen Gemeinde war auch bei ihnen die Familie die wichtigste gesellschaftliche Gliederung gewesen. Ihre religiösen Traditionen waren bei der Ansiedlung im Land nicht untergegangen, weil sie abseits vom Kulturland im Gebirge heimisch wurden. Nicht der Übergang zur Seßhaftigkeit verwandelte ihre Familienreligion zum Jahweglauben des Volkes Israel, sondern die Begegnung mit der Schar, die mit anderen geschichtlichen Erfahrungen aus Ägyten kam.

III. Ergebnis

Religionsgeographische Theorien (wie in Geographia Religionum I dargestellt) finden Bestätigung auch am Beispiel der Religionsgeschichte Altisraels. Auffälliges Kennzeichen dieser Geschichte ist jedoch, daß es in den wechselseitigen Beziehungen zwischen Religion und Umwelt nie zu einem beruhigten Gleichgewicht kommt. Religiöse Entwicklungen werden immer wieder abgebrochen - so wie die friedliche Umgestaltung des nomadischen Vatergottglaubens zu einer Religion von Bauern "gestört" wurde durch den neu dazu gekommenen Jahweglauben. Ferner bleibt - wie in der konkreten Geschichte wohl immer - ein vielleicht ausschlaggebender Rest, der überraschend anders ist, als nach dem theoretischen Modell zu erwarten gewesen wäre: "Glück" oder "Zufall" war es, daß die Vorfahren Israels freien Siedlungsraum gerade im west- und ostjordanischen Gebirge fanden; sowie darin, daß sie rechtzeitig der Schar aus Ägypten begegneten, von der sie lernten, sich im Land zu behaupten.

Summary
Interrelation of environment and religion; the example of religious history of ancient Israel.

I. The problem
Authors of OT-texts are not interested in questions dealing with geography of religion. Nevertheless modern interpreters of the OT cannot avoid disputing these questions - for two reasons: 1. The OT is, in the first place, the message of God and his works, but these works are described as happening in concrete space and time. 2. OT-texts were formed in a long history of oral and literal tradition; that means: human communities shaped them; and the ways of thinking of a community is always deeply influenced by environment.

II. An example:
Sabbat and pascha are celebrated in the family. These customs helped Israel's faith to survive the catastrophe of exile in the 6th c. B. C. They had been alive in Israel ever since Israel's forefathers, families of itinerant shepherds of small cattle, brought them into the country in the 13th c. B. C. Nomadic religious traditions were preserved because these groups had the chance to settle peacefully in newly cultivated regions. Finally their family-religion was transformed to Israel's faith in Jahwe. This transformation was not the result of transition of nomads to the life of farmers. It was rather due to the encounter of these groups worshipping the "God of the Father" with a similar group coming from Egypt, that imported other religious traditions resulting from other historical experiences.

III. The result:
Patterns of evolution in history of religion (as proposed by scholars of geography of religion in Geographia Religionum I) are valuable for ancient Israel. But the history of Israel is characterized by a striking deficiency of equilibrium in the interrelations between religion and environment. Religious developments are mostly cut off - e. g. in the beginning of this history when peaceful evolution of the religion of shepherds to a faith of farmers was interrupted by newcomers from Egypt. Another item: Concrete history never fits into patterns of theory; there is always an important factor of luck, that is to be regarded. Evolution of Israel's religion is deeply marked by "hazard"; one example is given here: Religious traditions of peaceful shepherds were necessary for the survival of Israel's faith at the end of its political history. These traditions would have been lost totally if these family groups would not have associated themselves to the militant Jahwegroup coming from Egypt.

Hans-Georg Bohle

POLITISCHE UND ÖKONOMISCHE ASPEKTE DER RELIGIONSGEOGRAPHIE. DAS BEISPIEL MITTELALTERLICHER SÜDINDISCHER TEMPELGRÜNDUNGS- UND RITUALPOLITIK.

A. Gegenstand und Zielsetzungen

Der Gegenstand des vorliegenden Beitrages - die südindische Tempelstadt - legt es nahe, eine **kulturgeographische** Betrachtungsweise zu verwenden und dabei speziell an Fragestellungen der **Religionsgeographie** anzuknüpfen. Aufgabe der Religionsgeographie ist es, so BÜTTNER (1985, S. 52), "Wechselwirkungsprozesse zwischen Religion und Umwelt" zu untersuchen und diese Prozesse "als dialektisch (zielgerichtet) ablaufend und eingebettet in den Großprozeß der Verwirklichung von Religion" zu interpretieren. Hier will der vorliegende Beitrag ansetzen.

Ausgehend von einer religionsgeographischen Grundperspektive soll im folgenden jedoch ein Aspekt hervorgehoben werden, der in der Kulturgeographie und insbesondere auch in der Religionsgeographie weitgehend vernachlässigt worden ist, nämlich die **politisch-ökonomischen Funktionen** von Religion und die erhebliche kulturgeographische Relevanz einer Verflechtung von Kultur, Wirtschaft und Politik. Die Entwicklung einer Kulturlandschaft, so die leitende These des Beitrages, läßt sich in vielen Fällen erst aus dem zielgerichteten Einsatz von Kultursystemen für wirtschaftliche und politische Zwecke interpretieren.

Die folgende Untersuchung wird sich speziell auf die Frage nach dem Verhältnis von **Religion** und **politischer Herrschaft** im mittelalterlichen Südindien und auf die geographische Bedeutung dieses Verhältnisses konzentrieren. An verschiedenen Beispielen soll dabei aufgezeigt werden,
- wie bestimmte **wirtschaftliche und politische Verhältnisse** ganz spezifische Anforderungen an politische Herrschaft stellten, wobei vier Ziele von Herrschaft unterschieden werden,
- wie diese Anforderungen für die politische Herrschaft ganz bestimmte **"Legitimationsbedürfnisse"** (KULKE 1982) hervorriefen,

- wie diese Bedürfnisse in eine je spezifische **"Ritualpolitik"** (KULKE 1978) umgesetzt wurden, und wie eine solche, über das Medium von Religion und Ritual vermittelte Politik in ganz bestimmter Weise geographisch-**raumwirksam** wurde, und wie dabei Tempel und Tempelstadt eine Schlüsselrolle spielten.

Da geographische Arbeiten zu diesem Komplex praktisch fehlen, muß sich diese Analyse neben verschiedenen eigenen Erhebungen in erster Linie auf Forschungsergebnisse von Seiten der Geschichtswissenschaft, Religionswissenschaft, Indologie, Ethnologie, Archäologie und Architektur stützen, die es jedoch aus geographischer Perspektive zu interpretieren gilt.

B. Herrschaftsetablierung und die Anlage von Reichstempeln und Tempelstädten

Das erste Ziel von Ritualpolitik, an dem diese Zusammenhänge aufgezeigt werden sollen, war die **Etablierung von Herrschaft.** Als wichtigstes Mittel der Ritualpolitik lassen sich der Bau großer **Reichstempel** und die Anlage von **Tempelstädten** identifizieren. Dies zeigt sich etwa an der südindischen Koromandelküste, wo seit Ende des 10. Jh.s mehrere monumentale Tempel und mehr als 30 planvolle Tempelstädte entstanden (Abb. 1). Der politische Hintergrund war die Entstehung eines neuen polyzentrischen Machtsystems im südlichen Indien unter der Oberherrschaft der Choladynastie, das aus isolierten Regionalreichen hervorgegangen war (Abb. 2). Die neuen Tempelstädte wurden zu den wichtigsten Kristallisationspunkten des Großreiches (RÖSEL 1978); sie halfen bei seiner dauerhaften Vereinigung trotz mangelnder politischer, administrativer und militärischer Machtmittel.

Voraussetzung und Folge einer solchen "Investition in den sozio-kulturellen Sektor" (PFEFFER o. J.) der südindischen Gesellschaft war eine gesicherte Überschußproduktion, die in den Kernen des Reiches durch die Einführung von Pflugbau und großräumiger Bewässerung (vgl. BOHLE 1981; 1982) zu dieser Zeit möglich geworden war. Die meisten der neuen Tempel und Tempelstädte konzentrierten sich dementsprechend in den hochproduktiven Kernbereichen des Cholareiches (vgl. Abb. 1 und 2).

Das früheste Beispiel für einen solchen politischen Tempelgründungsakt stammt denn auch aus der zentralen Region der Cholaherrschaft. Es handelt sich um den um die Jahrtausendwende fertiggestellten monumentalen Brihadiswara-Tempel

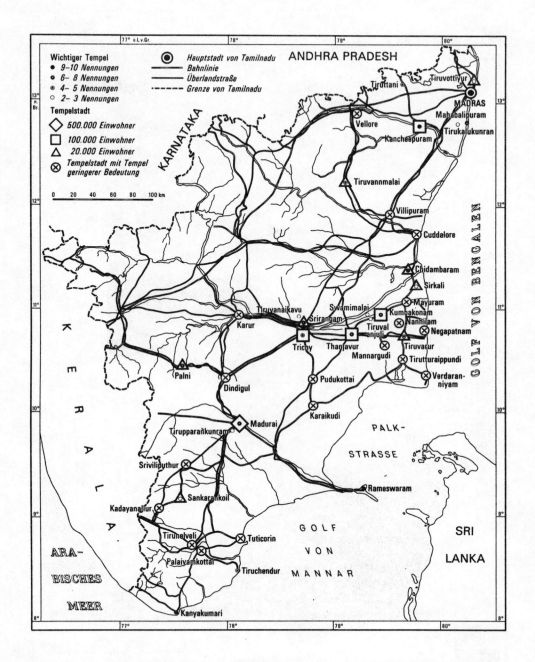

Abb. 1: Tempel und Tempelstädte von Koromandel

Quellen: Kartengrundlage: Administrative Atlas of Tamilnadu 1971,
Auflistung bedeutender Tempel: Pilgrims' Guide South India 1977;
PADMANABHAN 1977; MEENA 1977

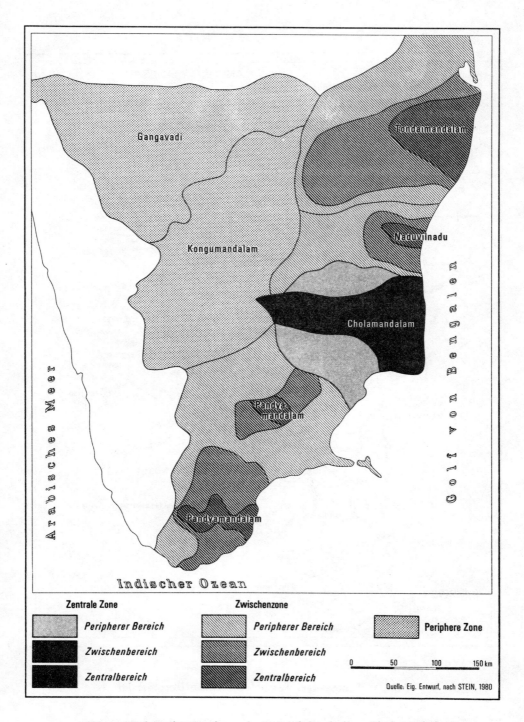

Abb. 2: Politische Struktur des mittelalterlichen Cholareiches

Quelle: Eig. Entwurf, nach STEIN 1980

von Tanjore, der Reichshauptstadt der Cholas im fruchtbaren Bewässerungssystem des Cauvery-Deltas. In seiner Größe und Ausstattung - ihm standen allein mehr als 1 000 Bedienstete zur Verfügung - war dieser Tempel zu jener Zeit nur den ägyptischen Pyramiden vergleichbar (GOETZ 1962).

Trotz unterschiedlicher Ausstattung und trotz unterschiedlicher bauhistorischer Bedeutung läßt sich bei der südindischen Tempelanlage doch ein Idealtypus erkennen, der die folgenden Merkmale aufweist (PIEPER 1979, S. 372 ff.; GOSH und MAGO 1974; vgl. Abb. 3):
- rechteckiger oder quadratischer Umriß
- bis zu vier konzentrisch ineinanderliegende Mauerzüge um den zentralen Schrein der Hauptgottheit
- Ausgänge gekrönt von pyramidenförmigen Tortürmen ("gopuram"), deren Höhe

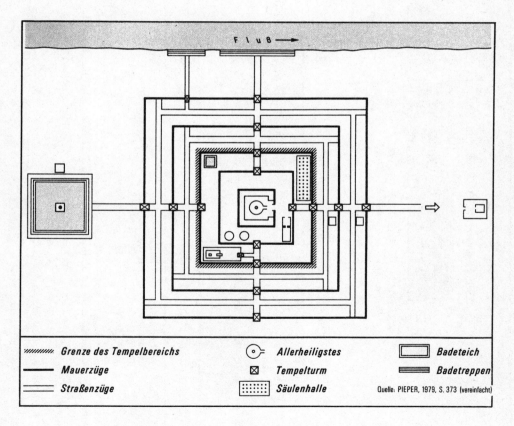

Abb. 3: Idealtypus der südindischen Tempelstadt

Quelle: PIEPER 1979, S. 373 (vereinfacht)

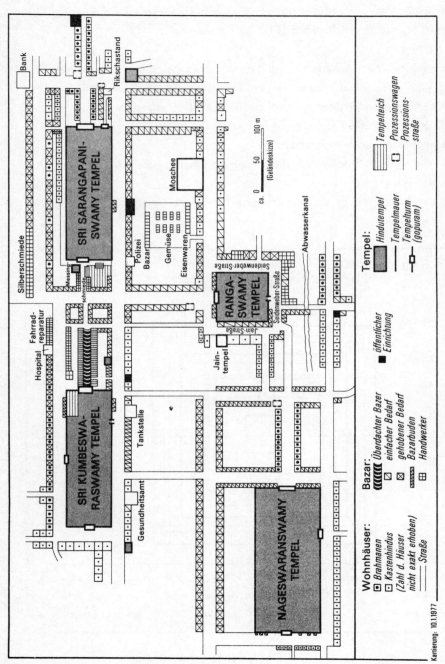

Abb. 4: Kumbakonam: Tempelgroßstadt im Cauvery Delta

Quelle: eigene Kartierung: 10.01.1977

nach außen hin zunimmt
- strenge Orientierung der Anlage nach den Himmelsrichtungen, wobei der Hauptausgang i. d. R. nach Osten gerichtet ist.

Die Tempelstadt war eine konsequente Erweiterung der Tempelanlage (vgl. Abb. 4 - 8 mit Beispielen aus dem Cauvery-Delta):

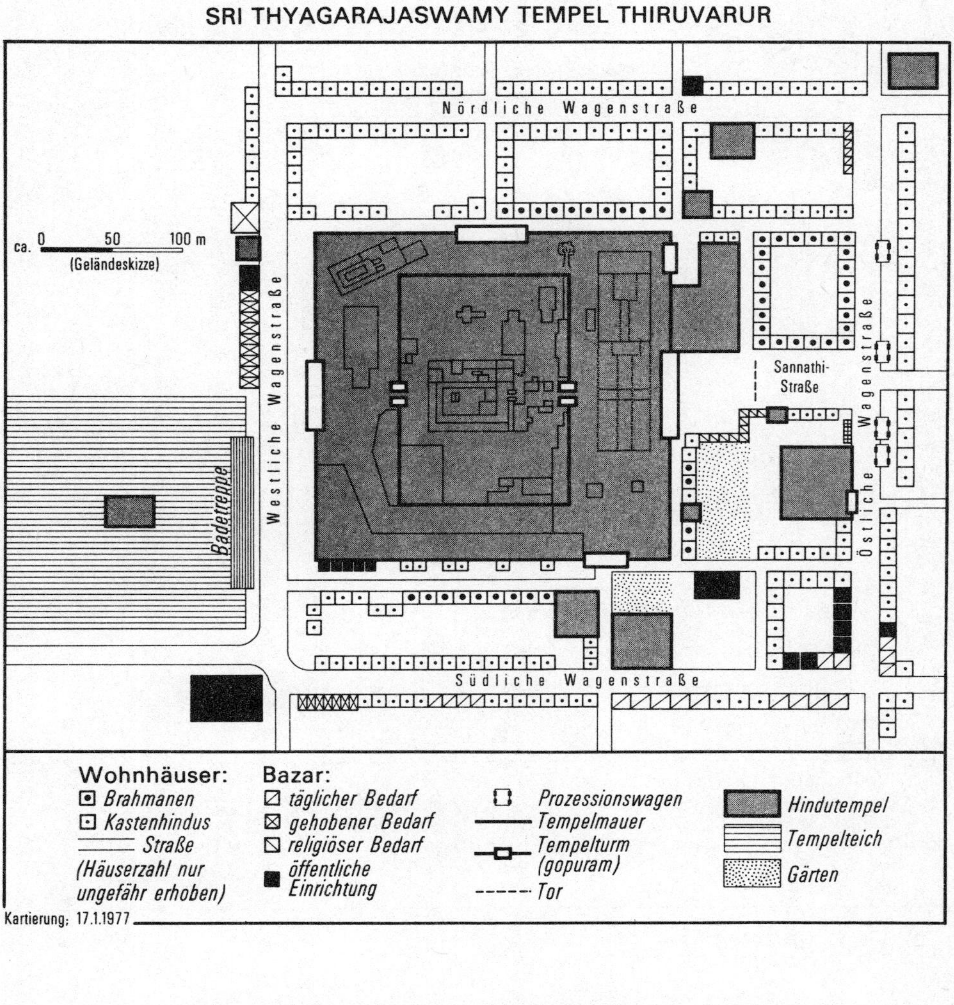

Abb. 5: Thiruvarur: Tempelstadt im Cauvery Delta

Quelle: eigene Kartierung: 17.01.1977

- bis zu drei weitere, in etwa konzentrisch gelagerte Straßenzüge um die zentrale Tempelanlage herum
- quer dazu verlaufende Straßenzüge als Verlängerungen der Tempelachsen, entsprechend nach Himmelsrichtungen orientiert
- besonders breite Straßenführung vor dem Hauptausgang des Tempels ("sannathi"-Straße)
- besonders breites Straßenkarree als Wagenstraße um die Tempelanlage herum
- Konzentration von Kastengruppen ("varna") in einzelnen Stadtvierteln

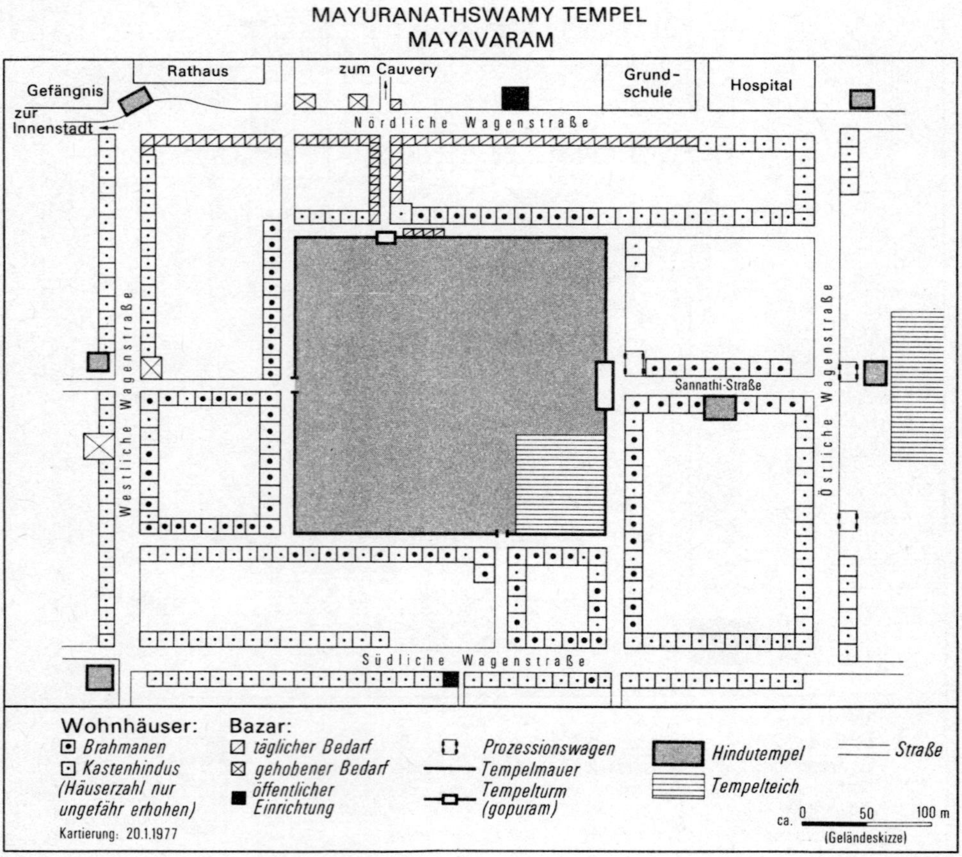

Abb. 6: Mayavaram: Tempelstadt im Cauvery Delta

Quelle: eigene Kartierung: 20.01.1977

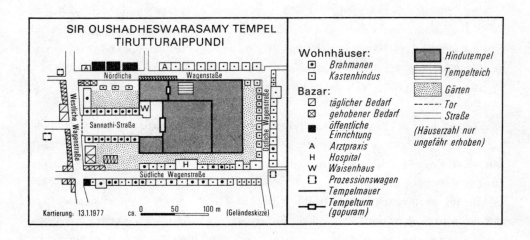

Abb. 7: Tirutturaippundi: Tempelkleinstadt im Cauvery Delta

Quelle: eigene Kartierung: 13.01.1977

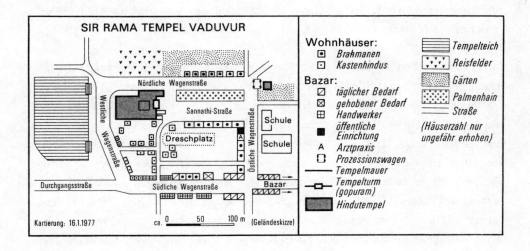

Abb. 8: Vaduvur: Tempeldorf im Cauvery Delta

Quelle: eigene Kartierung: 16.01.1977

- mit dem Abstand vom Tempel abnehmender Rang der Kasten, wobei die Priesterkaste der Brahmanen i. d. R. an der Tempelumfassung, in der Sannathi-Straße sowie tendenziell im NW und SE der Stadt konzentriert war, während Handwerker und Händler meist im SW, Bauern im NE und Unberührbare generell außerhalb der Stadtanlage wohnten.
- entsprechend größte Häuser und Besitzparzellen im Zentrum der Stadt.

Die Grundideen bei einer solchen Tempelgründungspolitik waren eine aus der hinduistischen Mythologie abgeleitete Gleichsetzung von Tempel bzw. Tempelstadt mit dem Kosmos (PIEPER 1979; vgl. Abb. 9) sowie eine unauflösliche Verknüpfung göttlicher und weltlicher Herrschaft im hinduistischen Ritual (PIEPER 1979). Im **brahmanischen Weltbild** wird ein kreisförmiger Zentralkontinent, in dessen Mitte sich der Welt- und Götterberg "Meru" erhebt, konzentrisch von sechs Ringkontinenten und sieben Weltmeeren umschlossen. Hinter dem äußersten Weltmeer grenzt ein Felsgebirge die Welt ab. Auf dem Gipfel des "Meru" liegt die Stadt des Weltenschöpfers Brahman, umgeben von den Städten der acht "Welthüter" (HEINE-GELDERN 1930). Der Tempel repräsentiert den Weltberg "Meru" und damit den Mittelpunkt des Kosmos; die Stadtanlage bildet den gesamten Kosmos ab (vgl. den Stadtplan von Madurai bei NIEMEIER 1961). Indem Tempel und Tempelstadt gleichermaßen die kosmische Ordnung des Hinduismus repräsentierten, wurde die göttliche Ordnung auf das jeweilige Zentrum der politischen Herrschaft projiziert, die so ihren Machtanspruch religiös legitimierte.

Im **brahmanischen Ritual**, das die Struktur von Tempel und Tempelstadt dynamisch interpretiert (PIEPER 1977a) und das die Kommunikation zwischen der Götterwelt und der Menschenwelt überhaupt erst ermöglicht (KÖLVER 1978), wurde die weltliche Herrschaft besonders deutlich mit der göttlichen verbunden und gleichgesetzt. Das gilt insbesondere für das **Stadtritual** (PIEPER 1977b), vor allem für die großen Tempelfeste. Wenn das Götterbild bei einem der großen Tempelfeste in feierlicher Prozession in das Umland getragen wurde und durch bestimmte Routen, Umschreitungen und wechselnde Reichweiten "rituelle Territorien" (KÖLVER 1978) ausgliederte, so demonstrierte dabei nicht nur der göttliche Herrscher seinen über den Tempelkomplex hinausreichenden Machtanspruch, sondern analog dazu auch der weltliche Herrscher.

Ein besonders gutes Beispiel für die Verknüpfung von Stadtritual und Herrschaftsanspruch bietet die Tempelstadt Srirangam, die auf einer Insel inmitten des Cauvery angelegt wurde (vgl. Abb. 1). Im Stadtritual werden spezifische hinduistische Raumordnungssysteme in Form von Aktionsräumen sichtbar gemacht, wobei sich ein vierstufiges rituelles Feld zeigt (PIEPER 1977b; vgl. Abb. 10): zunächst das rituelle **Feld der Tempelstadt** selbst, das bei einer Stadtprozession deutlich wird, bei der das Götterbild den Tempel mehrfach umschreitet und auf der West-Ost Achse einen rituellen Badeteich bzw. einen kleinen Tempel besucht; dann das **Vorfeld** der Stadt, das wiederum in einer Prozession ausgegliedert wird, die nunmehr zwei Tempel und zwei Badetreppen auf der Nord-Süd und der West-Ost

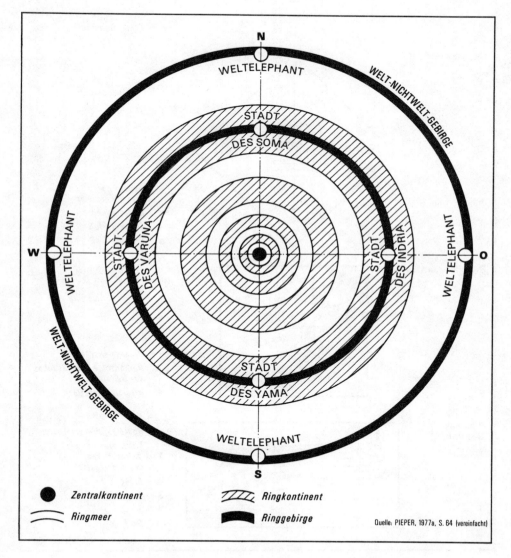

Abb. 9: Kosmisches Weltbild des Hinduismus

Quelle: PIEPER 1977a, S. 64 (vereinfacht)

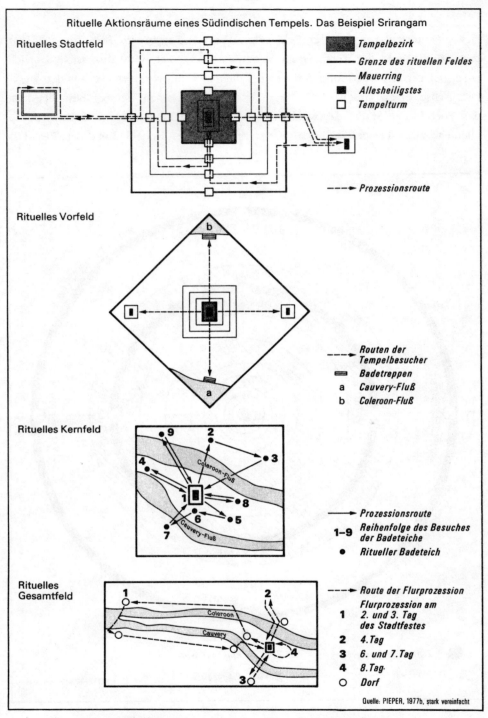

Abb. 10: Rituelle Aktionsräume eines Südindischen Tempels

Quelle: PIEPER 1977b, stark vereinfacht

Achse verknüpft; weiterhin das **Kernfeld** der Stadt, das über die Flußinsel hinausreicht und das durch den Besuch von neun Badeteichen sichtbar wird, wobei die Prozession die Stadt dreimal umschreitet; schließlich das **Gesamtfeld** ("kshetra"), das den gesamten Einflußbereich des Tempels kennzeichnet und das mit Hilfe einer mehrtägigen Flurprozession abgegrenzt wird.

Zusammenfassend läßt sich für dieses erste Ziel von Herrschaft, nämlich ihre Etablierung, feststellen, daß die geographische Relevanz der beschriebenen Ritualpolitik insbesondere in den Bereichen Stadtplanung, Stadtentwicklung und räumlicher Strukturierung des näheren Tempelumlandes liegen. Dabei lassen sich zwei Grundschemata unterscheiden, auf die sich das komplexe ritualpolitische Raumordnungssystem des mittelalterlichen Südindien reduzieren läßt, nämlich das **Besetzen von Raum** (z. B. Tempelanlage, Tempelstadt) und das **Umschreiten von Raum** (z. B. im Stadtritual) (PIEPER 1977b).

C. Herrschaftssicherung und die Verknüpfung von Tempel und Tempelstadt mit dem ländlichen Raum

Ein zweites Ziel von Ritualpolitik war die langfristige und weiträumige **Sicherung** der einmal etablierten Herrschaft. Ein geeignetes Mittel hierzu war die Verknüpfung von Tempel und Tempelstadt mit dem weiteren ländlichen Raum, wobei ökonomische Umlandbeziehungen bzw. solche überwiegend ritueller Art zu unterscheiden sind. Was die **ökonomischen** Beziehungen betrifft (SPENCER 1968; STEIN 1959/60), so handelte es sich vor allem um Investitionen, die den Tempeln ein sicheres und dauerhaftes Einkommen zur Durchführung des Rituals und zur Steigerung ihrer Pracht ermöglichten. Dabei ging es um Stiftungen von Land, Vieh und Geld, die der Tempel vom König, von lokalen Fürsten oder von Privatleuten zu diesem Zweck erhielt. Das **Geld** verborgte die Tempelbehörde gegen feste Zinssätze (10 - 12,5 %) zumeist an Dorfversammlungen, die damit landwirtschaftliche Entwicklungsvorhaben (Bewässerungsbauten) finanzierten. Das **Land** wurde an Pächter vergeben, die den größeren Teil des Ertrages an den Tempel abzugeben hatten. **Vieh** übergab der Tempel schließlich an Gruppen von Viehhirten, die es im näheren Umkreis um den Tempel hielten. Aus dem Butterfett von Büffeln oder Ziegen, das die Hirten täglich abzuliefern hatten, wurden die für das Tempelritual unerläßlichen Öllampen gespeist.

Insgesamt zeigt sich, daß das der Legitimation des Herrschers dienende Tempelritual nur zu Anfang von diesem selbst zu finanzieren war (RÖSEL 1976). Später trug sich der Tempel durch Stiftungen, die den Status der Schenkenden erhöhten (APPADURAI 1977), weitgehend selbst, wodurch er zur langfristigen Sicherung der Herrschaft beitrug.

Bei den **rituellen** Beziehungen zwischen Tempel und Umland handelte es sich vor allem um die Vergabe von Land und Privilegien an die Priesterkaste der **Brahmanen,** wobei einzelne Brahmanenfamilien oder Gruppen von Brahmanen zumeist ganze Dörfer ("brahmadeyas") erblich und steuerfrei erhielten (vgl. STEIN 1980). Solche Schenkungen massierten sich in den besonders fruchtbaren Kernbereichen der Herrschaft, wo beträchtliche Überschußproduktion die Etablierung derartiger Brahmanendörfer ermöglichte (SUBBARAYALU 1973), z. B. im Cauvery Delta (Abb. 11). Als Gegenleistung repräsentierten und legitimierten die Brahmanen die königliche Autorität auch im weiteren ländlichen Umland des Reiches.

Zusammenfassend läßt sich zu diesem Punkt feststellen, daß Tempelpatronage und Brahmanenansiedlungspolitik entscheidend zur langfristigen und weiträumigen Stabilität herrschaftlicher Macht beitrugen. In räumlicher Hinsicht wurde eine solche Ritualpolitik insbesondere in den Bereichen Stadt-Umland-Verflechtungen, regionale landwirtschaftliche Entwicklung, Binnenkolonisation und ländliche Siedlungsplanung wirksam.

D. Ausweitung von Herrschaft und die Entwicklung von Tempelstadtsystemen und Pilgernetzwerken

Ein drittes Ziel von Ritualpolitik war die **Ausweitung von Herrschaft.** Hierzu dienten im südindischen Kontext in erster Linie die Entwicklung von **Tempelstadtsystemen** und die Etablierung von **Pilgernetzwerken.** Im 12. Jh. zeichnete sich beispielsweise ein bemerkenswerter Wandel in der bisherigen Tempelpolitik ab, der im systematischen Ausbau bestehender lokaler Heiligtümer zu Tempelstädten und Pilgerzentren zum Ausdruck kommt (KULKE 1978). Durch Netzwerke von Pilgerströmen verknüpften sich diese neuen Städte zu einem System von Tempelstädten. Mit dem wachsenden Einfluß von Volksreligionen waren die großen Reichstempel allein zu diesem Zeitpunkt zu esoterisch geworden, um den politischen und kulturellen Einfluß der Oberherrschaft auf Dauer zu garantieren. Mit der planvollen Förderung autochthoner heiliger Stätten in den Kernbereichen der Macht und mit dem Ausbau von Tempelstädten in der Peripherie des Reiches, die regelmäßig vom König aufgesucht und so zu einer Art "Königspfalz" wurden, überzog die Herrschaft das gesamte Reich mit einer "rituellen Superstruktur"

(KULKE 1978). Pilger waren die wichtigsten Bindeglieder dieses neuen Kommunikationssystems, das sich in hierarchischen Systemen von der subregionalen bis hin zur gesamtindischen Ebene erstreckte (vgl. PIEPER 1977b). Prachtentfaltung des Tempels und der damit demonstrierte Machtanspruch weltlicher Herrschaft wurden durch die Pilger nunmehr bis hin in das hinterste Dorf des Reiches übermittelt.

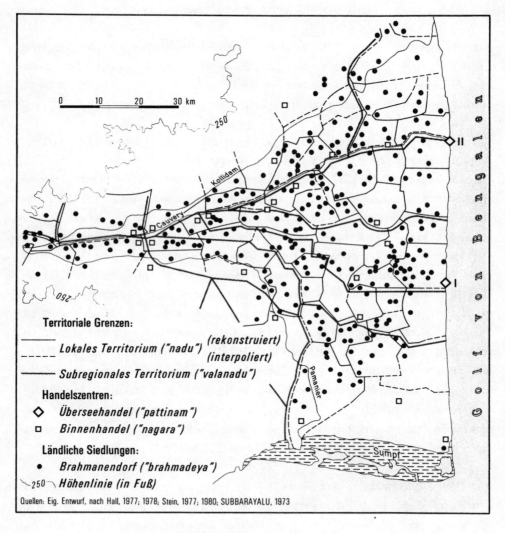

Abb. 11: Brahmanendörfer im Cauvery Delta (um 1300)

Quelle: Eig. Entwurf, nach HALL 1977; 1978; STEIN 1977 b
SUBBARAYALU 1973

Eine solche Ritualpolitik, die zur Herausbildung gänzlich neuer Städte- und Verkehrssysteme führte, bietet letztlich erst den Schlüssel für das Verständnis der weiträumigen und über Jahrhunderte hin dauerhaften Integration hinduistischer Regionalreiche im mittelalterlichen Südindien.

E. Verteidigung von Herrschaft und die Intensivierung von Ritualpolitik bei Herrschaftsbedrohung

Als ein viertes Ziel von Ritualpolitik erscheint schließlich die **Verteidigung** von Herrschaft. Die Integration bedrohender Elemente in das Ritual oder die Massierung ritueller Stiftungen in bedrohten Regionen lassen sich in vielen Fällen als Reaktionen auf Herrschaftkrisen interpretieren.

Ein Beispiel für diese Zusammenhänge bietet ein erneuter Höhepunkt von Tempelbautätigkeiten durch die Vijayanagar-Herrschaft im Südindien des 16. Jh.s, die sich exakt auf die Konfliktherde konzentrierten: auf den Nordwesten, wo das Reich von Muslims bedroht wurde; auf den Nordosten, wo Fürsten aus Orissa das Reich bedrängten; und auf das Innere, wo die Herrschaft durch lokale Fürsten gefährdet war (KULKE 1978; 1982). Auch das plötzliche Anschwellen von Geldstiftungen an den Tempel von Tirupati Mitte des 16. Jh.s läßt sich als Ausdruck einer Herrschaftskrise erklären, einer Krise, die durch Thronfolgestreitigkeiten ausgelöst worden war (STEIN 1959/60). Die Einbeziehung lokaler Feudalfürsten in das Tempelritual von Puri in Orissa durch die Könige von Khurda im 17./18. Jh. war ein ebensolcher Versuch, die durch die muslimische Oberherrschaft geschwächte eigene Position aufzuwerten (KULKE 1978). Ein jüngstes Beispiel für den Einsatz von Ritualpolitik zur Verteidigung von Herrschaft stammt aus dem Jahre 1892, als der Herrscher von Ramnad, der durch die britische Kolonialregierung seiner königlichen Autorität beraubt worden war, in einem großen Tempelfest einen letzten vergeblichen Versuch machte, seine königliche Stellung zumindest rituell zu revitalisieren (APPADURAI-BECKENRIDGE 1977).

Auch im Zusammenhang mit Herrschaftsverteidigung erweisen sich Tempel und Ritual letztlich, so STEIN (1977), "as the cultural and ideological context in which man and resources can be controlled, authority contested, and kingship revitalized".

F. Zusammenfassung und Ausblick

Am südindischen Beispiel läßt sich zeigen, daß hinduistische Religion und hinduistisches Ritual den Raum in vielfältiger Weise geprägt haben, von übergreifenden politisch-territorialen Raumstrukturen über städtische und ländliche Siedlungs- und Verkehrssysteme bis hin zu einzelnen Siedlungsgrundrissen und Flurformen. Religion und Ritual, so das Fazit dieses Beitrages, wurden jedoch in mannigfacher Weise selektiv für politische Herrschaft nutzbar gemacht, die sich i. d. R. an bestehende religiöse Strukturen und Prozesse "anhängte", diese politisch "funktionalisierte" und dabei ihre räumliche Wirkung in ganz spezifischer Weise steuerte.

Für kulturgeographische Forschung ergibt sich aus diesem Befund u. a. die Forderung, stärker als bisher politische und ökonomische Fragestellungen zu berücksichtigen, etwa im Sinne einer modernen "Geographie politischen Handelns" (BOESLER 1983). Als besonders augenfällige Forschungslücken lassen sich in diesem Zusammenhang die Frage nach der geographischen Bedeutung von Ritualpolitik in anderen Kulturkreisen (vgl. z. B. DEGE 1984; v. ERDBERG-CONSTEN 1969; WHEATLY 1967) und die Frage nach der gegenwärtigen Relevanz politisch-ritueller Raumprägung (vgl. z. B. SCHÖLLER 1984) identifizieren.

Literatur

APPADURAI, A. (1977): Kings, Sects and Temples in South India, 1350 - 1700 A. D. - In: The Indian Economic and Social History Review, 14, S. 47 - 73.

APPADURAI-BECKENRIDGE, C. (1977): From Protector to Litigant - Changing Relations between Hindu Temples and the Raja of Ramnad. - In: The Indian Economic and Social History Review, 14, S. 75 - 106.

BOESLER, K. A. (1983): Politische Geographie. - Stuttgart.

BOHLE, H.-G. (1981): Bewässerung und Gesellschaft im Cauvery-Delta (Südindien). Eine geographische Untersuchung über historische Grundlagen und jüngere Ausprägung struktureller Unterentwicklung. Geographische Zeitschrift, Beihefte, Erdkundliches Wissen, Heft 57.

BOHLE, H.-G. (1982): Das Cauvery Delta. Entwicklung und Struktur einer südindischen Reisbauregion. - In: Forschungsbeiträge zur Landeskunde Süd- und Südostasiens. Festschrift für H. Uhlig. Geographische Zeitschrift, Beihefte, Erdkundliches Wissen, H. 58, Teil 1, S. 58 - 73.

BOHLE, H.-G. (1985): From Centre to Periphery. Changing Spatial Structures in Rural South India, 985 - 1985. In: Geojournal, 10, S. 5 - 15.

BÜTTNER, M. (1985): Zur Geschichte und Systematik der Religionsgeographie. In: Büttner, M. u. a. (Hrsg.): Grundfragen der Religionsgeographie mit Fallstudien zum Pilgertourismus. (= Geographia Religionum, Band 1), S. 13 - 121. - Berlin.

DEGE, E. (1984): Geomantische Raumwahrnehmung und Stadtplanung in Ostasien. - In: Tagungsbericht und Wiss. Abhandlungen, Dt. Geographentag Münster 1983, S. 268 - 281. - Stuttgart.

v. ERDBERG-CONSTEN, E. (1969): Zeit und Raum in der Geomantik. - In: Stadt und Landschaft - Raum und Zeit. (= Festschrift f. E. Kuhn), S. 29 - 41. - Köln.

GOSH, B. und MAGO, K. C. (1974): Srirangam: Urban Form and Pattern of an Ancient Indian Town. - In: Ekistics, 38.

GOETZ, H. (1962): Geschichte Indiens. - Stuttgart.

HEINE-GELDERN, R. (1930): Weltbild und Bauformen in Südostasien. - In: Wiener Beiträge zur Kunst- und Kulturgeschichte Asiens, S. 28 - 77.

HUDSON, D. (1977): Siva, Minaksi, Visnu - Reflections on a Popular Myth in Madurai. - In: The Indian Economic and Social History Review, 14, S. 107 - 118.

KÖLVER, B. (1978): Hinduistische Ritualwege als Ordnungssystem. - In: Stadt und Ritual. 2. Aufl., S. 52 - 57. - Darmstadt und London.

KULKE, H. (1978): Tempelstädte und Ritualpolitik - Indische Regionalreiche. - In: Stadt und Ritual. 2. Aufl., S. 68 - 73. - Darmstadt und London.

KULKE, H. (1982): Legitimation and Town-Planning in the Feudatory States of Central Orissa. - In: Kulke, H. u. a. (Hrsg.): Städte in Südasien, S. 17 - 37. Wiesbaden.

NIEMEIER, G. (1961): Zur typologischen Stellung und Gliederung der indischen Stadt. - In: Wenzel, F. (Hrsg.): Geographie - Geschichte - Pädagogik. Festschrift f. W. Maas, S. 128 - 146. Göttingen.

PFEFFER, G. (o. J.): Puris Sasandörfer. Basis einer regionalen Elite. - Manuskript o. O.

PIEPER, J. (1977a): Die anglo-indische Station oder die Kolonisierung des Götterberges. - Antiquitates Orientales, Reihe B, Band 1. Bonn.

PIEPER, J. (1977b): Südindische Stadtrituale. Wege zum stadtgeographischen und architekturtheoretischen Verständnis der indischen Pilgerstadt. - In: Stadt und Ritual, S. 82 - 91. Darmstadt.

PIEPER, J. (1979): Der hinduistische Tempel: Funktion und Bedeutung. - In: Dumont Kunst-Reiseführer Indien. 2. Aufl., S. 128 - 135. Köln.

RÖSEL, J. (1976): Pilger und Tempelpriester. Indische Wallfahrtsorganisation, dargestellt am Beispiel der südostindischen Tempelstadt Puri. - In: Internationales Asienforum, 7, S. 322 - 354.

RÖSEL, J. (1978): Über die Bedeutung von Tempelstädten für Entstehen und Bestand indischer Regionalreiche - Der Jagannath-Tempel und das Regionalreich von Orissa. - In: Internationales Asienforum, 9, S. 41 - 58.

SCHÖLLER, P. (1984): Die Zentren der Neuen Religionen Japans. - Erdkunde, 38, S. 288 - 302.

SPENCER, G. W. (1968): Temple Money-Lending and Livestock Redistribution in Early Tanjore. - In: The Indian Economic and Social History Review, 5, S. 277 - 293.

SPENCER, G. W. (1969): Religious Networks and Royal Influence in Eleventh Century South India. - In: Journal of the Economic and Social History of the Orient, 12, S. 42 - 56.

STEIN, B. (1959/60): The Economic Function of a Medieval South Indian Temple. - In: Journal of Asian Studies, 19, No. 2.

STEIN, B. (1961): The State, the Temple and Agricultural Development. A Study in Medieval South India. - In: The Economic Weekly Annual, S. 179 - 189.

STEIN, B. (1977a): Introduction. Special Number on South Indian Temples. - In: The Indian Economic and Social History Review, 14, S. 1 - 9.

STEIN, B. (1977b): Temples in Tamil Country, 1300 - 1750 A. D. - In: The Indian Economic and Social History Review, 14, S. 11 - 45.

STEIN, B. (1980): Peasant State and Society in Medieval South India. - Delhi, Oxford, New York.

SUBBARAYALU, Y. (1973): Political Geography of the Chola Country, Tamilnadu State Department of Archaeology. - Madras.

WHEATLY, P. (1967): The City as Symbol. - London.

Zusammenfassung

Gegenstand des Beitrages ist die mittelalterliche südindische Tempelstadt, die unter religionsgeographischen Gesichtspunkten untersucht wird. Dabei wird jedoch ein Aspekt hervorgehoben, der in der Kulturgeographie und insbesondere auch in der Religionsgeographie vernachlässigt worden ist, nämlich die politischökonomischen Funktionen von Religion und die erhebliche kulturgeographische Relevanz einer Verflechtung von Kultur, Wirtschaft und Politik. Die Entwicklung einer Kulturlandschaft, so die leitende These des Beitrages, läßt sich in vielen Fällen erst aus einer Inanspruchnahme von Kultursystemen für wirtschaftliche und politische Zwecke interpretieren.

Das besondere Erkenntnisinteresse der Analyse richtet sich auf das Verhältnis von Religion und politischer Herrschaft im mittelalterlichen Südindien und auf die geographische Bedeutung dieses Verhältnisses. In diesem Zusammenhang wird untersucht, wie bestimmte wirtschaftliche und politische Verhältnisse ganz spezifische Anforderungen an politische Herrschaft stellten; wie diese Anforderungen ganz bestimmte "Legitimationsbedürfnisse" für politische Herrschaft hervorriefen; wie diese Bedürfnisse in eine je spezifische "Ritualpolitik" umgesetzt wurden; schließlich wie eine solche Politik in ganz bestimmter Weise geographisch-raumwirksam wurde, und wie dabei Tempel und Tempelstadt eine Schlüsselrolle spielten.

An konkreten Beispielen aus der Chola-Dynastie und der Vijayanagar-Herrschaft werden dazu vier Ziele von Ritualpolitik und die jeweils raumwirksamen Mittel dieser Politik herausgearbeitet. Ein erstes Ziel war die Etablierung von Herrschaft, wobei sich der Bau großer Reichstempel und die Anlage von Tempelstädten als die wichtigsten Mittel von Ritualpolitik erwiesen. Ein zweites Ziel war die Sicherung der Herrschaft. Ein geeignetes Mittel hierzu war die Verknüpfung von Tempel und Tempelstadt mit dem ländlichen Umland. Ein drittes Ziel von Ritualpolitik war die Ausweitung von Herrschaft. Hierzu dienten in erster Linie die Entwicklung von Tempelstadtsystemen und von Pilgernetzwerken. Als ein viertes Ziel von Ritualpolitik erscheint schließlich die Verteidigung von Herrschaft. Die Massierung ritueller Stiftungen in unsicheren Regionen war eine gängige Reaktion auf Herrschaftsbedrohung.

Summary

The paper deals with the medieval South Indian temple town, which is analysed from the perspective of geography of religion. One aspect, however, is stressed in this analysis which has been widely neglected in cultural geography, in general, and in geography of religion, in particular, namely the political and economic functions of religion and the considerable relevance of cultural, economic and political interrelations for cultural geography. It is the leading hypothesis of this paper that the development of a cultural landscape can, in many cases, only be properly understood when the utilization of cultural systems for economic and political purposes is analysed.

The main objective of the paper is to analyse the relation between religion and political power in medieval South India, with special reference to the geographical implications of this relation. To this end, the paper investigates how specific economic and political conditions put specific claims on political power; how these claims generated very specific requirements to the legitimation of political authority; how these requirements were translated into specific "ritual politics"; and how such politics became geographically relevant in space.

Case studies from the Chola-dynasty and the Vijyanagar-empire serve to elaborate four major objectives to ritual politics and to analyse the respective means of theses politics as well as their geographical implications. The first objective of ritual politics was the establishment of political power; the construction of large royal temples and the development of planned temple towns were the most important means of such ritual politics. The second objective was the long-term stabilisation of political power. To this end, temples and temple towns were systematically integrated into their rural hinterlands. The third objective was the extension of political power. The establishment of systems of temple towns and of pilgrim networks evolved as a suitable political means. A fourth objective of ritual politics was the defence of political power. Massing of ritual endowments in turbulent regions was a common response.

Peter Schöller

TEMPELORTE UND TEMPELZENTREN IN JAPAN[1]

I. Religiöse Einflüsse und Strukturen im Städtewesen Japans

Die Bedeutung religiöser Kräfte für die Herausbildung eines spezifisch japanischen Weges im Prozeß der Modernierung des Industrielandes Japan ist bis heute umstritten. Auch über die Rolle von Buddhismus und Shintoismus im Siedlungswesen Japans gehen die Bewertungen weit auseinander. Japanologen und Historiker neigen verständlicherweise dazu, Werte und Systemzusammenhänge der traditionellen Kultur sehr hoch zu bewerten, während Empiriker aus dem Bereich der Sozialwissenschaften eher Auflösung und Verfall religiöser Traditionen im heutigen Japan feststellen. Beide Einstellungen enthalten berechtigte Partialwahrheiten. Die Einschätzungen der Kulturwissenschaft sind besonders wertvoll dadurch, daß sie die nicht unmittelbar zugänglichen geistigen Hintergründe, psychologischen Einstellungen und historischen Wertbegriffe in die Erkenntnis des heutigen Japans einbeziehen und herausarbeiten. Andererseits unterschätzen traditionsbezogene Bewertungen häufig den Einfluß und die Bedeutung wirtschaftlicher und sozialer Veränderungen und vernachlässigen damit auch wesentliche Grundlagen der Alltags-Wirklichkeit im Leben der modernen Gesellschaft.

Für Siedlungssysteme und Städtewesen Japans ist bisher nur ein Thema systematisch wissenschaftlich erforscht worden: Verteilung und Struktur historischer Tempelorte, der Monzenmachi. Weniger bietet die japanische Literatur dagegen über die heutige Funktion von Tempelorten und Tempelzentren, ihre Umorientierungen und gegenwärtigen Strukturen. Allenfalls über die touristische Bedeutung großer und berühmter Monzenmachi orientieren einige Forschungsarbeiten. Doch die große Zahl der für Kulturgeschichte, Denkmalpflege und Massentourismus nicht bedeutsamen Tempelzentren hat bisher weder Stadtgeographie noch Religionswissenschaft oder Gemeindesoziologie interessiert. Das scheint nicht nur eine Forschungslücke; man spürt immer wieder bei Fragen und Gesprächen, daß von seiten der japanischen Wissenschaft eine große Zurückhaltung und Scheu besteht, sich Problemen zuzuwenden, die kontrovers erscheinen und auch negative Aspekte beleuchten könnten.

Für den Gesamtbereich der Neuen Religionen und der modernen buddhistischen Sekten finden sich in der durchaus beachtlichen Zahl von Monographien und Sammelwerken nur religions- und geisteswissenschaftliche Untersuchungen. Kaum ist in diesen Darstellungen die Standortthematik aufgeworfen und die Frage nach der physischen Zentrenstruktur religiöser Mittelpunkte im Siedlungsgefüge gestellt worden. So wurde in meinem Arbeitsplan der Bearbeitung dieser Thematik Vorrang eingeräumt. In einem konzentrierten Beitrag konnte mit Entwicklung, Struktur und Bedeutung der "Zentren der Neuen Religionen Japans" Massenphänomene der modernen Stadt- und Industriegesellschaft in ihrer Vielfalt und Wandlung analysiert und dargestellt werden.

Methodisch ging es dabei im Kern weniger um religionsgeographische Fragestellungen als um eine sozial- und kulturgeographisch vertiefte Bereicherung der Stadt- und Siedlungsgeographie. Die gleiche Grundhaltung bestimmt auch die hier vorgelegte Ausarbeitung über die Tempelorte und Tempelzentren Japans. Es sollen nicht Relikte vergangener Zeiten gesammelt, beschrieben und systematisiert werden. Ziel ist, die Lebenswirklichkeit der Gegenwart anzusprechen, gesellschaftliche Aktivitäten und Prozesse in ihren komplexen Zusammenhängen zu erfassen und das Spezifische japanischer Religionszentren und Kultstätten im Zusammenhang der geschichtlichen und geographischen Prägung des Landes auszuarbeiten. Dadurch soll zur Konzeption dieses Bandes mit seiner Frage nach den wechselseitigen Beziehungen zwischen Religion und Umwelt ein Beitrag geleistet werden, der nicht so sehr den Fakten als den leitenden Gesichtspunkten verpflichtet ist.

Erstaunlich bleibt, daß die wichtige Frage nach der Zentrenausstattung Neuer Städte und großer neu angelegter Wohnsiedlungen in der Literatur noch nie auf religiöse Funktionen, religiöse Einrichtungen oder kulturelle Folgestrukturen ausgedehnt worden ist. Sicher, die weitgehende Abwesenheit derartiger religiös-kultureller Mittelpunkte ist offenkundig. Doch ist sie wirklich so selbstverständlich, wie viele japanische und ausländische Siedlungsgeographen anzunehmen scheinen? Bestehen nicht doch in mittelbarer Form weiterhin religiöse Beziehungen, die auch räumlich faßbar gemacht werden können?

Unter Berücksichtigung der skizzierten Forschungssituation kann es nicht das Ziel der eigenen Arbeit sein, alle vorhandenen Untersuchungslücken abzudecken und zu schließen. Das wäre nur mit sehr weitem Ansatz und durch noch längere, gründliche Forschungsarbeiten möglich. Hier kann es sich nur darum handeln, die Frage nach dem Einfluß religiöser Kräfte im Siedlungssystem Japans ernst zu nehmen und den dadurch auftauchenden Beziehungen nachzugehen. Dabei wird es möglich sein, neue Erkenntnisse anzudeuten und erste Ergebnisse vorzulegen.

II. Differenzierung, Bedeutung und Struktur der Monzenmachi im Städtesystem des Landes

Klarster, direktester und sinnfälligster Niederschlag religiöser Einflüsse sind im Siedlungswesen Japans Tempelorte und Tempelzentrum. Dabei wird unter Tempelstadt (Monzenmachi) eine Siedlung verstanden, die genetisch, strukturell und funktional auf buddhistische Tempel oder Shinto-Schreine bezogen ist und in diesen Beziehungen lebt. Als Tempelzentrum dagegen gilt eine religiös geprägte Siedlungszelle mit Mittelpunktfunktionen innerhalb eines strukturell diversifizierten und multifunktional geprägten Siedlungsraumes gelegen.

Die physische Erscheinung der japanischen Schrein- und Tempelanlagen, ihre Zusammensetzung und Gliederung sowie ihre engen Bezüge zur umgebenden Landschaft hat Ludwig MECKING schon 1929 in einem lesenswerten Aufsatz "Kultur und Landschaft in Japan" herausgestellt. Die meisten hier gebotenen Grundzüge sind gültig geblieben bis zur Gegenwart; nur wurde die vor dem Krieg begonnene Heraushebung, Trennung und Hierarchisierung der Anlagen des staatstragenden Shinto-Kultes gegenüber den buddhistischen Tempeln abgebrochen und teilweise wieder rückgängig gemacht.

Als Nachkriegs-Tendenz findet man dafür im Gegenteil die bewußte Modernisierung und Neubebauung buddhistischer Tempelanlagen in völlig untraditionellen Formen und Baumaterialien. Trotzdem sind - ähnlich wie bei den Zentren der Neuen Religionen - typische Eigenheiten des "Japanischen" auch bei Beton- und Schalenbauweisen zu entdecken, sicher weniger in den Formen der Gestaltung als in Lage und Sozialleben der Tempelbezirke.

Gemeinsam ist shintoistischen und buddhistischen Anlagen die dominant lineare Struktur, eine bandförmige Ausrichtung der Siedlung auf das Haupttor eines Haupttempels oder eines Schreines. Entlang dieser Marktpilgerstraße reihen sich besucherbezogene Dienstleistungen und Verkaufsstellen, Geschäfte für religiöse Kultgegenstände, für Andenken, lokale Süßigkeiten traditioneller Art, aber auch Läden für allgemeine Geschenkartikel sowie Nebentempel, Pilgerheime, Hotels,

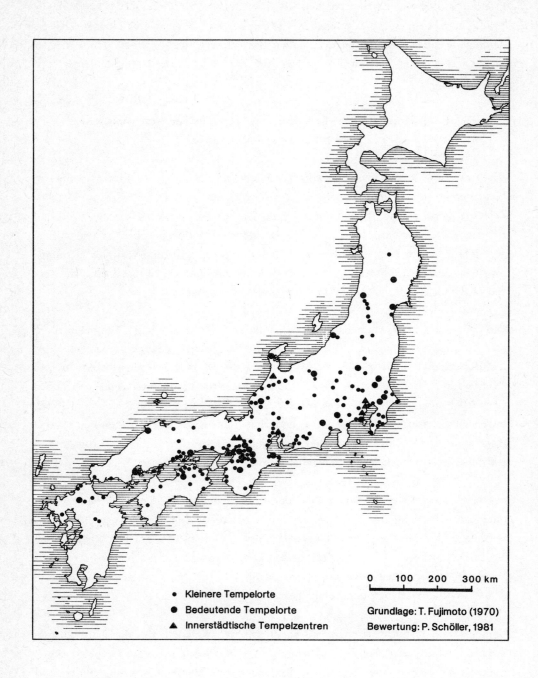

Abb. 1: Verbreitung der Monzenmachi

Quelle: erarb. auf der Grundlage von T. FUJIMOTO 1970

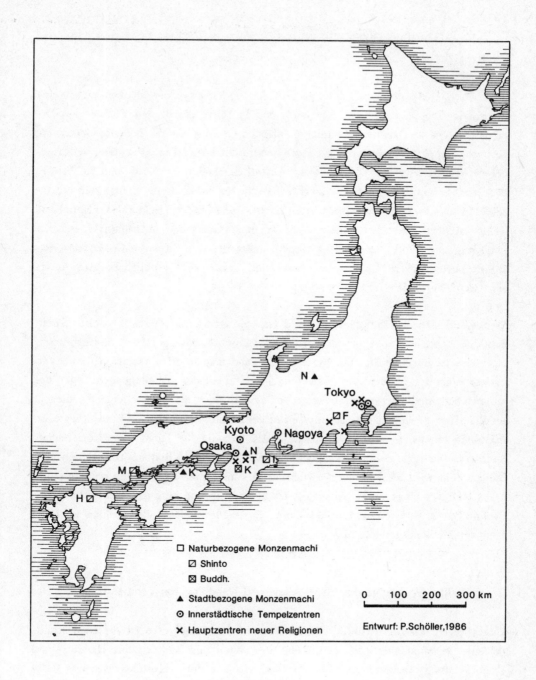

Abb. 2: Lage der im Text behandelten bedeutenderen Monzenmachi

Quelle: eigener Entwurf

Trinks- und Eßstuben, Restaurants und Gasthöfe, dazu vielfältige Vergnügungsbetriebe unterschiedlicher Art. Im Tempelgelände selbst finden sich häufig Schulen, Kindergärten und andere Ausbildungseinrichtungen.

Eine Übersichtskarte (Abb. 1) zeigt, daß der Siedlungstyp der Monzenmachi keine marginale Gruppe darstellt. Insgesamt sind 170 Orte erfaßt, unter denen auf Exkursionen und in Diskussionen mit japanischen Geographen die bedeutenderen, die "echten Tempelorte" und die größeren innerstädtischen Tempelzentren herausgehoben wurden (Abb. 2). Dabei ist der Ausfall der äußersten Nord- und Südflanken des japanischen Inselreiches charakteristisch: Hokkaidos fehlt ebenso wie die Inselkette Okinawas. Sicher finden sich auch in den Städten Hokkaides Tempel und Tempelzentren, doch stieg keiner dieser innerstädtischen Mittelpunkte zu siedlungsprägender Bedeutung auf. Dagegen mußte die Karte für die Großstädte Altjapans vereinfachen: für Kyoto, Osaka und Tokyo sind jeweils nur zwei innerstädtische Tempelzentren dargestellt.

Strukturell sind die Tempelorte Japans ein charakteristischer traditioneller Stadttyp. Sie repräsentieren in der Siedlungsgeschichte die spezifisch kulturbetonte Note des japanischen Siedlungssystems. So kann man in allen traditionellen Stadtgeographien des Landes das Monzenmachi als einen der grundlegenden Typen des japanischen Siedlungswesens beschrieben finden; doch die Darstellung, die diesem Siedlungstyp gewidmet ist, kommt selten über historisch-geographische Kurzinformationen hinaus. Es wird zwar erkannt, daß hier ein für Japan charakteristischer Kulturtyp vorliegt, der die Komponenten der Shinto- und Buddha-Traditionen verbindet. Ihm wird aber in der Gewichtung des modernen Japan doch nur die Rolle eines Reliktes eingeräumt. Allenfalls ist die Verbindung zum geschichtlichen Baudenkmal und zum Massentourismus eine Basis für moderne Behandlung im Rahmen der Siedlungsgeographie.

III. Grundzüge der Entwicklung und Wandlung von Tempelorten

Charakteristisch für Struktur und Funktionen der Tempelorte ist die enge standörtliche Verbundenheit der religiösen Siedlungen und Zentren mit Handels- und Dienstleistungseinrichtungen. Sie entstand wie in anderen Kulturkreisen und Religionszonen aus frühen Marktanfängen und blieb bis heute bestehen, wenn sich der Besucher- und Pilgerverkehr erhalten hat. Messe und Markt haben ja auch in Europa gemeinsame Wurzeln. Einkaufsbetrieb und Marktleben haben wohl von Anfang an auch Vergnügungs- und Unterhaltungseinrichtungen an sich gezogen.

So ergibt sich der für puritanische Beobachter erstaunliche Eindruck, daß Wallfahrtsorte und Tempelzentren häufig zu Mittelpunkten eines ausgeprägten Vergnügungslebens geworden sind. Diese Verbindung vom Tempelzentren und Vergnügungsbetrieb ist im gesamten ostasiatischen Kulturkreis alt und auch aus den Tempelbereichen der chinesischen Städte aus vorindustrieller Zeit bekannt. Die Entwicklung muß unter den Bedingungen der Sozialgeschichte gesehen werden.

In Japan waren unter den strengen Bestimmungen der Sozialkontrolle zur Tokugawa-Zeit Bauern und Stadtleute residenzpflichtig; sie waren nicht frei, nach eigenem Gutdünken Reisen zu unternehmen. Bis zur Mitte des 19. Jahrhunderts konnte die gewöhnliche Bevölkerung im wesentlichen nur aus religiösen Gründen Reisen unternehmen, und das geschah im wesentlichen in Gruppen in der Form der Pilgerreise. Diejenigen, die sich für eine solche Pilgerreise meldeten, mußten nach den religiösen Vorschriften vorher abstinent leben und rein bleiben. Diese Vorschrift galt freilich nur bis zum Besuch des Tempels oder des Schreines, hinterher gab es keine Auflagen.

So haben sich in vielen großen Wallfahrtsorten und Tempelzentren häufig Vergnügungs- und Prostitutionsviertel neben Restaurant- und Hotelstraßen gebildet. Bis heute haben sich derartige Konzentrationen trotz Aufhebung der bei ihrer Entstehung gültigen Bestimmungen und Auflagen in erstaunlichem Umfang erhalten. Das liegt auch daran, daß das Management der Tempel in Fragen der Lebensführung bis heute recht liberal denkt und dazu auch an den Einnahmen dieser Geschäfte interessiert ist: Einnahmen aus der Vermietung von Grund und Boden, aber auch aus der Unterhaltung und Steuern, die dabei anfallen; Einnahmen, die deshalb besonders wichtig sind, weil es in Japan ja keine Kirchensteuer oder andere reguläre Beiträge der Gläubigen und der Wallfahrer gibt. Dazu ist für die Lokalisation innerstädtischer Tempelzentren zu beachten, daß früher Tempelgelände und Tempelstraßen häufig an der Peripherie einer Burgstadt lagen, wo die Konzentration derartiger Vergnügungsviertel nicht nur erlaubt, sondern in zahlreichen Fällen ausdrücklich gewünscht war. Erst durch die spätere Stadtentwicklung sind diese Tempelstraßen dann mehr in den innerstädtischen Siedlungsbereich hineingerückt. Kulturgeschichtlich sind die Tempelorte Japans unter zwei Aspekten bedeutungsvoll: Einmal repräsentieren sie den spezifisch kulturbetonten Typ des traditionalen Siedlungssystems, zum anderen stellen sie die ersten bedeutungsvollen Anziehungspunkte des Tourismus dar. Sie wuchsen mit dem Wallfahrts- und Pilgerverkehr und prägen seit der Möglichkeit zum freien Reiseverkehr zur Mitte des 19. Jahrhunderts die Formen und Verhaltensweisen des japanischen Tourismus.

Das bedeutet konkret: Ströme von Bus-Touristen, die in größeren Gruppen die Tempelgelände durchstreifen, ergeben dem erhobenen Fähnlein ihrer Reiseführerin folgen; lärmend aufdringlicher Vergnügungsbetrieb an heiligen Stätten; Massenpicknicks in der Natur und unter Blüten, häufig zwischen Bergen von Unrat; dazu dauerndes gegenseitiges Fotografieren und ungehemmtes Einkaufen von Andenken und Geschenken. Trotzdem soll diese dominierende touristische Bedeutung der Monzenmachi nicht übertrieben werden; zwar ist in den verfügbaren Statistiken aufzufinden, daß die traditionellen Tempel und Schreine zusammen mit den Heißquellen-Badeorten heute noch 50 % aller Besuchsreisen im innerjapanischen Tourismus bestimmen. Dabei ist freilich ein Rückgang solcher traditioneller Anziehungspunkte seit Ende des Krieges festzustellen.

Es sei auch nicht übergangen, daß es noch heute echten religiös bestimmten Pilgerverkehr gibt. Dazu kommt die Verbindung mit Kultur- und Ausbildungsfunktionen, die am Beispiel Koyasan besonders deutlich wird und deswegen dargestellt werden soll. Auch soll nicht behauptet werden, daß das Bedürfnis nach individuellem Erleben, nach Stille und Einsamkeit dem Japaner fremd sei. Aber seine großstädtischen Lebensbedingungen haben dazu geführt, daß er es im Alltag kaum noch realisieren kann. Gruppen- und Massensituationen sind die Regel. Ihnen hat er sich angepaßt und versucht auch bei touristischen Reisen in bewundernswerter Konzentration wenigstens kurzfristig die Eindrücke zu erleben und nachzuvollziehen, die Tradition und Erziehung, Kunst und Kultur seines Landes ihm aufgezeigt haben. Ist dieses Bildungserlebnis vollzogen, dann fühlt er sich frei zur Abwechslung und zum Vergnügen, wie einst seine Vorfahren nach ihrem Tempelbesuch.

Der Hinweis auf Beziehungen zu übergreifenden Kultur- und Ausbildungsfunktionen deutet schon darauf hin, daß es auch stadttypologisch nicht zulässig wäre, die Monzenmachi ganz der touristischen Funktion zuzuordnen. Auch historisch wäre es interessant zu verfolgen, wie sich die religiöse Komponente in vielen Siedlungen mit anderen Funktionen verbindet, so daß in mehreren Fällen mehrkernige Strukturen entstehen und mehrere Aufgaben für die Entwicklung einer Siedlung bestimmend werden. So sind zur Burgstadt, dem japanischen Jokamachi, im japanischen Mittelalter Verbindungen vorhanden, die in einem eigenen Siedlungstyp dominieren, dem Jinaimachi als befestigtem Mönchs- und Klosterort. (Abb. 3) Noch heute gibt es diesen historisch-geographischen Siedlungstyp, freilich in sehr starker Überformung[3]. Häufiger als derartige fast burgartige Siedlungen war in der Regel die Kombination mit dem Rastort oder mit Marktfunktionen. So gibt es eine ganze Reihe von Tempelorten, die auch als Rastorte von Bedeutung wurden, ebenso andere, die über ihre Handelsbedeutung eine Rolle im Siedlungswesen spielten. In der modernen Zeit ist freilich am ehesten eine Parallelität mit den Badeorten, Onsenmachi, gegeben, weil hier die Struktur des Besucherverkehrs sehr ähnlich ist und zu vergleichbaren Ausdrucksformen in Anlage und Aufbau der Siedlung führte.

Jedenfalls sind alle der in den folgenden Abschnitten gesondert behandelten Tempelorte und Tempelzentren als besondere Anziehungspunkte des modernen Massentourismus von Bedeutung, so daß sich daraus durchaus die Anerkennung eines eigenen Siedlungstpys herleiten kann. Mehr auf die Landschaft als auf die Stadt bezogene Bergtempel und Klöster wie Hieisan nördlich von Kyoto und Koyasan, vor allem aber die in die Natur einbezogenen Heiligtümer des Shinto-Kultes, wie die berühmten Stätten von Ise und Izumo-Taisha haben es zunehmend schwer, ihre alte Überlegenheit gegen die Zentrenattraktionen populärer Monzenmachi zu behaupten, zumal nach dem Kriege die sozial verpflichtende staatlich-nationale Shinto-Tradition abgebaut und gemindert worden ist. Häufig werden derartige Stätten nur noch auf Tagesausflügen für wenige Stunden besucht. Das wird auszuführen sein. Freilich bleibt zu bedenken, daß es sich bei all den bedeutenden

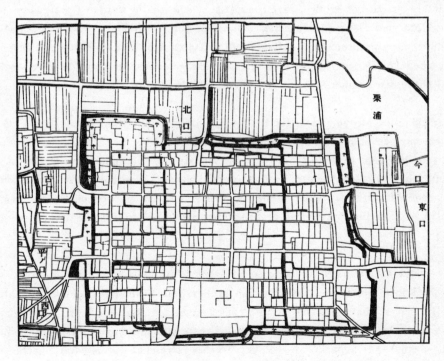

Abb. 3: Jinaimachi - mittelalterlicher Mönchsburgort

Quelle: K. FUJIOKA 1955

Kultstätten in Japan auch heute noch um einen Tourismus von mehreren Millionen Menschen im Jahr handelt. So ist es sicher gerechtfertigt, diese Funktionen auch heute noch bei einem klaren Zurücktreten der religiösen Komponente als eigenes Thema der Siedlungsgeographie zu behandeln.

IV. Naturbezogene Heilige Bezirke mit Schrein- und Tempelorten: Ise, Fuji-Yoshida, Koyasan, Miyamjima[4]

Die ältesten und ehrwürdigsten aller Shintô-Schreine, die der Verehrung der Ahnen und dem Kult der Naturgottheiten dienen, sind die beiden Heiligtümer in den Wäldern von Ise am Isuzu-Fluß in Zentraljapan: der "Innere Schrein" der Sonnengöttin und mythischen Ahnherrin des Kaiserhauses sowie wenige Kilometer westlich über dem Fluß der "Äußere Schrein" der Reisgöttin. Zu beiden Heiligtümern gelangt man durch große Torii vorbei an Kultbauten zu dem vierfach umzäunten allerheiligsten Bezirk mit Sanktuarium, Östlichem und Westlichem Schatzhaus. Haupt- und Nebengebäude sind Pfahlbauten von funktioneller Einfachheit. In der großen, fast quadratischen Kulthalle werden Opfergaben niedergelegt und Gebete gesprochen. Am Weg zur Kulthalle steht ein Brunnen, in dem Reinigungszeremonien erfolgen. Alle Kultbauten ragen nicht wie Kirchen in der abendländischen Kultur über die Umgebung hinaus, sondern stehen zwischen und unter den Bäumen, als wären sie ein Teil der Natur.

Traditionelles Monzenmachi für Ise war die Doppelstadt Uji-Yamada, die 1906 zu einer einzigen Stadt zusammengeschlossen wurde. Dabei war Yamada am Äußeren Schrein gelegen, dem Gott der Landwirtschaft und Nahrung geweiht, mehr von Handel und Wirtschaft bestimmt, während Uji, dem Inneren Schrein zugeordnet, der den Vorfahren der Kaiserfamilie gewidmet ist, das eigentliche Haupt-Monzenmachi bildete. Ein dritter Teil traditioneller Art war der Hafenbezirk von Ominoto.

Der Pilgerverkehr nach Ise hatte sein relatives Maximum in der Edo-Zeit mit über 4,5 Millionen Besuchern pro Jahr. Ein großer Teil dieser Ise-Pilger übernachtete in Uji und Yamada. Die hohen Übernachtungszahlen sind bis heute nicht wieder erreicht worden. Auch im Vorkriegsjahr 1940, als mit 7,9 Millionen Besuchern der absolute Höhepunkt des Pilgerverkehrs erreicht worden war, hatten nur 935 000 im Monzenmachi übernachtet.

Das Kriegsende mit dem Verbot des Staats-Shinto brachte auch in der Anziehungskraft Ises den größten Abfall, zumal durch Brandbombenzerstörungen im Frühjahr 1945, die Mehrzahl der Herbergen und Ryokans zerstört worden war. In den Jahrzehnten der Nachkriegszeit gab es eine erneute Zunahme der Besucher bis zum Höhepunkt im Jahre 1979 mit 7,0 Millionen. Danach fiel der Besucherverkehr auf 6,8 Millionen im Jahre 1980 und 6,3 Millionen im Jahr 1982. Doch von dieser immer noch beträchtlichen Zahl übernachteten weniger als 5 % in Ise-shi. Der Hauptbesuch ist wie früher zum Neujahrsfest zu verzeichnen, so daß vom 31. Dezember bis zum 5. Januar auch heute noch über eine Millionen Besucher die Schreine besuchen. Dadurch liegt der Januar mit über 3 Millionen Besuchern weit an der Spitze aller Monate.[5]

Die Relation zwischen Besuchern und Übernachtungsgästen zeigt, daß der Bezirk von Ise heute im wesentlichen als Tagesziel angefahren wird, mit der Bahn, vor allem aber mit dem Autobus. Dabei werden dann nicht mehr beide Schreine besucht, sondern in der Regel nur noch einer, vorwiegend der Innere Schrein.

Während früher der Äußere Schrein von Ise der Hauptanziehungspunkt war und sich um 1960 etwa ein gleicher Teil von Besuchern für Inneren und Äußeren Schrein feststellen ließ, hat sich bis 1982 das Verhältnis auf 63 % für den Inneren Schrein und nur noch 37 % für den Äußeren Schrein verschoben. Der Hauptgrund liegt dabei nicht, wie man annehmen könnte, allein in dem religiösen Charakter, sondern, wie bei der Stadtverwaltung betont wird, vor allem in der besseren Erreichbarkeit für Busse durch den Neubau von Straßen, Parkplätzen und Einrichtungen für den Tourismus.

Da der Bereich von Ise keine Heißquellen hat, bevorzugt der Gruppentourismus eine Übernachtung außerhalb der Stadt Ise-shi, die 1980 zur Großstadt mit 105 600 Einwohnern geworden war. Übernachtet wird in den Touristenzentren von Toba und Shima, die sich in den letzten Jahrzehnten stark auf die Unterbringung der Touristenströme eingerichtet haben. Dort gibt es alle Arten von Hotelkapazitäten, eine Fülle von Restaurants und weitere Ziele für den Kurztourismus durch die Panoramastraße an der herrlichen Inselküste und durch die Attraktivitäten der Perlzucht.

Bei einem Besuch mit H. Kobayashi am 25. und 26.04.1975 waren in Ise die Wirkungen unmittelbar sichtbar, die die Verschiebung vom echten Pilgerverkehr zum kurzfristigen Touristenverkehr mit sich bringt. Die Mehrzahl der Besucher, die heute nach Ise kommen, verbringen hier nur 2 Stunden und werden dann mit dem Bus zu anderen Plätzen weiterbefördert. 1975 gab es noch 84 Gasthöfe im japanischen Stil mit einer Kapazität von 3 240 Personen. Viele davon waren jedoch unmodern und genügten nicht mehr modernen Ansprüchen. Trotzdem stellt der Ausflugsverkehr zu den Schreinen noch immer eine wirtschaftliche Hauptgrundlage der Stadt Ise dar. Rückgang und Umlagerungen sind freilich deutlich. Die alte Hauptmarktstraße Furuichi, an der noch viele alte Herbergen und Gasthöfe liegen, wo sich früher auch das Vergnügungs- und Prostitutionsviertel entwickelt hatte, war in Rückbildung zur Wohnstraße. Nur wenige Touristengeschäfte bestehen dort noch. Weil die meisten Gäste gleich mit den Autobussen zu den großen Parkplätzen vor dem Eingang zum Heiligen Bezirk fährt, werden die linear ausgebildeten alten Markt- und Einkaufsstraßen gar nicht mehr von der Mehrzahl der Besucher durchwandert. Dadurch leidet die geschäftliche Attraktivität sichtbar. Die Geschäfte werden zunehmend monopolisiert von wenigen riesigen Andenkenläden, doch ist auch die Rückbildung zu Garagen und Wohngebäuden sichtbar.

Ein aktives drittes Zentrum, das in den Übernachtungsstatistiken von Ise-shi nicht auftritt, weil es eine eigene Gemeinde darstellt, die jedoch in enger funktionaler Beziehung zu den Heiligen Bezirken von Ise steht, ist der Seeort Futami mit einem Felsenheiligtum in der See und einer Kette von Seehotels und Souveniergeschäften, bereichert durch ein großes modernes Aquarium und einen Vergnügungspark. Hier ist heute mehr touristischer Betrieb und mehr ökonomische Aktivität als in den ehemals führenden Orten Uji und Yamada. Aber auch hier in Futami ist die Kapazität nicht so groß und der Ort nicht so attraktiv, daß er mit den modernen Stadt- und Landschaftsgebieten von Toba und Shima konkurrieren könnte.

Eine noch stärkere Veränderung als in Ise durch den modernen Bustourismus und die Verlagerung von Verkehrsspannungen erfolgte im Monzenmachi **Fuji-Yoshida**, dem Ausgangspunkt für Aufstieg und Wallfahrt zum 3 776 m hohen Fujisan, dem höchsten und schönsten Vulkankegel Japans, der seit alter Zeit göttliche Ehren genießt. Heute liegt der alte Hauptschrein still und meist verlassen im Wald, weil die meisten Besucher, die den Fuji besteigen wollen, mit ihrem Bus auf einer Autostraße mehrere Stationen hinauf fahren können und nur noch wenige Gruppen ganz unten vor dem Schrein ihre Pilgerschaft beginnen.

Diese Gruppen, die heute, meist aus dörflichen und kleinstädtischen Ursprungsgebieten, sich mit Sparkassen und Kursen auf das Besteigen des Fuji vorbereiten, sind weniger am Vergnügungsleben orientiert, so daß von daher viele Attraktionen anderer Monzenmachi entfallen. Schon 1983 war der obere Teil des

Monzenmachi für die Stadtgemeinde so unwichtig geworden, daß er nicht mehr im offiziellen Stadtplan aufgenommen ist, wo der untere Teil der Hauptstraße dominiert mit seinen geschäftlichen Aktivitäten und zwei Bahnhöfen, die auch für den Massentourismus im Nationalpark Fuji-Hakone Bedeutung haben.

Hat im Fuji-Gebiet der Nationalpark mit seinen Seen, Ausflugsschiffen, Bergbahnen, Panoramastraßen und Aussichts-Restaurants den Besucherverkehr vom alten Schrein am Bergfuß abgezogen und abgelenkt, so gibt es an anderen Orten vornehmlich Rückgang und Absterben alter religiöser Funktionen. Ein Beispiel ist **Hikosan** mit einem Berghöhenschrein und einem Tempel verbunden, um 1 200 m hoch im Bergland Nordost-Kyushus zwischen den Präfekturen Fukuoka und Oita gelegen. Hikosan war einst ein wichtiges Pilgerziel zur Verehrung des Berggottes. Heute wirkt dieser kleine abgelegene Ort mit seinem steilen Treppenweg aus hohen Granitstufen wie eine archaische Reliktform. 1981 fanden sich entlang des Pilgerweges bei einem Besuch mit T. Nozawa nur vier Andenkenläden, fünf Erfrischungsstände, vier Restaurants und fünf Herbergen, in denen Pilgergruppen seitlich des steilen Treppenweges Unterkunft finden konnten. Wenige alte Pilger und einige jüngere Bergsteiger bestimmen das Bild. In der Gegenwart gehört der Ort zu Soedamachi; eigentlich ist es eher Tempeldorf (Monzenmura) als Tempelstadt, Monzenmachi. Mit seinen Steinlaternen, seinen alten Zugibäumen, dem Bambus- und Kiefernforst, den Zedern im Bergwald und den alten dunklen Holzhäusern kündet der Ort von vergangener Tradition und der erinnert an die "Macht des Shintô", von der in ausländischen Darstellungen so viel zu lesen ist.

Lebendig erhalten haben sich religiöse Funktionen dagegen bis heute in **Koyasan**, (Abb. 4) einem der ältesten und berühmtesten Berg-Monzenmachi Japans, als eine weitläufige buddhistische Tempel- und Klostersiedlung auf einem 800 m hohen Plateau im Bergland des Wakayama-Bezirks südlich von Osaka gelegen. Es ist bis heute ein wichtiges Wallfahrtsziel geblieben mit einem Tempel aus dem 9. Jahrhundert, ist jedoch auch Missions- und Ausbildungszentrum mit einer Schule, einer bedeutenden Bibliothek und einer Universität, die zu den wichtigsten Zentren für das Studium des Buddhismus zählt.

Im 9. Jahrhundert gegründet, wurde Koyasan ein Tempelzentrum, in dem bis zu 300 unabhängige Tempel und Klöster nebeneinander bestanden. Heute sind es 54. Es hat also einen Prozeß von Zusammenschlüssen und Vereinigungen gegeben, bedingt vor allem durch Finanznöte und Nachwuchsmangel. Vor allem haben die Klöster abgenommen, die sich meist zu einfachen Tempel zurückbildeten. Abbildung 4 zeigt das heutige Siedlungsgebiet von Koyasan, in dem die religiöse

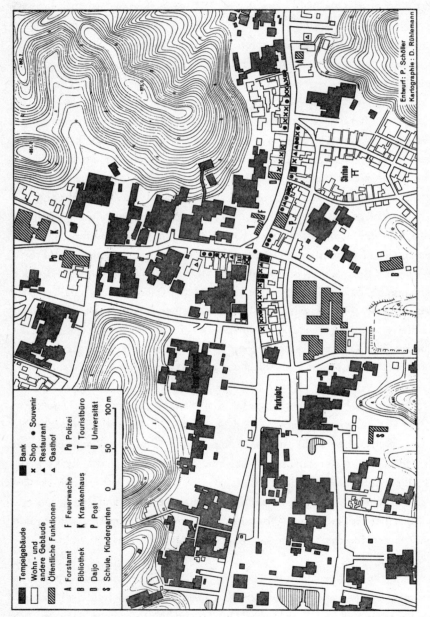

Abb. 4: Tempelstadt Koyasan Quelle: eigene Kartierung

Struktur der Tempel, Nebentempel und ihrer Zusatzgebäude noch heute dominiert.

Für den Besucherverkehr ist neben der Bibliothek und den Bildungseinrichtungen auch die reiche Ausstattung an historischen Kunstwerken von Bedeutung. Denn neben fürstlichen Totengedenktempeln und einer Gräberstraße entstanden Kapellen und Pilgerunterkünfte, die meist kostbar ausgestattet wurden. So wurde der Koyasan zu einem Schatzlager auserlesener Kunstwerke der Malerei, der Plastik und der angewandten Kunst vieler Epochen.

Doch als Hauptquartier der Shingon-Sekte, die einst das Monzenmachi als Theokratie beherrschte, hat der Ort auch heute noch religiösen Besucherverkehr. Seit 1872 sind auch Frauen in Koyasan zugelassen. Hauptanziehungspunkte sind neben den berühmten Tempeln eine Pagode und ein Museumsgebäude.

Die Besucherzahl betrug im Jahr 1974 1,4 Millionen; davon blieben jedoch nur 7 000 über Nacht, die anderen waren Tagesbesucher, vorwiegend aus dem mitteljapanischen Bereich um Osaka-Kyoto und Kobe. Das Maximum des Besucherverkehrs liegt im Sommer, vor allem in den heißen Monaten Juli und August, wenn durch die Höhenlage die klimatischen Bedingungen hier angenehmer sind als im Tiefland. Eine moderne Seilbahn transportiert etwa eine halbe Million Besucher zum Ort, die anderen erreichen mit Bussen die hochgelegene Tempelstadt.

Das Monzenmachi ist heute wirtschaftlich noch fast ganz von den Tempeln abhängig. Die Einwohnerzahl stagniert, seit 1970 ist ein Rückgang zu verzeichnen. 1985 zählte man 7 054 Bewohner. Bei einem Besuch mit H. Kobayashi am 13.03.1975 konnte bei der Stadtverwaltung festgestellt werden, daß die zum religiösen Sektor zu rechnende Bevölkerung etwa 500 Personen beträgt; davon sind jedoch nur noch 110 Mönche und Priester, doch daneben gibt es eine Reihe von Theologiestudenten und Novizen in den Klöstern. Im Sommer, wenn die Hauptbesucherzeit naht, werden jüngere Arbeitskräfte, vor allem von der Insel Shikoku, zur Bedienung in den von den Tempeln geführten Herbergen und Restaurants eingesetzt. So sind die Gasthöfe, Tempelherbergen, Restaurants, die Andenkengeschäfte und Devotionalien, die in den Tempeln angeboten werden, eine wirtschaftliche Grundlage, die auch ins Kunsthandwerk Ausstrahlung hat. Daneben ist in Koyasan die Forstwirtschaft wichtig, während Landwirtschaft von hier aus nicht betrieben wird.

Im Unterschied zu Ise kann der Besucherverkehr nach Koyasan mehrheitlich zum

Religions-, Kultur- und Bildungstourismus gezählt werden. Für Ausländer gilt die Tempelstadt als zu abgelegen, obwohl die ausgedehnte historische Grabmonumenten-Landschaft im Zedernwald um den Ort sicher zu den eindrucksvollsten Traditionsbezirken zu zählen ist, die Japan zu bieten hat.

Die Insel **Miyajima** (Abb. 5) mit dem Itsukushima-Schrein in der Inlandsee bei Hiroshima gehört zu den in- und außerhalb Japans am besten bekannten Heiligen Stätten, die Traditionen des Shintoismus und des Buddhismus verbinden. Sie ist ein attraktives Touristenziel, vor allem durch das große rote See-Torii, das bei Flut im Wasser steht. Die Gemeinde ist früh gegen Verunstaltungen des Ortsbildes vorgegangen, so daß der Charakter eines Tempelortes hier zeitlich noch vor der modernen Bewegung zur Stadterhaltung bewahrt worden ist. Zudem kann die Insel als Beispiel dafür gelten, daß religiöse Funktionen mit den modernen Be-

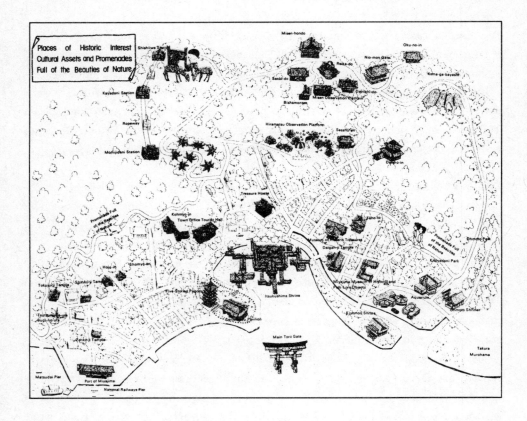

Abb. 5: Touristenziel Miyajima

Quelle: Stadtverwaltung, Abt. Tourismus

gleiterscheinungen des Tourismus nicht generell auf dem Rückzug gegenüber anderen Ortsfunktionen sein müssen, denn in Miyajima hat es in der frühen Neuzeit neben der religiösen Bedeutung wichtige Hafen- und Handelsfunktionen gegeben.

Die historische Überlieferung ist lückenhaft belegt. Sicher scheint, daß früher die ganze Insel als heilig galt und bis ins 14. Jahrhundert unbesiedelt blieb. Der Fischerschrein, ursprünglich vielleicht von Kyushu nach hier übertragen, wurde als Seeschrein im 12. Jahrhundert für die Provinz Aki angelegt, errang aber in der Folgezeit allgemeine Bedeutung für den ganzen Bereich der Inlandsee. Vom 12. Jahrhundert an wurde Miyajima Tempelort und Wallfahrtsziel.

Im Mittelalter ist Miyajima neben den Hafenorten Shimonoseki, Onomichi und Mitarai ein wichtiger Zwischenhafen auf der Fahrt von Osaka und Sakai nach Hakata, dem heutigen Fukuoka, und nach Nagasaki gewesen. Der Schiffsverkehr war der Auslöser, hier Holzartikel zu produzieren und zu handeln. Davon sind bis heute hölzerne Reislöffel eine wichtige Spezialität geblieben, die neben dem übrigen Angebot als Andenken von vielen Touristen gekauft werden.

Nach historischen Karten vom Ende des 17. und zu Beginn des 18. Jahrhunderts, die im historischen Museum des Ortes einzusehen sind, gab es in Miyajima eine klare Teilung zwischen dem Marktort (Higashimachi) und dem Schreinort (Nishimachi), wo auch die Händler wohnten. Um 1690 war die Siedlung im wesentlichen auf die Bebauung einer Straße begrenzt, die den Bogen der Bucht begleitete. Dort wohnten Kaufleute und Handwerker. Im 18. Jahrhundert wurde eine neue äußere Strandstraße angelegt, die bis heute die Hauptstraße geblieben ist. Auf jeder Seite der neuen Verbindungsachse liegen 64 Grundstücke. Im äußersten Nordosten gab es ein kleines Prostitutionsviertel mit etwa 40 Häusern um zwei Tempel.

Insgesamt besaß Miyajima 37 alte Tempel, von denen heute noch sieben bestehen, und neben dem Seeschrein, der im Mittelpunkt des öffentlichen Bewußtseins steht, sieben andere Schreine. Von etwa 5 000 Einwohnern um 1783 ging bis 1820 die Zahl der Bewohner auf 3 700 zurück. Das Personal der Schreine belief sich auf 210, das der Tempel auf 65 Personen.

Nach der Aufhebung der Reisebeschränkungen bei der Modernisierung und Öffnung Japans nahm der Touristenverkehr gewaltig zu. 1894 wurde die Eisenbahnlinie der Küste entlang gebaut, zu der man von der Insel mit dem Schiff Anschluß gewinnen konnte. In dieser Zeit begann Miyajima, sich ganz auf die religiösen Funktionen zurückzuentwickeln. Marktverkehr, Vergnügungs- und Prostitutionsbetrieb wurden nach Hiroshima verlegt. Miyajima blieb ein reiner Tempel- und Schreinort. An jedem 15. eines Monats kamen große Wallfahrergruppen mit dem Schiff von Hiroshima. 1920 wurde dann eine eigene private Kleinbahn von Hiroshima aus angelegt, um den immer weiter steigenden Besucherverkehr zu bedienen.

Um 1965 wurde der Personenverkehr zum Festland durch zwei große Fährlinien nach Miyajimaguchi weiter verstärkt, zugleich eine Autofähre zum Festland eingerichtet. Die meisten Besucher sind Tagesgäste. Die Zahl der Hotels blieb bei 26, doch wurden in den letzten Jahren die meisten modernisiert und vergrößert. Durchschnittlich wird jedoch nur einmal übernachtet.

Die Insel hat in der Gegenwart weiter zunehmend gewaltige Besucherströme zu verkraften: 1982 wurde die Zahl von 2 593 000 Touristen erreicht; durch die Schiffslinien zum Festland läßt sich diese Gesamtzahl genauer bestimmen als bei anderen Monzenmachi. Der Besucherverkehr spielt sich dabei meist auf genau festgelegten Wegen ab: von der Fähre geht der Weg an der Küste entlang zum See-Schrein, dann weiter den Küstenweg durch die Souvenirstraßen hinauf zur Talstation der Seilbahn, dann mit der Seilbahn hinaus zum Aussichtsberg mit dem Zentrum wild lebender Affen. Im Ort ist die Bauentwicklung trotz des starken Verkehrs und der Zunahme der Motorisierung noch gebändigt worden. Die ganze Insel ist Nationalpark. Störende Außenwerbung ist verboten. Nur Ziegeldächer im traditionellen Stil sind erlaubt. Trotz einiger Neubauten ist der Gesamteindruck des Ortes durch das Verbot kommerzieller Großbauten attraktiv geblieben.

Ein Besuch mit H. Morikawa im Rathaus am 22.03.1975 brachte das Ergebnis, daß 79 % der Gemeindeeinnahmen durch den Tourismus erbracht werden, gegenüber nur 5 % durch die Bürgersteuer und 7 % durch den Finanzausgleich. Die Einwohnerentwicklung ist rückläufig: von 1950, einem Jahr mit der Einwohnerzahl von 5 100, ging es abwärts auf 4 600 im Jahre 1960 und schließlich 3 118 im Jahre 1985. Damit hat sich die Altersstruktur verschoben. Die Beschäftigtenstruktur ist dadurch gekennzeichnet, daß nur 4,5 % dem ersten Sektor mit Landwirtschaft, Fischerei und Forstwirtschaft angehören, 26 % dem Gewerbe und Bauwesen. Die Mehrzahl aller Erwerbspersonen (69,6 %) ist im tertiären Sektor beschäftigt: 695 im Handel, 45 in Banken und im Geldwesen, 161 im Verkehr, 578 in privaten Dienstleistungen und 68 in öffentlichen Dienstleistungen. 66 Betriebe arbeiten für die Souvenirindustrie, wobei in Heimarbeit vor allem Reislöffel hergestellt werden. Daneben gibt es eine Nahrungsmittelproduktion in 9 Betrieben. Neben 22 Großhandelsbetrieben bestehen 36 Restaurants mit 97 Beschäftigten und Gasthöfe und Hotels mit einer Unterbringungskapazität von mehr als 2 000 Personen. Bei den Beschäftigten muß freilich hinzugefügt werden, daß dabei Teilzeitbeschäftigte nicht berücksichtigt sind.

Im Unterschied zur kontrollierten Siedlungsentwicklung im Monzenmachi, die durch die rückläufige Bevölkerungsbewegung erleichtert wird, ist seit meinem ersten Besuch im Herbst 1959 auf der Insel gegenüberliegenden Festlandseite eine Landschaftszerstörung größten Ausmaßes erfolgt. Dort haben moderne Entwicklungsgesellschaften und Unternehmer große Wohnbereiche in die Berghänge gesetzt und an der See zwei große Vergnügungsparks für Kinder und Erwachsene angelegt. Dabei ist die Gemeinde Miyajima durch eine Beteiligung an den Einkünften der Motorbootrennen am Gegenufer beteiligt.

V. Stadtbezogene Heilige Stätten: die Tempelstädte Kotohira, Nagano, Nara[4]

Während man lange darüber diskutieren könnte, ob die bisher in Verbindung mit Heiligen Bezirken genannten Tempelorte Ise, Fuji-Yoshida, Koyasan und Miyajima nicht nur im japanischen Selbstverständnis, sondern auch nach allgemeinen Kriterien als "Tempelstädte" angesprochen werden könnten, werden im folgenden Abschnitt Beispiele von Orten zu nennen sein, die klar über urbane Lebens- und Funktionsvielfalt verfügen und städtische Differenzierung aufweisen. Damit fehlen aber diesen Orten auch Grundlagen und Kennzeichen der japanischen Natur- und Landschaftsgestaltung, die gerade bei den naturbezogenen Heiligen Stätten des Shintōkultes erhalten und bewahrt worden sind. Statt dessen finden sich hier die übliche Wirrnis, Disharmonie und Spekulationswut, die moderne japanische Stadtgebiete kennzeichnen. Vor allem erstaunt bei religiösen Zentren die starke Wirtschafts- und Profitorientierung.

Das gilt in besonderer Weise für **Kotohira**, (Abb. 6) das traditionell größte Monzenmachi des südlichen Japan, das ich seit 1975 mit S. Yokoyama fünfmal besuchen konnte. Zur Tokugawa-Zeit waren Tempel und Schrein zusammengefaßt, nach 1868 wurde der Schrein der Hauptanziehungspunkt. Das Monzenmachi gehörte zur höchsten Gruppe der Tempelorte mit einem weiten Einzugsbereich, besonders aus den Regionen Hokuriku und San-In, die viele Xo-Gruppen zu Wallfahrten nach Kotohira organisierten. Auch in der Runde der Shikoku-Wallfahrt war Kotohira eine der 88 berühmten Pilgerziele, die noch heute besucht werden, wenn man in der modernen Zeit zum Teil auch die Wallfahrt mit Bus oder Taxi abkürzt oder beschleunigt.

Für die Reise nach Kotohira gab es traditionell zwei Hafenstädte: die Burgstadt Marugame für Pilger aus Zentraljapan; Tadotsu war der Hafen für Pilger aus dem westlichen Inselreich. Kaufleute, Seefahrer und Fischhändler stifteten an den alten Reisstraßen Steinlaternen, die Kompira-Laternen genannt wurden.

Der starke Pilgerverkehr der Edo-Zeit hat ein großes Vergnügungsviertel entstehen lassen. So registrierte man in der zweiten Hälfte des 19. Jahrhunderts in Kotohira 150 Geishas und 300 Prostituierte. In dieser Zeit besaß der Ort das größte Vergnügungsviertel im westlichen Japan. Der Besuchsverkehr hat in den letzten Jahrzehnten starke Wandlungen erfahren. Früher blieben die Pilger eine Nacht in Kotohira, heute kommen sie meist mit Bus oder eigenem Wagen und übernachten nicht am Ort. Ein Hindernis für den Fremdenverkehr bildet das beschränkte Zimmerangebot. Traditionellerweise haben japanische Gasthöfe eine

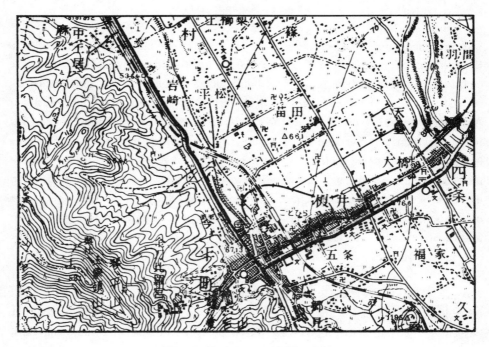

Abb. 6: Monzenmachi Kotohira

Quelle: Topographische Karte, 1960

nach Größe und Status gegliederte Hierarchie von Zimmern, was sich für den Gruppentourismus mit dem Autobus als hinderlich erweist. So sind Bestrebungen im Gange, mehr Großhotels entstehen zu lassen.

Kotohira liegt in einem Altsiedlungsgebiet mit Jōri-Einteilung und alter Bewässerung. Vom Ort geht ein steiler Treppenweg mit 1 368 Granitstufen empor zum Hauptschrein, dem "Kompira-Schrein". Das Hauptfest liegt am 11. Oktober. Von den etwa 20 000 Einwohnern des Ortes gehören 56 % zur Tertiärbevölkerung, 17% zur Landwirtschaft und 27 % der Erwerbstätigen arbeiten in der Industrie. Auch hier ist die Bevölkerungsentwicklung jedoch negativ. (1985: 13 323 Einwohner)

Die starke Ausrichtung des Ortes auf den Besucherverkehr konzentriert sich natürlich in besonderer Weise auf den Aufstiegsweg. Große Andenkenläden säumen den unteren Tempelweg, im höheren Abschnitt sind noch Stände mit Sonnenschirmen entlang des Aufstieges erlaubt. Insgesamt zählt man 77 größere Andenkengeschäfte, 3 Gasthöfe und 6 Restaurants.

Erreicht man auf dem 521 m hohen Zuzusan den Kotohiragu-Schrein, so gliedern sich die heiligen Anlagen in mehrere Bezirke, die in unterschiedlicher Höhe liegen und aus verschiedenen Zeitstufen stammen. Das ganze Gelände ist bewaldet mit japanischen Zedern, Kiefern und Kampferbäumen.

Der Ort Kotohira unterscheidet sich nicht nur durch seine Lage in der Tiefebene, sondern auch durch die Art der religiösen Funktionen von Koyasan. War der Höhenort ein religiöses Ausbildungs- und Kulturzentrum in der Einsamkeit, so wurde das Monzenmachi Kotohira eine lebendige, verkehrsdurchflutete Tempelstadt, die ihren volkstümlichen Charakter auch heute erhalten hat. Ein wenig abseits der Haupttempelstraße am Fluß liegt das alte Prostitutionsviertel, das in der Meiji-Zeit relativ abgeschlossen war; die zwei- bis dreigeschossigen Holzhäuser mit Galerien und Holzgitter sind heute Wohngebäude oder Restaurants. Doch gibt es auch heute noch Restaurants mit "Clubs" und Geishas. Bestrebungen zur Stadterhaltung und zur Konservierung der noch erhaltenen alten Holzhäuser finden in der Bevölkerung noch Widerstand. Der Wert einer attraktiven baulichen Gestaltung wird zunehmend erkannt, doch müßte man die Anlage neuer Verkehrswege zurückstellen, Umbaupläne aufgeben und die Werbung reduzieren. Der Vertreter der Denkmalspflege im Ort, Herr Inoki, berichtete, daß die meist aus dem Bauerntum stammende Bevölkerung noch vom wirtschaftlichen Wert eines attraktiven Stadtbildes überzeugt werden müßte.

Älter und erfolgreicher als in Kotohira waren Bestrebungen zu Stadterhaltung und Ortsbildpflege in **Nagano**, dem wichtigsten Pilgerzentrum in Zentraljapan. Zweifellos hängt das mit der Bedeutung der religiösen Funktion zusammen. Unter den Monzenmachi Japans ist Nagano ein vorrangiges Zentrum mit dem wichtigsten Pilgerzentrum: der Zenkoji-Tempel, gegründet im Jahre 642, gehört keiner bestimmten Sekte an, kennt auch keine Diskriminierung der Frau; darum ist er seit Jahrhunderten besonders populär und erreicht mit mehr als 5 Millionen Besuchern im Jahr einen hohen Rang. Die religiöse Note hat hier in Nagano bis heute stärkere Bedeutung als Vergnügungsrummel, den wir in anderen Tempelstädten finden.

Die heutige Großstadt Nagano mit 324 000 Einwohnern (1980) wurde mit der Übertragung der Hauptstadtfunktion für den gleichnamigen Regierungsbezirk umbenannt und erhielt relativ früh, im Jahre 1888, Eisenbahnanschluß. Seit dieser Zeit entwickelte sich der Geschäftskern in Richtung zur Bahnstation, während früher das Stadtzentrum nahe dem Daimon-Haupttor und in der Nähe des Mittelpunktes des alten Rastortes am Nakasendō-Reichsweg gelegen hatte. Die Stadt Nagano wurde im Krieg nicht durch Bomben zerstört, dadurch sind die Straßen relativ eng und unübersichtlich; als Hauptproblem wird von der Stadt die Parkplatznot bezeichnet, was bei einem Besucherstrom von 5 Millionen pro Jahr eine erhebliche Belastung für die Innenstadt bedeutet.

Vom Haupttempel aus gliedert sich das Monzenmachi in acht Straßenteilabschnitte:

Im obersten Teil liegt das engere Tempelgebiet mit dem Tempelbüro. Als zweiter Abschnitt folgt ein oberer Teil mit Statuen und Buddhafiguren, wobei als Verkaufseinrichtungen nur bewegliche Stände mit Devotionalien erlaubt sind. Ein dritter Abschnitt weist die Hauptkonzentration von Andenkengeschäften auf; mit ihm endet der eigentliche Tempelabschnitt Monzen-cho.

Nach einem Tor beginnt der Bezirk der Nebentempel und Herbergen, der Bo-Häuser. Weiter unterhalb nach einem erneuten Tor folgt ein Abschnitt mit städtischen Funktionen, vielen privaten Andenkengeschäften, Hotels, Restaurants, Cafés und auch mit der Hauptherberge des ehemaligen Rastortes.

In einem sechsten Abschnitt mischen sich allgemeine Geschäfte mit Restaurants und Läden, die auf den Tempelbedarf ausgerichtet sind. In einem siebten Teil verliert die Geschäftsstraße immer mehr religiösen Charakter, bis dann mit Ausbau zum Bahnhof hin das heutige Hauptzentrum der Stadt mit Supermärkten, großen Läden und Banken liegt.

Ein besonderes Charakteristikum und der interessanteste Abschnitt der Tempelstadt Nagano wird repräsentiert durch 35 Bo-Hauser, die zugleich Nebentempel und Herberge darstellen. Auf Vermittlung von Professor M. Ishii konnte ich am 24.04.1983 mit Professor Hiroyoshi Kobayashi ein solches Bo-Haus besuchen. Die Übernachtungskapazität dieser Tempelherberge belief sich auf 100 Personen, so daß für die Stadt insgesamt mit einer täglichen Herbergskapazität in diesen religiösen Einrichtungen für 4 000 Personen pro Tag gerechnet werden kann. Durchschnittlich sind die Ko-Gruppen, die hier als Pilger eintreffen, 30 Personen, überwiegend Frauen. Gerade für Frauen ist Nagano ein besonderer Anziehungspunkt, weil andere Tempelstädte für weibliche Besuchergruppen nicht erlaubt sind. Der Preis für Übernachtung mit Frühstück und Abendessen beträgt etwa DM 50,-. Meist bleiben die Besucher nur eine Nacht. Die Hauptsaison ist der März, doch auch die folgende Zeit bis September und Oktober hat Pilgerbesuch. Meist kommen die Gruppen mit einem Autobus und besuchen auf ihrer Fahrt auch Heißquellen-Badeorte (Onsen) und touristische Ausflugsziele, etwa Panoramastraßen. Der größte Teil der Besucher kommt aus Tokyo oder von der Japanseeseite.

Nach alten Traditionen hat jedes dieser Bo-Häuser einen Leiter, den man als Priesterwirt bezeichnen könnte, weil er beide Aufgaben ausübt. Der eigene Eindruck eines solchen Herbergstempels ist durchaus modern und die Einrichtung attraktiv. Alle noch bestehenden 35 Bo-Häuser verbinden Tempelfunktionen und Aufgaben eines Gasthofes. Insgesamt kann man hier durchaus noch von einer modernen religiösen Tempelstadtfunktion sprechen, in der der außerreligiöse Tourismus und der Vergnügungsverkehr zurücktreten.

Ein berühmtes Beispiel für die Entwicklung einer alten Haupt- und Kulturstadt zu einer Religions- und Tempelstadt ist **Nara**. Von den nationalen Zentralfunktionen blieben vor allem die Tempelfunktionen bis heute erhalten. Nara, Hauptort der Yamato-Ebene, wurde 1710 zur kaiserlichen Residenz Heijokyo, die 75 Jahre lang Bestand hatte. Die Anlage entsprach chinesischem Vorbild: Der Kaiserpalast lag im nördlichen Zentrum, südlich schlossen zwei Stadthälften an, die von neun Querstraßen durchschnitten wurden. Am Rande der linken Stadt lagen die großen Tempel- und Schreinanlagen mit großen Kunstschätzen, die mit viel Aufwand gepflegt wurden und heute Ströme von in- und ausländischen Besuchern anziehen.

In Nara gab es traditionell zwei Hauptmärkte, im Norden und im Süden des Kofukuji-Tempels. Später wurde ein dritter Markt errichtet. Im frühen Mittelalter operierten diese Märkte gewöhnlich dreimal im Monat, also im Abschnitt von 10 Tagen, doch in Nara hatten die drei Märkte häufigeren Marktbetrieb, nämlich alle drei Tage. Das bot Anlaß für eine größere Zahl von Handwerks- und Ladengeschäften. So wurden die Steuereinnahmen gestärkt. Man kann als typische Entwicklung feststellen: daß Schreine und Tempel ihr Einkommen langsam von der traditionellen Land- und Agrarsteuer und der Agrarproduktion zur Marktkontrolle ausgedehnt haben.

Der heutige Besucherverkehr in Nara erfolgt mit Bus oder Bahn, ist häufig jedoch nicht selbständig, sondern von Kyoto oder Osaka aus orientiert. Die Zahl der jährlichen Besucher erreicht mehr als 10 Millionen.

VI. Innerstädtische Tempelzentren. Beispiele aus Kyoto,[6] Osaka, Nagoya, Tokyo

In vielen japanischen Burgstädten spielten buddhistische Tempelanlagen eine große Rolle für Verteidigungszwecke. In Himeji gab es 68 Tempel, in Takada 30 und mehr als 20 Hirosaki. Da die Tempelanlagen ausgedehnte und gegliederte Areale besaßen, und feste Bauwerke mit stabilen Mauern, konnten sie für Verteidigungszwecke genutzt werden. So wurden Tempel für Verteidigungslinien ausgewählt, und manche Lokalisierung von Tempeln galt diesem Zweck. In Städten wie Sendai dienten die Tempelbezirke auch als eine Pufferzone zwischen der Burgstadt und dem zentralen Schloßbereich. In vielen anderen Fällen markierten sie den Eingang zur Stadt, durch den der Verkehr und ein möglicher Angreifer kontrolliert werden konnten. In kleineren Burgstädten wurden auch Tempelbereiche im Halbkreis um die Burg des Feudalherrn herum angelegt.

In Großstädten sind Tempelzentren innerhalb des bebauten Stadtgebietes meist in Anlehnung an alte Tempelreihen entstanden, die als Teramachi die alte Struktur noch konserviert haben.

Ein solches Teramachi in **Kyoto** (Abb. 7 und 8) ist von mir mehrfach kartiert worden. Dabei konnte seit 1959 im Abstand von jeweils drei Jahren deutlich verfolgt werden, wie sich die parallel zur Haupteinkaufsstraße hinziehende Tempelstraße dem modernen ökonomisch bestimmten Konsumbetrieb öffnet. Zunächst wurden einzelne Tempelgelände zu Parkplätzen oder Vergnügungsbetrieben, andere verkauften Gelände für Kinos und andere Vergnügungshallen. Fünf Tempel sind um 1970 aus diesem Bezirk ausgesiedelt worden.

Durch die zentrale Lage dieses Teramachi im inneren Stadtkern nahe den Brennpunkten des Verkehrs und des Einkaufslebens wächst der Trend zur Auflösung weiter. Im südlichen Teil, nahe dem Warenhauskomplex und der U-Bahnstation, wurden elf Kinos der Kern eines ausgedehnten Vergnügungsviertels. Hier lag schon 1975 mit einer Million Yen pro Quadratmeter der Bodenpreis extrem hoch. Von dort ergab sich nach Norden zum Rathaus der Stadt ein Gefälle, wobei der Bodenpreis auf ein Viertel abfiel.

Neben den Vergnügungsbetrieben im Zuge dieses alten Teramachi entstanden neue Parkplätze, aber auch neue Übernachtungsheime, insbesondere für die zahlrei-

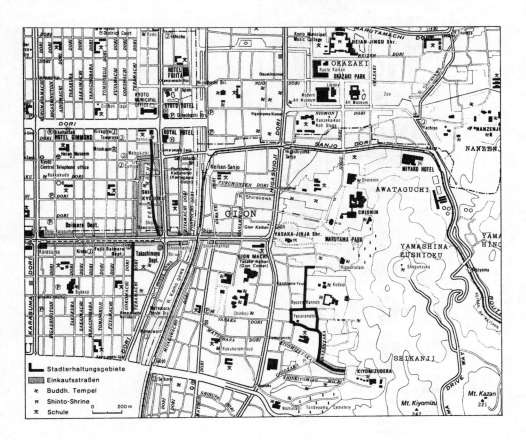

Abb. 7: Lage der Beispielsgebiete in Kyoto

Quelle: Touristenplan, eig. Einzeichnung

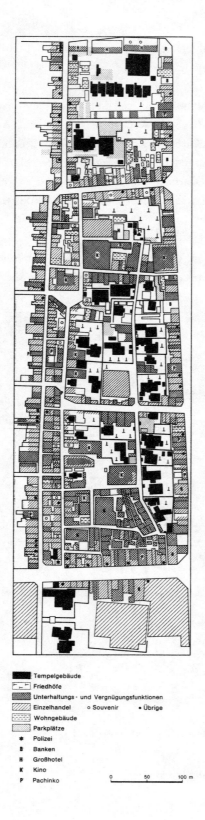

Abb. 8: Kyoto: Teramachi

Quelle: P. SCHÖLLER 1975

chen Schul- und Besuchergruppen, die täglich die alte kulturelle Hauptstadt des Landes besuchen. Auch in den letzten Jahren hat sich die ökonomisch bestimmte Struktur dieses Bereiches weiter verstärkt, eine weitere Auflösung und Einengung der Tempelstraße ist vorauszusehen.

Nicht ganz so gefährdet ist das zentrale Teramachi von **Osaka**, (Abb. 9) vor und auf dem Rand der Deluvialplatte im Osten der Stadt gelegen. Auch hier ist die ehemalige Stadtrandzone ganz in das innerstädtische Gebiet einbezogen, doch ist die Tempelzone nicht so dicht an den Brennpunkten des Verkehrs und des Geschäftslebens gelegen wie in Kyoto. Mit seinen tief in mehreren Reihen gestaffelten Tempelreihen gehört das Tempelgebiet von Osaka heute wohl zu den größten geschlossensten Tempelbezirken in japanischen Städten. Es ist freilich schon seit Jahrzehnten in seinen Randbereichen durch andere Funktionen angegriffen und auch randlich aufgelöst worden. Doch es behält, nicht zuletzt durch die mit ihm verbundenen Friedhöfe und durch die stabilen Wälle und Mauern, die die meisten Tempelgebiete noch einschließen, eine gewisse sperrende Geschlossenheit.

Nach mehreren Kartierungen seit 1960 lassen sich bis heute folgende Veränderungen feststellen: Zunächst drangen auf der Hochfläche entlang der Hauptstraße Großhandelsfirmen und Bürogebäude in das Gebiet ein. Dieser Wandel, der von den Verkehrsachsen ausgeht, ist im weiteren Fortschreiten. Im unteren Gebiet sind seit 1971 immer mehr Parkplätze und Garagengebiete auf Tempelgelände geschaffen worden. Vergrößert wurden aber auch öffentliche Spiel- und Grünplätze, die freilich meist einen vernachlässigten Eindruck machen. Die Frage, warum die ganze Zone der alten Tempel nicht durch Durchbrüche der Mauern zwischen den Tempelarealen zu einer innerstädtischen Ruhe- und Erholungszone geplant und ausgebaut wird, ist bei meinen ersten Besuchen im Rathaus von Osaka noch auf völliges Unverständnis gestoßen.

Im nördlichen Gebiet hat die traditionelle Toleranz und Geschäftstüchtigkeit vieler Tempelverwaltungen ein großes Zentrum für Stundenhotels entstehen lassen, ein Gebiet mit bunter, zum Teil abenteuerlicher Architektur oft mit burgartig bizarren Formen, die aber nur die Holzstrukturen im Inneren verdecken. Etwa 60 bis 80 Etablissements mit werbenden Preisschildern kennzeichnen dieses nördliche Gebiet.

In anderen Bezirken haben die Tempel aus wirtschaftlichen Gründen auch Funktionen der Ausbildung übernommen und dabei Kindergärten, Kinderkrippen, aber auch spezielle Schulen eingerichtet. In mehreren Fällen beherbergen sie auch

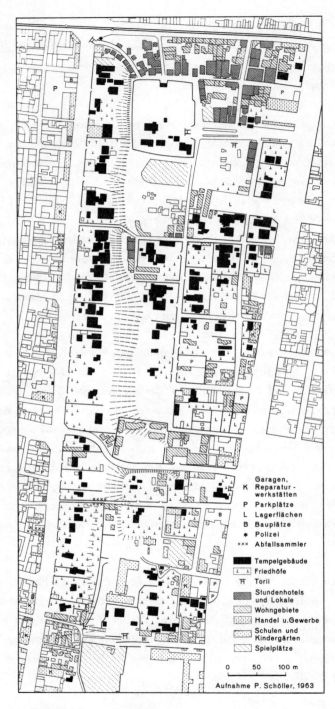

Abb. 9: Osaka: Östliche Tempelzone

Quelle: P. SCHÖLLER 1963

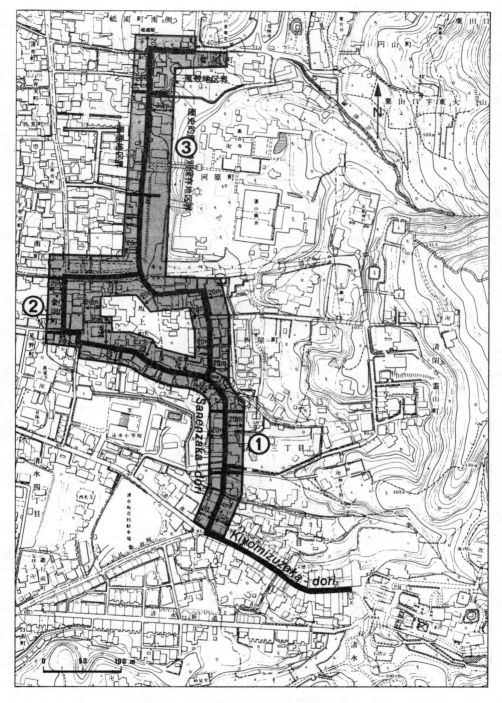

Abb. 10: Stadterhaltungsgebiet Sanenzaka

Quelle: P. SCHÖLLER 1970

noch Besucher und Anhänger.

Ein typisch innerstädtisches Tempelzentrum ist in Kyoto das Viertel um den **Nishi-Honganji-Tempel** geblieben. Es ist ein Bezirk, der geprägt wird durch Gasthöfe, Souvenirgeschäfte, vor allem aber durch Läden für buddhistische Devotionalien und Hausaltäre. Hier gibt es noch alte und traditionsreiche Geschäfte, die Herstellung und Verarbeitung mit Groß- und Einzelhandel verbinden. Im Unterschied zum Mehrstraßen-Monzenmachi am Nishi-Honganji-Tempel ist die Tempelstraße Kiyomizuzaka-dori im Sanenzaka-Viertel in Kyoto ausgesprochen linear ausgebildet. (Abb. 10 und 11) Das Sanenzaka-Viertel liegt unmittelbar am Rand der Higashiyama-Tempelzone und schließt südlich an den Maruyama-Park an. Es ist funktional auf den Kiyomizu-Tempel und dessen Besucherströme zuge-

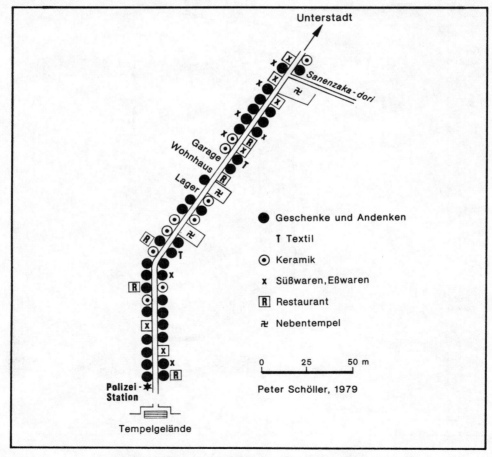

Abb. 11: Kiyomizuzaka-dori, obere Tempelstraße

Quelle: eigene Kartierung, 1979

ordnet. Der Kiyomizu-Tempelbereich gehört aufgrund seiner beherrschenden Lage über der Stadt, der landschaftlichen Einbettung am Rand eines tiefen, bewaldeten Seitentales, seiner gewaltigen, eindrucksvollen Holzarchitektur, seiner Kunstschätze und historischen Bedeutung zu den Höhepunkten der an Sehenswürdigkeit reichen Kulturlandschaft Kyotos.

Gerade in dieser besonderen Kombination der Akzente liegt die überragende Attraktivität des Tempels. Bei einer Repräsentativ-Befragung der Stadt Kyoto rangiert der Kiyomizu-Bereich hinter dem Stadtzentrum (Kawaramachi) und dem Tempelgebiet Arashiyama an dritter Stelle aller Touristenziele. Das bedeutet einen jährlichen Strom von mehr als sechs Millionen Besuchern, die im wesentlichen über einen Hauptzugang, die schmale, ansteigende Tempelstraße Kiyomizuzaka-dori den hochgelegenen Tempelvorplatz erreichen.[7]

In ihrer linearen Struktur, funktionalen Ausstattung und Nutzung entspricht die Kiyomizuzaka-dori dem Kern eines "Monzenmachi", eines japanischen Tempenzentrums, das auf den Pilger- und Touristenstrom zu einem bedeutenden Tempel ausgerichtet ist. Eine dichte Reihung von Geschenk- und Andenkenläden mit großen offenen Ausstellungs- und Verkaufsräumen, Restaurant- und Erfrischungsräumen, Nebentempeln, Spezialgeschäften und Süßwaren-Verkaufsständen säumt den Weg. Etwa 200 m unterhalb des Tempelvorplatzes biegt von der stets stark belebten Kiyomizusaka-dori eine Seitenstraße über Steintreppen nach Norden ab; es ist die Sanenzaka-dori, mit der die Schutzzone des als Mehrstraßensystem ausgebildeten Stadterhaltungsbereiches beginnt. Während auf der Haupttempelstraße die bunte Fülle und Vielfalt des Verkaufsangebots alle anderen Aspekte erschlägt, treten hier Warenangebot, Hausarchitektur und Straßenbild in eine ausgewogenere Beziehung. Zugleich nimmt der Passantenstrom schlagartig ab. Der größte Vorzug ist jedoch, daß ein Durchgangsverkehr mit Kraftfahrzeugen durch die obere Treppenstraße verhindert wird.

Nach weiteren 200 m biegt der geschützte Straßenzug Sanenzaka-dori nach Westen ab und führt parallel zur Kiyomizusaka-dori zur östlichen Innenstadt hinunter. Auf halbem Wege nach der Straßenbiegung liegt mit der fünfstöckigen Yasaka-Pagode aus dem 15. Jahrhundert ein weiterer visueller Bestimmungsakzent des Viertels. Das Straßengeviert um den 39 m hohen Pagodenturm vereint Wohnhäuser mit Restaurants und Lebensmittelgeschäften, Andenkengeschäften, kleinen Produktionsstätten für kunstgewerbliche Produkte, Keramik und Antiquitätenläden.

Wegweiser und Wegeskizzen lenken den Weg der Besucher um eine Ecke zurück zur Hangstraße, die nach Norden zum Maruyama-Park führt. Dieser nördliche Zug des Schutzgebietes wird von Tempelschlägen hinter hellgetünchten, ziegelgedeckten Straßenmauern bestimmt. Kern dieses Bereiches ist der Kodaiji-Tempel, 1606 zum Andenken an den japanischen Staatsmann Hideyoshi erbaut, und sein großartiger in die dichten Bergwälder hinaufreichender Landschaftsgarten. Im Südteil des Parkes liegt mit der 24 m hohen Betonstatue am Ryozen Kannon-Tempel eine Gedenkstätte für die Toten des letzten Krieges.

Die gesetzlich festgelegte Zone zum Schutz historischer Bauten umfaßt im Sanenzaka-Viertel mehrere verbundene Straßenzüge, die insgesamt etwa 1 200 m Länge erreichen. Beiderseits der Straße ist die Erhaltungszone meist nur auf 20 m Tiefe begrenzt. Dadurch bleibt der rückseitige Teil der Parzellen ohne Restriktionen individueller Gestaltung offen. Nur im südlichsten Teil des Bezirks erweitert sich auf ganz kurze Entfernung hin der Erhaltungsbereich auf 60 bis 65 m und umfaßt einige Grundstücke in vollem Umfang. 30 m tief ist die östliche Zone des nach Norden führenden Straßenzuges am Hang.

Baulich und funktional ist das Stadterhaltungsviertel keine Einheit. Es läßt sich in drei Abschnitte gliedern, die aufgrund eigener Kartierungen kurz beschrieben und bestimmt werden sollen: einen durch Tourismus und Kunsthandwerk bestimmten Straßenteil mit attraktiver, aber individuell gestalteter Einzelhausbauweise, einen enger und höher bebauten unteren Wohnabschnitt und einen von Tourismus und Tempelanlagen geprägten Nordteil, der hier "Obere Tempelstraße" genannt werden soll.

Die südliche, von der Tempelstraße Kiyomizusaka-dori abzweigende Sanenzaka-dori ist als steile Treppenstraße angelegt. Durch den hellen Mauerabschluß des Tempelgeländes im Osten kommt die in steilen Absätzen dem Geländeabfall folgende dunkle Traditionsbauweise der anderen Straßenseite gesteigert zur Geltung. Es sind Geschäfts- und Restauranthäuser mit einem 2,30 m hohen Wohnobergeschoß, das von einem um mehr als 1 m vorkragenden Dachüberhang beschattet wird. Unter dem Zwischendach zur halber Höhe sind die Geschäftsräume mit ihren Ausstellungsflächen bis zur Straße hin vorgebaut. Meist wird die hier im Viertel erzeugte qualitätvolle Keramik (Kiyomizu-Yaki) angeboten.

Im unteren Straßenteil der Sanenzaka-dori wird der Blick durch die Biegung der Straße abgefangen; eine bauliche Höhendominante fehlt. Die Verschiedenheit der Straßenseiten bleibt erhalten: einer geschlosseneren, durch Tempelgelände bestimmten Nordseite steht die kleingliederige Ladenfront der Südseite gegenüber. Freilich hat nur ein Teil, der Bergseite Mauerabschluß zur Straße. Wohnhäuser mit vorgestellten Toreingängen und Speicher bestimmen das Bild. Vor allem die hochaufragenden, hellgetünchten Bergungsspeicher (Kura) mit ihrem fast fensterlosen Lehmmauern geben dem nördlichen Teil reizvolle Akzente.

Die einzelstehenden Geschäftshäuser mit ihren dunklen Naturholztönen, unterschiedlichen Ladenvorbauten und wechselnden Oberstockhöhen unter einheitlich grauen Ziegeldächern setzen auf der Gegenseite eigene Kontraste dagegen. Sicher ist die Substanz der heutigen Bauten selten älter als 100 Jahre. Auch zeigen die Schauseiten der Ladenfronten, daß sie nach 1960 die Innovation größerer Glasschaufenster aufgenommen haben. Aber der Charakter der Traditionsbauweise bleibt gewahrt. Das Warenangebot ist qualitätvoll und attraktiv. Es sind Spezialgeschäfte für Schmuck, Keramik, Puppen, Antiquitäten, Seiden- und Textilwaren, Geschenkartikel. Ein kleiner, in die Straßenfront eingesetzter Straßentempel mit Opfergaben und Schmuck unterstreicht die Kontinuität der handwerklichen Tradition dieses Viertels.

Als "Störfaktoren" im Straßenbild sind neben einem modernistischen Geschäftshaus mit glattem Verputz vor allem die mächtigen Leitungsmasten anzusprechen, die auch hier meist als Betonpfeiler in die mit Steinplatten belegte 3,5 m breite Straße eingelassen sind und mit ihrem Leitungsgewirr Weg und Häuser überspannen. - Nach ihrer Umbiegung in südliche Richtung wird auf der nun abschüssigen Sanenzaka-dori das Bebauungsbild unruhiger; zugleich aber zieht den Blick eine reizvolle Dominante an: die Pagode mit dem Rhythmus ihrer geschweiften Stufendächer und der darüber aufstrebenden hohen Turmspitze.

Westlich der von kleinteiliger Bebauung umrahmten Pagode wirken in der nach Norden führenden **unteren Wohnstraße** die Leitungsmaste noch störender; denn hier beträgt die Straßenbreite nur 2,20 m, und die Bebauung rückt bis teilweise unmittelbar an die Steinkante der ehemals offenen Ablaßkanäle an den Häuserfronten vor. Durch abgestellte Fahrräder und abladende Lieferwagen ist die Durchfahrt zeitweise blockiert. Die Bebauung auf kleinen, unterteilten Grundstücken ist eng und dicht, wahrt aber - auch bei moderner Umgestaltung - den anziehenden historischen Charakter.

Typisch für ein traditionelles japanisches Wohngebiet ist an diesem Straßenabschnitt zweierlei. Einmal das engräumige Beieinander sich ergänzender Funktionen: Wohnhäuser, Lebensmittelgeschäfte, Lager- und Garagenbauten, Restaurants und Tempelgelände; sodann die Durchmischung sozialer Schichten; ärmliche Kleinstwohnungen verschachteln sich mit Wohngebäuden sehr wohlhabender Familien. Ein Steinmonument vor einem vorbildlich in alten Formen errichteten Restaurant-Neubau betont auch hier die städtische Tradtion.

Über eine verbreitete Straßenachse, die als Parkraum genutzt wird und zu den höher gelegenen Parkflächen am Ryosen-Kannon führt, wird die Verbindung zur nördlichen Hangstraße hergestellt, die mit einem Knick unmittelbar den Maruyama-Park erreicht. Dieser 300 m lange Straßenzug, hier **"Obere Tempelstraße"** genannt, gehört m. E. zu den schönsten öffentlichen Wegen Kyotos, obwohl er keinerlei städtebauliche Sensationen bietet. Der besondere Reiz liegt hier in der wechselnden, aber immer harmonisch wirkenden Verbindung von Natur und Architektur sowie in der Spannung von langen beruhigenden Blickachsen und einzelnen Akzenten, die unaufdringlich ihre volle Schönheit freilich erst beim näheren Zusehen offenbaren.

Akzente dieser Straße sind: der Pagodenturm in der Ferne; zurückgesetzte, überdachte Toreingänge; niedrige Restaurant-, Ryokan- und Geschäftshäuser in ausgewogener Formensprache; aber auch alte Bäume, die über Mauern und Tore hinweg in den Straßenraum reichen. Die langen Blickachsen werden vor allem von den Mauern der Tempelgelände geleitet, deren weiß-gelb getünchten Wände leuchtende Bänder bilden, unter grauen Ziegeldächern und grünem Bauüberwuchs. Mehr noch als die Leitungsmasten, die auch hier nicht fehlen, stört der Durchgangsverkehr, den die gerade Streckenführung und die glatte Asphaltdecke zum Schnellfahren verführt.

So wäre die völlige Ausschaltung des Kraftfahrzeugverkehrs, der über das geltende Fahrverbot an Sonn- und Feiertagen hinausgeht, gerade für ein Stadterhaltungsgebiet wie das Sanenzaka-Viertel mit seinen wechselnden, attraktiven Straßenzügen ein wesentlicher Vorteil; sie wird sich jedoch unter den Bedingungen des japanischen Städtewesens kaum ermöglichen und durchsetzen lassen. So bleibt auch hier Unvollkommenheit. Aber es ist ein Anfang gemacht, der bewußtseinsbildend wirken und Vorbild werden könnte. Denn noch mehr als im Beispielsbezirk Gion kommt hier der auf die Zentren Kiyomizu und Maruyama orientierte Fußgängerverkehr zum sichtbaren Erleben der eigenen japanischen Stadtkultur.

Das Tempelzentrum vor dem **Kitano-Schrein Kyoto** ist durch einen großen Markt gekennzeichnet, der auf dem Schreingelände am 25. jeden Monats stattfindet. Hier werden im Frühjahr vor allem Pflanzen und Blumen angeboten, aber auch sehr viel Antiquitäten, Textilien und Lebensmittel errichtet. Kitano war von so großer Anziehungskraft, daß in Kyoto im Jahre 1885 die erste Straßenbahnlinie der Stadt vom Bahnhof nach dort angelegt wurde.

In Tokyo ist das wichtigste und bekannteste innerstädtische Tempelzentrum das um **Asakusa** geblieben. Es war für die alte Hauptstadt Edo auch Vergnügungsbezirk und ist das mit Theatern, Großkinos, Spielsalons, Kabaretts und Bargassen bis heute geblieben.

Das kleine Zentrum von **Nagoya-Osu** ähnelt dem von Asakusa, aber es ist noch urtümlicher, kleinstädtischer, ohne Tourismus durch Ausländer und auswärtige Besucher, es ist eine Enklave alten städtischen Lebens um einen Kannon-Tempel. Das Zentrum selbst besteht aus zahlreichen Trink- und Eßbuden, belebt den Tempelplatz durch Medizinverkäufer, Volksunterhalter und Propheten, besetzt durch Altwarentrödler; darum herum Kinos und Volkstheater, das soziale Leben kontaktreich, aber in Ruhe und Gemessenheit, ohne Hektik und Krawall; selbst der Fremde wird ohne Aufhebens toleriert, und Photographieren ist möglich ohne böse Blicke. Auch untereinander ist die Kommunikation lebhaft, aber ruhig; man hört einander zu, ohne ein Wort, ohne wegwerfende Gebärden. Die Leute achten auf das, was gesagt wird, aber sie zeigen nicht, was sie dazu denken. Mütter spielen mit ihren Kindern zwischen den Tauben auf dem Platz vor dem Tempel, Gläubige läuten die Tempelglocke, Kerzenduft vom Tempel mischt sich mit dem Geruch von schlechtem Fett der Eßbuden. Das moderne Leben ist hier vorbeigegangen, hat diesen Bezirk ausgespart, der gegenüber dem modernen Untergrundzentrum von Nagoya-Sakae in einen abgelegenen Winkel geraten ist.

Auch der Neubau des zentralen Kwannon-Tempels um 1980 hat die Rückbildung des Geschäftsbereiches nicht aufgehalten. Freiplätze und Parkplätze haben ältere Bausubstanz ersetzt. Im oberen Teil ist die Geschäftsstraße zu einer sehr armen Einkaufsstraße geworden. Geschäfte und Vergnügungsleben sind in den letzten Jahren immer armseliger geworden, und auch neue Geschäftshäuser aus dem Anfang der 60er Jahre sind bereits verfallen. Einzelne bessere Restaurants und Gasthöfe finden sich noch in den Seitenstraßen.

Nach Norden hin geht dieses Tempelzentrum in ein Mischgebiet über, wo moderne Geschäfte für Großhandel und Devotionalien sich mit Restaurants, Vergnügungsbetrieben und Einzelhandelsgeschäften mischen. Weiter nach Süden besteht noch eine Dominanz des Geschäftslebens in der Ausrichtung auf Herrenoberbekleidung, doch sind die Geschäfte meist traditionell Offenläden ohne große Modernisierung. Auch kleiner Verteilerhandel befindet sich hier. Der Ostteil ist modernisiert und zeigt in den letzten Jahren zunehmend Läden mit Traditionswaren: viel Kimonostoffe, Seidenstoffe, Teegeschäfte, Puppengeschäfte, traditionelle Süßwaren, Keramik und Geschenke sowie buddhistische Artikel. Die anschließende Konzentration der Möbelherstellung hat sich in Richtung auf Büromöbel weiterentwickelt.

Insgesamt kann man sagen, daß Osu die bestimmende Bedeutung eines Warenhauses und eines guten Verkehrsanschlusses fehlt. Das hat den Abstieg in der modernen Zeit ganz erheblich mitbedingt. Aber auch die Bedeutung des Images wird deutlich: das neue Zentrum von Sakae gilt als modern, chic, innovativ, Osu gilt als alt, traditionell, klein und armselig. Und allein diese Imagefunktion ist in japanischen Städten schon von ganz erheblich orientierender Bedeutung gerade für junge Leute.

Ein kleines innerstädtisches Tempelgebiet im Südosten von **Tokyo** gruppiert sich um die **Ikegami-Hommonji-Tempel**, in dem der berühmte Sektengründer Nishiren bestattet ist. Der Tempelbereich liegt am Rand der Deluvialhöhe mit Pagode und berühmten Friedhof. Die Kaufstraße, der Shotengai, hat in einzelnen Funktionen noch Beziehungen zum Tempel, aber die Parallelstraße ist hier zur eigentlichen Haupteinkaufsstraße geworden, in der Traditionsartikel, auch Grabsteine und vor allen Dingen Pflanzen und Nahrungsmittel eingekauft werden können.

Hier in Ikegami wird etwas deutlich, was auch bei anderen Tempelzentren zu beachten ist. Sie haben eine gewisse Wiederbelebung periodischer Aktivitäten zu verzeichnen, kehren damit wieder zu ihren ursprünglichen Funktionen zurück. So tritt die dauernd strukturprägende Bedeutung des Tempel für das umliegende Stadtviertel zurück gegenüber ihrer Anziehungsfunktion zu bestimmten Fest- und Feiertagen, bei denen sich die Bevölkerung des Viertels und weit darüber hinaus aus der Stadt einfindet und den Tempel und seine Umgebung belebt. In Ikegami feiert man Ende April ein berühmtes Tempelfest, bei dem eine Woche lang ein großer Pflanzenmarkt abgehalten wird, der zu einer speziellen Bedeutung vor allem für Zwergbäume, Bonsai-Gewächse, geworden ist.[8]

Diese temporäre Wiederbelebung um Tempel, die im Oktober, wenn das Hauptfest stattfindet, wiederholt wird, scheint freilich nur noch randlich gewisse religiöse Funktionen behalten zu haben. Zwar werden durch Lautsprecher Gebete und Sermone aus dem Tempel übertragen, doch die Masse der Bevölkerung interessiert sich vor allen Dingen für den Markt, für die Spiele und Attraktionen der Kinder und vor allem für das große Angebot an Pflanzen und Kleinbäumen.

VII. Neue Städte und neue Großwohngebiete ohne Religionseinrichtungen

Bevor auf die Problematik fehlender religiöser Einrichtungen und Dienste in Neustädten und neuen Wohngebieten Japans eingegangen wird, sollen allgemeine Charakteristika japanischer Zentrenentwicklung herausgestellt werden.

Spezifisch für die japanische Zentren- und Zentralitätsentwicklung scheint nicht allein die Konzentration auf höhere Zentren bei Bedeutungsverlust der kleinen und starker Variabilität der mittleren Zentren; denn derartige Trends lassen sich auch in Siedlungssystemen anderer Länder beobachten. Charakteristischer sind starke Unterschiede der regionalen Subsysteme, vor allem zwischen einfach gegliederten, relativ stabilen Gefügen in den Rand- und Inlandgebieten, Konzentrations- und Überschichtungstendenzen in den urbanisierten Küstenzonen und starker Mobilität des Zentrengefüges in den Metropolitan-Regionen. Hier wird die Modernität und komplexe Attraktivität von großstädtischen Zentren stärker als in anderen Industrieländern immer mehr zum Träger und zum Maßstab der Zentralitätsbedeutung.

Da Japan - im Unterschied zu manchen Entwicklungsländern, die eine ähnlich schnelle Modernisierung erleben - zu Beginn der Ausbreitung westlich bestimmter städtischer Lebensformen eine eigene, besonders hochentwickelte und hochdifferenzierte Zivilisation besaß, wurden Elemente des Traditionellen im Laufe der Entwicklung beibehalten und eingeschmolzen. Es bildeten sich vielfältige Gefüge dualistischer Strukturen in Kleidung, in Nahrung, in Wohn- und Lebensformen, die nicht nur nebeneinander bestehen, sondern oft auch miteinander kooperieren.

Derartige Dualismen sind jedoch nie statisch zu verstehen. Denn auch das, was als "traditionelles Element" der eigenen materiellen oder geistigen Kultur beibehalten wird, kann verändert, angepaßt oder weiterentwickelt werden. Umgekehrt werden zahlreiche "westliche" Elemente und Güter häufig nur im Anfangsstadium einfach übernommen, später aber den eigenen Bedürfnissen und Auffassungen entsprechend angepaßt und "japanisiert". Noch sehr viel komplexer und differenzierter in seinen steten Wechselwirkungen verläuft die Veränderung städtischer Verhaltensweisen, die Einstellung also zu Werten und Normen städtischen Lebens sowie die Bezogenheit und Ausrichtung der Bevölkerung auf unterschiedliche Zentren städtischen Angebots.[9]

Spezifische Formen japanischer Zentren und ihre Verbindung mit Eigentümlichkeiten städtischen Lebens in Japan lassen sich in zehn Punkten zusammenfassen.

1. **Öffentliche Einrichtungen** und Investitionen der Infrastruktur treten in Japans Städten gegenüber der Fülle privater Angebote an Diensten und Gütern stark zurück. Beachtenswerte kommunale Initiativen finden sich vor allem bei New Towns und beim Ausbau des Netzes der U-Bahnen. Im regionalen Rahmen ist der Einfluß der Verwaltungszentralität groß, weil es kaum gegenläufige Gliederungen gibt und die zentralistisch-obrigkeitliche Ausrichtung somit ohne regionalistische Gegengewichte bleibt.

2. **Öffentliche Kultureinrichtungen** wie Theater, Konzerträume, Museen und Opernhäuser mit ihrem städteprägenden Image-Effekt fehlen fast immer; dafür sind höhere Bildungseinrichtungen, etwa weiterführende Schulen, Abendschulen und Universitäten, wichtiger als in Europa und Nordamerika. Da diese Funktionen jedoch eigenen Standortbedingungen folgen, sind sie nicht an normale Zentren gebunden.

Durch den weitgehenden Ausfall öffentlicher Einrichtungen sind private **Geschäftsaktivitäten** für die Entwicklung und Rangabstufung der Zentralität grundlegend. Der traditionell hohe personelle Besatz aller Handels- und Dienstleistungsbereiche äußert sich in starken Pendelbeziehungen. Die Verkehrsintensität von Massenverkehrsmitteln ist höher als in jedem anderen Land der Erde.

4. Unter den Zentrenfunktionen ist der **Einkauf** noch mehr Leitfunktion der Zentralität als in Europa. Das Konsumdenken, die wirtschaftliche Orientierung des Lebens ist in Japan besonders ausgeprägt und betrifft alle Schichten der Gesellschaft. Relativ gering erscheint die soziale Differenzierung von Kaufgewohnheiten. Auch in der ländlichen Bevölkerung, die traditionell einen räumlich kleineren und geschlosseneren Lebensbereich besaß, setzten sich mit Industrialisierung und Urbanisierung immer schneller städtisch geprägte Wohn-, Konsum- und Lebensformen durch.

5. Höher entwickelt und weiter differenziert als in anderen Stadtgesellschaften ist in japanischen Zentren auch die Ausbildung von **Unterhaltungseinrichtungen**,

Restaurations- und Vergnügungsbetrieben. Weite Entfernungen zwischen Wohn- und Arbeitsplatz, beengte Wohnverhältnisse und traditionell besonders auf den Mann bezogene Lebensformen sowie großzügige Spendenabrechnungsmöglichkeiten haben zu einer weiten Verbreitung aushäusiger Lebens- und Kommunikationsbeziehungen geführt. Alle denkbaren Betriebsgrößen, Betriebsarten und Preislagen sind im Angebot der Zentren nebeneinander vertreten.

6. Die eine Zentrenstruktur prägenden Funktionen von Einzelhandel und Unterhaltung werden besonders von **Innovationen** geprägt und repräsentieren in besonders sichtbarer Weise die Modernisierung des gesellschaftlichen Lebens. In beiden Bereichen gelten das Neue und das Große als Vorbild und als überlegen. Oft sind Warenhäuser, Groß-Supermärkte, mehrgeschossige Kino- und Restauranthäuser, Riesenkabaretts und ähnliche Großbetriebe die Bahnbrecher für Neuerungen, denen später andere kleinere Betriebe folgten. Die Offenheit und Aufnahmebereitschaft, die Spekulationslust und der Nachahmungstrieb der japanischen Stadtgesellschaft finden in den Zentren ihren Kristallisationspunkt.

7. Die engen räumlichen Standortgemeinschaften von Einzelhandel, Restaurations- und Vergnügungsbetrieben blieben durch allen Wechsel der Konsumstruktur hindurch grundlegend für die **Attraktivität** von Zentren. Dabei ist die räumliche Form der Entwicklung großer Zentren gegenüber der traditionell-linearen Reihung der Einkaufsstraßen heute mehr auf Viertelsbildung gerichtet, meist in Form der auf ein Verkehrszentrum halbkreisförmig und sektoral bezogenen Konzentration.

8. Die starke Umstellungsfähigkeit und **Wandlungsbereitschaft** japanischer Zentren ist durch zwei Voraussetzungen gefördert und erleichtert worden: baulich zunächst durch die leichte, relativ billige und flexible Holzbauweise, die unter japanischen Bedingungen auch eine hohe Verdichtung der Bebauung erlaubte; strukturell durch stete Umgruppierungen des Warenangebots und der Geschäftsstruktur. So haben sich nach eigenen Erhebungen in japanischen Marktorten die Rangfolgen der Waren zwischen 1959, 1968 und 1981 mehrfach grundlegend umgeschichtet. Viele Güter und Nahrungsmittel, die vor 26 Jahren an Mittel- und Oberzentren gebunden waren, sind ubiquitär geworden, andere - wie etwa japanische Traditionswaren - sind bei geändertem Konsumverhalten und verändertem Preisgefüge zu Spezialware des gehobenen Bedarfs aufgerückt.

9. Die Mobilität der Zentrenstruktur findet ihre Parallele in einer **Mobilität** der zentralörtlichen Stufengliederung. Die Hierarchie der Zentren ist in vielen Ge-

bieten labil geblieben. Regionale Unterschiede im Lebens- und Anspruchsniveau führen zu klein- und großräumigen Differenzierungen. Hauptunterschiede bestehen zwischen den großen Metropolregionen und dem verkehrserschlossenen Küstenland auf der einen Seite sowie dem inneren Bergland mit Tälern und Becken sowie der äußersten Peripherie des Landes auf der anderen Seite. In entwickelteren Gebieten sind die Hierarchiestufen vielfältiger und labiler.

10. Bei den kulturellen Zentralfunktionen entfällt die **religiöse Komponente** der Tempel, Schreine und Kirchen fast ganz. Es ist immer wieder überraschend, daß auch große Neue Städte und moderne Wohngebiete ohne jede religiöse Einrichtung bleiben. Sicher ist oft die Bindung der Bevölkerung an die Schreine und Tempel ihres Geburtsortes lebendig geblieben, ebenso die Zugehörigkeit zu Tempeln, bei denen man sein Grab finden wird. Auch nimmt man auf Reisen und bei Familienfesten durchaus einen Besuch von Schreinen und Tempeln in die Planung einer Reise mit auf, fährt auch zu den regelmäßig stattfindenden religiösen Festen und Umzügen in der Nachbarschaft und an besonderen Wallfahrtsorten, doch eine engere Bindung im Wohngebiet wird nicht gesucht.

Die fehlende Ausstattung neuer Zentren und Wohnsiedlungen mit Tempeln und anderen religiösen Einrichtungen könnte mit zahlreichen Kartierungen und durch Befragungen und Aufnahmen belegt werden. Das betrifft ebenso die neuen industriellen Planstädte Kashima und Tomakomai sowie die neue Wissenschaftsstadt Tsukuba, die freilich unterhalb eines alten Berg-Monzenmachi liegt, bei dem also die alte Beziehung zu einem religiösen Mittelpunkt vorgegeben war. Im Jahr 1981 wurden große neue Wohnsiedlungen bei Kyoto, Hiroshima und Matsuyama noch einmal gezielt auf den Gesichtspunkt religiöser Einrichtungen hin aufgesucht. Bei den Wohnstädten Senri und Senboku bei Osaka sowie Tama New Town und Tama Denen-toshi westlich Tokyo konnten mit Hilfe japanischer Kollegen Diskussionen mit Vertretern der Stadtplanung und der Baugesellschaften stattfinden.

Bei all diesen Beispielen bestätigte es sich, daß für die Einrichtung religiöser Einrichtungen und Dienste keine Notwendigkeit gesehen wird. Der Gesichtspunkt selbst ist der modernen japanischen Siedlungsplanung vollkommen fremd. So kommt es nicht einmal zur Ausweisung von Reserveflächen für einen möglichen künftigen Bedarf an Tempeln und Versammlungshallen. Man postuliert einfach, es gäbe "keinen Bedarf"! Führt man die Diskussion mit Vertretern der Stadtplanung und der Stadtverwaltungen zur Kontroverse weiter, so ziehen sich Japaner auf die Verfassung zurück, die nach den Erfahrungen mit dem Staats-Shintō-Kult der Vorkriegs- und Kriegszeit eine strikte Trennung von Staat und Religion vorschreibt.

Besonders in der Behandlung religiös-kultureller Standortfragen zeigt sich die altbewährte Meisterschaft der Japaner, wichtige, aber kontrovers erscheinende Fragen solange auszuklammern und in der Schwebe zu halten, wie es möglich ist. Das beruht zum Teil auf unbewußter Verdrängung, mehr wohl aber auf bewußter Selektion, wenn kein aktueller "Entscheidungsbedarf" vorzuliegen scheint. Sollten später einmal Entschlüsse nötig werden, so werden sie ganz pragmatisch auf der Linie des geringsten Widerstandes erfolgen.

Einige Umfragen, die unser Problem anschneiden, liegen im Fall Senri vor. **Senri**, nördlich von Osaka, mit 118 000 (1982) die größte und geschlossenste der japanischen Neustädte, hat in seinem modernen Zentrumsbereich keine einzige religiöse Einrichtung. Es gibt dort auch keine Kirchen oder andere religiösen Versammlungshallen, etwa von Neuen Religionen im Kern des Ortes. Die religiösen Gruppen haben auch keine Erlaubnis, die Gemeindehalle zu mieten.

Strukturell ist die Haushaltsgröße mit durchschnittlich drei Personen pro Haushalt etwas geringer als sonst in japanischen Städten, die Umzugsmobilität jedoch höher. Immerhin wünschten bei einer Befragung im Juni 1973 41 % der Bevölkerung auf Dauer hier zu leben. 89 % der Erwerbstätigen waren damals Pendler nach Osaka; es gab auch Auspendler nach anderen Orten; die Frage, wieviel der Erwerbspersonen am Ort arbeiten, war nicht zu ermitteln, weil das Stadtgebiet heute noch zu zwei verschiedenen Verwaltungsgemeinden gehört, zu Suita und Toyonaka.

Bei einem Besuch in der Planungsabteilung der noch bestehenden Aufbaugesellschaft Senri mit Hiroshi Kobayashi am 23.03.1980 wurde verwiesen auf eine Befragung vom Juni 1973. Zu dieser Zeit haben nur 8 % der Bevölkerung von Senri eine aktive Bindung zu einem buddhistischen Tempel angegeben, 7 % zu einer christlichen Kirche und 10 % zu einem Shintô-Schrein sowie 5 % eine feste Beziehung zu einer der Neuen Religionen. 68 % haben jedoch erklärt, daß sie keine religiösen Beziehungen hätten und keine religiösen Bedürfnisse verspürten.

Zum 20jährigen Stadtjubiläum im Jahre 1982 ist eine erneute Befragung der Bevölkerung nach ihren Präferenzen und Wohnwünschen erfolgt. Bei allen Unterschieden, die nach Alter, Sozialstatus und Wohntyp auftraten, wurde doch klar, daß für 47 % der Befragten gewisse religiöse Einrichtungen im Stadtgebiet denkbar schienen. Doch ein noch höherer Prozentsatz der Bevölkerung äußerte den Wunsch nach anderen Vergnügungs- und Kultureinrichtungen. So wünschten 74 % der Bevölkerung Patchinko-Salons, in denen das Glücksspiel mit der Eisenkugel an Automaten stattfinden kann, immerhin äußerten 70 % den Wunsch nach einem Museum oder einer Kunstgalerie, aber 91 % hatten sogar den Wunsch nach Polizeistationen, wie sie in traditionellen japanischen Nachbarschaften zu finden sind.

Es mag sein, daß die religiöse Bindung bei der Bevölkerung in Senri geringer ist als normalerweise in japanischen Städten, zumal hier eine jüngere Bevölkerung wohnt und der vorherrschende Betonblock als Wohntyp auch nicht gerade eine Verbindung zu traditioneller Lebensform und Lebenshaltung darstellt. Und doch scheint es, daß die Befragung in ihrer Grundtendenz keineswegs ungewöhnlich ist; sonst wären hier oder in anderen Großwohngebieten doch Kult- oder Versammlungsstätten religiösen Charakters entstanden, nicht zuletzt durch die sehr aktive Gruppe der "Neuen Religionen", die gerade in den Großstadtgebieten ihre Missionstätigkeit in den letzten Jahrzehnten verstärkt hat.

VIII. Tempelstädte und Großzentren der Neuen Religionen Japans

Religionsgeschichtlich und gesellschaftlich gehören die Neuen Religionen zu den bedeutenden und für das Land charakteristischen Modernisierungszügen Japans. Bis heute sind mehrere der neuen Gemeinschaften zu wichtigen und einflußreichen Kräften im gesellschaftlichen Leben des modernen Industriestaates Japan geworden. Die Zahl ihrer Anhänger wird von der Religionsabteilung des Japanischen Kultusministeriums mit über 30 Millionen, das sind etwa 30 % der Einwohnerzahl des Landes, angegeben; diese Zahl ist in ihrer Summierung weit überzogen, weil, wie im Lande häufig, mehrfache Mitgliedschaft gegeben ist und meist das Haushaltsprinzip zugrundegelegt wird. Trotzdem kann im Verhältnis zu den alten Gruppen und religiösen Bewegungen des Buddhismus und Shintóismus die Kraft der Neuen Religionen nicht unterschätzt werden. Denn hier haben sich besonders aktive Gruppen gesammelt, die geistige Kraft, soziale Bindung und politischen Einfluß besitzen.

Besondere Anziehungskraft gewinnen die Neuen Religionen für alle, die an den Normen und Zwängen der japanischen Leistungsgesellschaft leiden oder an ihnen gescheitert sind. Für sie bieten die neuen Gemeinschaften geistige und geistliche Zuflucht, Stärkung und oft Selbstbestätigung; sie eröffnen ihnen aber zugleich auch neue Möglichkeiten der Selbstverwirklichung und des sozialen

Aufstiegs. Denn hier sind neue Lebenspläne und Karrieren möglich, auch ohne die sonst im japanischen Gesellschaftssystem erforderliche höhere Ausbildung. Durch die Gründung eigener Universitäten können Neue Religionen auch eigene Mitglieder in Führungspositionen der Wirtschaft und Verwaltung entsenden.

Alle Neuen Religionen Japans gehören in Struktur und Verbreitung zu den hierarchischen religiösen Systemen im Sinne D. E. SOPHERs. Alle haben eine genaue festgelegt territoriale Organisation mit regionalen Gliederungen und lokalen Zentren entwickelt. Ihre Verbreitungsmuster sind freilich unterschiedlich geblieben. Einmal gemäß Alter und Eifer der Missionstätigkeit, zum anderen auch entsprechend der Religionsrichtung und dem Sozialcharakter der Gemeinschaften.

Die Unterschiede in Lehre und Dogma zwischen den neuen Gemeinschaften sind so groß, daß es kaum möglich ist, inhaltliche Gemeinsamkeiten herauszustellen. Etwa die Hälfte der Gruppierung muß als neu-shintōistisch bezeichnet werden, andere sind moderne buddhistische Sekten oder stark vom Christentum beeinflußte Misch-Religionen. Alle zeigen viel Pragmatismus, viel Volkstümlichkeit, Einfachheit und engen Bezug zur Ethik des täglichen Lebens, oft ohne ein geschlossenes Lehrsystem. Die meisten Religionsgemeinschaften leben in einer stark messianisch geprägten Erwartung, die durch charismatische Führer genährt wird. Das Reich Gottes soll hier in dieser Welt verwirklicht werden; Krankheit und Not sollen konkret überwunden werden, ein allgemeiner Weltfrieden ist anzustreben.

Fast alle Neuen Religionen Japans besitzen große und bedeutende Hauptzentren. Sie vereinen Symbolwert, Religions- und Gemeinschaftsfunktionen, sind aber zugleich auch organisatorische Mittelpunkte und Zentren weit ausfächernder Aktivitäten im Bereich der Schule und Ausbildung, der Kunst, des Krankenhauswesens, der Fürsorge und des Sports. Dadurch werden sie zu Wallfahrtsstätten, die Gläubige sammeln, vereinen, ausbilden, schulen und aktivieren. Regelmäßige Gottesdienste und Zeremonien, aber auch regelmäßig im Kalender wiederkehrende Feiertage und Festveranstaltungen werden zu Erlebnishöhepunkten der Glaubensgemeinschaften.

Die Unterschiedlichkeit der Zentren reflektiert die Spannweite zwischen einem mehr in die Überlieferung führenden Glaubens- und Lebensbild etwa der Tenrikyō-Kirche sowie der aus der Vergangenheit aktive und aggressive Antrieb ableitenden Soka-Gakkai-Bewegung und den modernen Großbauten des im Hauptstadtgebiet gelegenen Zentrums der Rissho-Koseikai mit seinen vielfältigen Funktionen.

Die Bedeutung der religiösen Hauptquartiere ist vielfältig: Einmal sind sie für die Öffentlichkeit der repräsentative und beeindruckende Schauplatz der Hauptzeremonien. Den Anhängern bieten sie nicht nur die spezielle Atmosphäre der Glaubensgemeinschaft, sondern auch den Rückhalt und die Bestätigung, in eine feste Gemeinschaft eingebunden zu sein. Als Anziehungspunkte für Wallfahrten und für Mittelpunkte großer festlicher Veranstaltungen stärken sie Glauben und Identifikation, Stolz und Zugehörigkeitswillen; sie aktivieren und bekräftigen die Anhänger in ihren Glaubens-Bindungen und ihren missionarischen Aktivitäten.

Besonders ausgeprägt ist das bis heute in der Tempelstadt **Tenri** (Abb. 12) der im 19. Jahrhundert gegründeten und heute 2,5 Millionen Anhängern aufweisenden Tenrikyō-Kirche in Zentraljapan. Hier ist eine "Gottesstadt" im Aufbau, im Kern ein innerer Tempelbezirk der inneren Gottesstadt "Oyasatoyakata". Dieser innere Tempelbezirk wird umzogen von fünf- bis achtgeschossigen, im traditionellen Baustil gestalteten, aber aus Eisenbeton errichteten Herbergs- und Verwaltungsgebäuden. Auf dem zentralen Platz erhebt sich der Haupttempel mit dem inneren Heiligtum, wo zweimal täglich, bei Sonnenaufgang und bei Sonnenuntergang, große Gottesdienste stattfinden, die mit Musik, Tanz und rhythmischen Bewegungen Gemeinsamkeit der Gläubigen schaffen. Durch einen langen Verbindungsbau an das Hauptheiligtum angeschlossen, ist der Schrein der Gründerin der Tenrikyō, deren Seele hier, mit Essen und Fernseher versorgt und von Priestern bewacht, auf den Tag der Welterlösung wartet.

Zwölfmal im Jahr, am 26. jeden Monats, finden Festtage statt, zu denen sich Zehntausende von Gläubigen aus allen Teilen des Landes zu Gebet, Prozession, Unterweisung, Feiern und Tänzen versammeln. Noch erheblich größer ist die Menge der Wallfahrer und Pilger, meist Frauen der Unter- und Mittelschicht, die zu den drei Hauptgedenk- und Feiertagen im Januar, April und Oktober zusammenströmen, gemeinsam feiern und dogmatische sowie missionarische Schulung empfangen. Von großer Bedeutung für die Verbundenheit der Pilger mit ihrer Heiligen Stadt ist auch der gemeinsame freiwillige Arbeitsdienst in Gruppen beim Bau und Ausbau der Gebäude und Anlagen der Tempelstadt, ihrer Reinigung und bei Küchenhilfe, Gesundheitsdienst, Landeinsatz und Erntehilfe. Abbildung 12 zeigt den Plan der Stadt und einige der Hauptfunktionen, unter denen herausragen: Tageszentrum, Radiostation, Universität, Museum, Bibliothek. Berühmt sind die Schüler und Studentenmannschaften der Religionsgemeinschaft, berühmt ist aber auch die große Bibliothek und das Museum Tenris durch Sammlungen zur Archäologie, Geschichte und Ethnologie Ostasiens und des Pazifik.

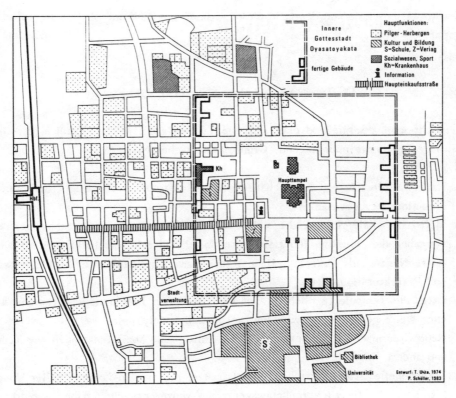

Abb. 12: Tempelstadt Tenri

Quelle: P. SCHÖLLER 1974

Die Zentren der Neuen Religionen Japans, die an anderer Stelle ausführlich und in ihrer Differenzierung behandelt worden sind, stellen für die Siedlungstypologie Japans einen qualitativ recht bedeutenden Siedlungstyp dar. Sie setzen die Tradition der Monzenmachi fort als der für die japanische Kulturtradition besonders charakteristischen Tempelstädte und führen damit in die lebendige Gegenwart. Das bedeutet: Sie nehmen die Funktionen des Monzenmachi auf, wandeln sie jedoch in Richtung moderner Sozial- und Lebensformen mit Schulen und Krankenhäusern, mit Sporteinrichtungen und Fürsorgediensten. Bei dieser Weiterentwicklung und Wandlung bilden sich sicher keine einheitlichen Siedlungsformen, keine verfestigten Strukturen. Die neuen Mittelpunkte werden Teil einer offenen Gesellschaft, sie modernisieren, aber sie erhalten auch Werte der japanischen Tradition in neuen Formen. Dazu gehören: Harmoniebedürfnis, Naturverbundenheit, Toleranz, Bildungsstreben, Lernwilligkeit, Disziplin, Teilnahme am Neuen in

Kunst, Wissenschaft und Sport. In diesen Grundzügen sind und bleiben sie zutiefst "japanisch".

IX. Typologie der Monzenmachi; Folgerungen

Versucht man abschließend eine einfache Typologie der Monzenmachi in der Gegenwart, so könnte man folgende Gruppen unterscheiden:

1. Hauptwallfahrtsorte, die noch heute Anziehungspunkte für Pilger und Touristen sind: Ise, Koyasan.
2. Multifunktionale Städte, die sich aus Tempelorten entwickelt haben, bei denen aber die religiöse Funktion heute hinter anderen Stadtfunktionen zurücktritt: Nagano als Präfektur-Hauptstadt; Nara als historische Denkmalsstadt und Präfektur-Hauptort.
3. Orte, die Tempelorte blieben, aber vom modernen Tourismus in unterschiedlicher Weise geprägt sind: zum Beispiel Kotohira, Miyajima.
4. Neue dynamische Religionszentren mit Kultur- und Sozialfunktionen wie Tenri und andere Zentren Neuer Religionen.
5. Traditionelle innerstädtische Tempelstraßen, die sich in kommerzieller Überformung - häufig zu Vergnügungszentren - weiterentwickelt haben, sobald sie im Stadtkern lagen oder sich aufzulösen beginnen.
6. Innerstädtische Tempelzentren, wie Tokyo-Asakusa und Nagoya-Osu, die in ihrer Gegenwartsbedeutung vom modernen Ausflugs- und Vergnügungsverkehr getragen und geprägt werden.

Entscheidend für ihre Stellung in der Gegenwart ist die weiterbestehende religiöse Funktion, ihre Weiterentwicklung, etwa zur allgemeinen Kultur- und Schulbedeutung, daneben die häufige Verbindung zum modernen Massentourismus, zum Vergnügungsbetrieb und zu allgemeinen Dienstleistungen der Zentren. Immer ist dabei die Verkehrssituation von besonderer Bedeutung; Umlagerungen des Verkehrs bedeuten auch häufig Umlagerungen in der Zentrenstruktur.

Es mag klargeworden sein, daß die Frage nach dem spezifisch "Japanischen" der modernen Stadt- und Industriegesellschaft nicht mehr nur durch das Aufspüren und Ergraben von Resten und Relikten traditioneller Strukturen und Werte beantwortet werden kann. Viel wichtiger ist es geworden, im Wandel selbst und im Auftreten neuer Formen, neuer Ausdrucksbereiche und neuer Funktionen des modernen gesellschaftlich-städtischen Lebens spezifische Züge dieses Landes zu entdecken. Gerade dafür bieten die Monzenmachi in der Gegenwart und die Zentren der Neuen Religionen besonders eindrucksvolle Lehrbeispiele.

Doch mit den dargestellten, vorwiegend durch empirische Arbeit gewonnenen Erkenntnissen und Bewertungen japanischen Sozialverhaltens und der Analyse von Struktur- und Funktionsgefügen japanischer Tempelorte und Tempelzentren beginnen ja erst neue Fragen religionswissenschaftlicher und religionsgeographischer Vertiefung: Wie, wodurch, mit welchen Hintergründen und in welchen Zusammenhängen haben sich in der modernen Stadt- und Industriegesellschaft Japans derart eigenartige Verhaltensnormen und besondere Ausdrucksformen herausgebildet? Ist Japan wirklich ein Sonderfall? Nicht nur dem Westen gegenüber sondern auch im Vergleich zu anderen buddhistisch mitgeprägten Gesellschaften des östlichen Asien?

Zur Zeit lassen sich derartige Fragen wissenschaftlich noch nicht beantworten. Aber es wäre wohl an der Zeit, und es schiene lohnend, im Rahmen einer umfassenden Geographie der Geisteshaltung[10] derartigen Problemen überdisziplinär und großregional-vergleichend nachzugehen. Dadurch könnte die "Diskussion raumzeitlicher Beziehungen von Ideologien und Wertsystemen" im Sinne W. GALLUSERs einen bedeutenden Schritt vorankommen.

Anmerkungen

[1] Der Deutschen Forschungsgemeinschaft danke ich für mehrere tragende Reisebeihilfen, die mir seit dem Herbst 1959 Untersuchungen über Entwicklung und Wandel des Städtewesens in Japan ermöglichten. Dabei haben Tempelorte von Anfang an eine Rolle gespielt. Im Frühjahr 1983 stand das Thema "Religiöse Einflüsse und Strukturen im Städtewesen Japans" im Mittelpunkt von Feldforschungen.

[2] Zahlreichen japanischen Kollegen und Dienststellen bin ich zu großem Dank verpflichtet für Begleitung, Führung und Diskussionen, Kontaktvermittlung und Materialbeschaffung. Im ersten Jahrzehnt nach 1959 waren besonders hilfreich: Prof. Dr. T. Yazawa, Tokyo; Prof. Dr. S. Kiuchi, Tokyo; Prof. Dr. R. Isida, Tokyo; Prof. Dr. J. Yonekura, Hiroshima; Prof. Dr. E. Oya, Sapporo; Prof. Dr. H. Kobayashi, Kyoto. - Später traten als Helfer hinzu: Prof. Dr. T. Ukita, Kyoto; Prof. Dr. M. Ishii, Tokyo; Prof. Dr. S. Yokoyama, Matsuyama; Prof. Dr. H. Morikawa, Hiroshima; Prof. Dr. O. Nishikawa, Tokyo.

[3] Der Grundriß eines Jinaimachi - Abb. 3 - nach K. Fujioka, 1955.

[4] Lokalisation der Beispiele auf Abb. 2.

[5] Trotz der hochentwickelten statistischen Praxis Japans bleibt es eine große Schwierigkeit, echten Pilgertourismus möglichst konkret und genau zu erfassen.

So wäre es im Sinne von Frau A. Sievers wünschenswert und dringend, mehr intensive Feldforschungen und gezielte Befragungen zu diesem Thema vorzunehmen.

[6] Vgl. Abb. 7 und 8.

[7] Vgl. Abb. 10 und 11 aus: P. Schöller, 1970.

[8] Der Verfasser dankt K. und M. Ishii für die Gelegenheit zu mehrfachen Besuchen im Tempelzentrum.

[9] Dazu zusammenfassend P. Schöller: Centrality and Urban Life in Japan. In: Geo-Journal 4. 3, 1980, S. 199 - 204.

[10] Es besteht für den Verfasser kein Zweifel, daß Religionsgeographie als Kern einer umfassenderen "Geographie der Geisteshaltung" sozialgeographisch einzuordnen ist und in enger Wechselbeziehung zu anderen Teilbereichen der Sozialgeographie steht. Es geht hier auch nicht um eine Unterscheidung zwischen "echter" und "unechter" Religion oder "richtiger" oder "falscher" Religionsgeographie. Das sind Denkkategorien, die wissenschaftlich nicht adäquat scheinen.

Literatur

Agency for Cultural Affairs (1981): Japanese Religion. A Survey. - Tokyo.

Association of Japanese Geographers (1970): Japanese Cities, a geographical approach. - Tokyo.

BÜTTNER, M. (1972): Der dialektische Prozeß der Religion-Umwelt-Beziehung in seiner Bedeutung für den Religions- bzw. Sozialgeographen. In: Deutscher Geographentag 1971 Erlangen-Nürnberg. - In: Münchener Studien z. Sozial- u. Wirtschaftsgeographie 8, S. 89 - 107.

BÜTTNER, M. (1976): Von der Religionsgeographie zur Geographie der Geisteshaltung? - In: Die Erde, 4, S. 300 - 329.

BÜTTNER, M., HOHEISEL, K., KÖPF, U., RINSCHEDE, G., SIEVERS, A. (1985): Grundfragen der Religionsgeographie. Mit Fallstudien zum Pilgertourismus. Geographia Religionum Bd. 1. - Berlin.

BUNCE, W. K. (1955): Religions in Japan. - Rutland u. Tokyo.

DUMOULIN, H. (1981): Neue Religionen. - In: H. Hammitsch u. a. (Hrsg): Japan-Handbuch. - Wiesbaden.

FUJIMOTO, T. (1970): Monzenmachi. - Tokyo (Japan).

FUJIOKA, K. (1955): Arbeiten über vorgeschichtliche Räume und stadtgeschichtliche Gebiete. - Kyoto (Japan).

Japan National Tourist Organization (1966): The New Official Guide Japan. - Tokyo.

Japan Statistical Yearbook (1982): Bureau of Statistics. - Tokyo.

KAWAZOE, N. (1963): The Ise-Shrine. In: Japan Quarterly, Vol. 9, 9, S. 285 - 292.

KÄMPFER, E. (1779): Geschichte und Beschreibung von Japan. - II. Bd. - Lemgo.

KORNHAUSER, D. (1976): Urban Japan: its Foundations and Growth. - London, New York.

LANCZKOWSKI, G. (Hrsg.) (1980): Geschichte der Religionen. - Fischer Lexikon. - Frankfurt a. M.

LEWIN, B. (Hrsg.) (1968): Kleines Wörterbuch der Japanologie. - Wiesbaden.

Law for the Protection of Cultural Properties. Agency for Cultural Affairs, Government of Japan 1977.

MECKING, L. (1920): Kult und Landschaft in Japan. - In: Geographischer Anzeiger, H. 5, S. 1 - 10.

MIURA, Y. (1963): Neue Religionen in Japan. - Bad Salzuflen.

MURAKAMI, S. (1980): Japanese Religion in the Modern Century. - Tokyo.

Religious Affairs Section, Ministry of Education, Japanese Government (1982). Shûyô Nenkan. - Tokyo.

SCHÖLLER, P. (1962): Centre-Shifting and Centre-Mobility in Japanese Cities. - In: Proceedings of the IGU Symposion in Urban Geography, Lund 1960. (= Lund Studies in Geography B, 24.) S. 577 - 593.

SCHÖLLER, P. (1970): Umweltschutz und Stadterhaltung in Japan. - Paderborn.

SCHÖLLER, P. (1980): Tradition und Moderne im innerjapanischen Tourismus. Erdkunde, Bd. 34, S. 134 - 150.

SCHÖLLER, P. (1984): Die Zentren der Neuen Religionen Japans. - In: Erdkunde Bd. 38, S. 288 - 302.

SCHWIND, M. (1967): Das japanische Inselreich. Bd. 1: Die Naturlandschaft. - Berlin.

SHUKYO JIJO KENKYU-KAI (1980): Religion in Japan. - Tokyo.

SOPHER, D. E. (1967): Geography of Religions. - Englewood Cliffs, N. J.

Tenrikyô Yearbook 1982. (1982) Tenri.

THOMSEN, H. (1963): The New Religions of Japan. - Rutland.

WILHELM, R. (1928): Ostasien, Werden und Wandel des chinesischen Kulturkreises. - Potsdam u. Zürich.

YAZAKI, T. (1963): The Japanese City. A Sociological Analysis. - Tokyo.

Zusammenfassung

Der vorstehende Beitrag stellt sich zwei Aufgaben:

1. Die Analyse japanischer Tempelstädte (monzenmachi) und innerstädtischer Tempelzentren als den für das traditionelle Siedlungssystem des Landes besonders charakteristischen Typen, ihrer Entwicklung, ihres strukturellen Gefüges und ihres funktionalen Wandels.

2. Die Vermittlung der Erkenntnis, daß das monzenmachi typische Verhaltensweisen der japanischen Gesellschaft in Vergangenheit und Gegenwart widerspiegelt, alte und neue religiöse Lebensformen, kulturelle Aktivitäten, Ausdrucksweisen des Freizeitverhaltens, des Besichtigungs- und Erholungsverkehrs.

Auf diesem Wege werden Aspekte der Siedlungs- und der Religionsgeographie in einem weiteren Horizont der Sozialgeographie verknüpft.

Der Autor hat aus der Feldarbeit der letzten 26 Jahre sehr verschiedene Fallstudien ausgewählt: Die noch heute mehr religiös bestimmten monzenmachi von Koyasan und Nagano, die mehr auf Tourismus und Vergnügung orientierten Beispiele von Kotohira und Miyajima sowie einige gemischte Typen wie das berühmte Ise und manche innerstädtischen Religionszentren.

Besondere Aufmerksamkeit fanden die Städte und Zentren der Neuen Religionen Japans. Denn diese Zentren repräsentieren einen besonders lebendigen Siedlungstyp und führen die Tradition der monzenmachi mit sehr modernen Sozial- und Lebensformen in die lebendige Gegenwart. Im Unterschied zu allen anderen Zentren im Urbanisationsprozeß Japans sind diese Zentren nicht ökonomisch determiniert. Ein besonders gutes Beispiel bietet Tenri. Bei allen Unterschieden gibt es für diese neuen Religionszentren gemeinsame Kennzeichen: Eine extreme Fülle an Einrichtungen und Funktionen der Erziehung, Kultur, des Sports, der Medizin und der Sozialbetreuung; Zuordnung der Gebäude auf Sichtpunkte und Symbolbauten; enge Verbindung traditioneller und moderner Bauformen und Stile mit landschaftlicher Gestaltung; Lebendigkeit des Gemeindelebens; Betonung des Gruppenprinzips. In diesen Grundzügen sind und bleiben sie spezifisch "japanisch". - Diese neuen monzenmachi demonstrieren einen starken Gegensatz zum völligen Fehlen aller religiösen Einrichtungen, religiösen Funktionen und allen öffentlich kulturellen Lebens in sämtlichen in der Nachkriegszeit in Japan neu entstandenen großen Wohnsiedlungskomplexen, ausgedehnten Vororten und Neustädten des Landes.

Summary
Temple Towns and Temple Centers in Japan

The purpose of this article aims at two aspects:

1. The analysis of Japanese temple towns (monzenmachi) and inner-urban temple centers as some of the most distinctive types of the traditional settlement system in Japan, their development, structural pattern and functional change.

2. The perception that the monzenmachi reflect typical behavior of the Japanese society in past and present, old and new religious attitudes, cultural activities, forms of leisure, sightseeing and recreation.

On this way, aspects of settlement geography and geography of religion are combined in a broader horizon of social geography.

By own empirical studies during the last 26 years the author has selected very different cases: the still more religious determined monzenmachi like Koyasan and Nagano, the more touristic and amusement orientated cases of Kotohira and Miyajima and some mixed types like Ise and many inner-urban religious centers.

Special attention was focused on the towns and centers of the New Religions of Japan. These centers present a qualitatively significant settlement type and carry the tradition of the monzenmachi into the living present with very modern social and life-forms. By contrast with other centers in the urbanization process in Japan, the centers of the New Religions are not determined economically like Tenri. In spite of all the differences there are some general characteristics which are common to all of them: an extreme diversification of institutions and functions in education, sports, culture, medicine and social life; alignment of structures towards visually culminating points and symbolic buildings; close intercommunication of traditional and modern forms and building styles as well as in landscape-design; the versalility and support of community life; the stressing of the group principle. In the basic features they are and will remain specifically "Japanese". - These new monzenmachi show a striking contrast to the complete lack of all religious institutions, religious functions and public cultural life in all of the new built large residential complexes, big suburbs and in all the New Towns of the country.

Wilhelm Leitner[1]

ZUR RELIGIONSGEOGRAPHIE BZW. GEOGRAPHIE DER GEISTESHALTUNG AM BEISPIEL GALATAS, EINES İSTANBULER STADTTEILES

I. Einleitung - Justinianae - Galata

Wiederholt wurde auf das "Faktum" verwiesen, urbane Siedlungen seien in ihrer stadtkörperlichen Ausformung und funktionalen Prägung vordergründig Ausdruck spezifisch historischer Gegebenheiten (B. HOFMEISTER 1980; 1982). In diesem Zusammenhang zitierte E. EHLERS (1984) für diverse Kulturregionen bemerkenswerte stadtbezogene Beiträge, vor allem räumliche Gliederungsmodelle bzw. modellähnliche Darlegungen urbaner Funktionsviertelstrukturen.

In der Regel forcieren die Autoren dabei die genetische Analyse, die die Übereinstimmung des baulichen Spektrums mit der sozialen Segregation der Bevölkerung und der herrschenden Wirtschaftsordnung der Zeit zu erhellen sucht (LICHTENBERGER, E. 1980; 1982).

Über die nahezu dreitausend Jahre währende Entwicklung der "Siedlung am Goldenen Horn, Bosporus und Marmarameer" - İstanbul - liegt eine Vielzahl von Publikationen vor.[2]

Aus ihnen läßt sich ein relativ genaues Gefügebild der Funktionstrennung und -mischung zusammensetzen (W. LEITNER 1965; 1967; 1968; 1970; 1971). Der Wandel der inneren räumlichen Organisation, die Änderungen im Steuerungsmechanismus und diverse Planungsstrategien[3] zur Teilraumgestaltung wurden herausgearbeitet und interpretiert (W. LEITNER 1981).

Der religionsgeographische Beitrag widmet sich aber nicht der Gesamtstruktur der "Dreistadt" - was bei einem so umfangreichen Untersuchungsobjekt einer (1986) beinahe sechs Millionen Einwohner zählenden "Stadtlandschaft" nur kursorisch möglich wäre - sondern rückt die Raumgestaltung des Stadtteiles Galata in den Mittelpunkt des Interesses.

Die Aufmerksamkeit richtet sich dabei auf die Religion-Umwelt-Beziehung. Besonderes Gewicht wurde aber auch auf die Untersuchung der Religion-Umwelt-Kontakte gelegt (M. BÜTTNER 1980, 40); leben doch im Stadtteil Galata auf einer Fläche von 10 km² seit Jahrhunderten Angehörige der drei monotheistischen Großreligionen (mehr oder minder friedlich) mit- und nebeneinander.

Der Frage nach der sozialen und ethnischen Segregation konnte allerdings bislang nur im Ansatz nachgegangen werden.

Die Befassung mit den Problemen des Sozialprestigewandels bzw. der sozio-ökonomischen Neuorientierung der "Dreistadt" unter besonderer Akzentuierung der "homogenen" Stadteinheiten" (W. LEITNER 1981) führte zur Erstellung einer "Sozialpyramide" des gegenwärtigen İstanbuler Gesellschaftsaufbaues.

In diesem Zusammenhang konnte auch ein Überblick über die sozialbetonten Raumgebilde und über die Segregation bestimmter Berufsschichten gewonnen werden.[4]

Bei Anwendung des Erhebungsverfahrens nach A. BRAUN[5] wurde zwischen den Sozialgruppen und dem Merkmalsträger Gebäudetyp korreliert. Mit Hilfe dieser Korrespondenzmethode gelang es, wohnwertorientierte interurbane horizontale und vertikale Wanderungsprozesse zu agnostizieren.[6]

Bei den "vor Ort"-Befragungen lag das Schwergewicht auf den Variablen Beruf, Ausbildung, Einkommen.

Für den Stadtteil Galata kristallisierte sich, und zwar ganz atypisch für das gegenwärtige İstanbul (von den Gecekondubereichen abgesehen), eine ungewöhnlich niedrige Mobilität heraus. Bedenkt man, daß Galata - nach den eingesetzten Variablen und der korrelierenden (abgewohnten) Althaus-/Wohnhausinfrastruktur einen relativ niedrigen sozio-ökonomischen Status innerhalb der "Stadtlandschaft" einnimmt, müssen demnach Mechanismen des Verharrens (Zurückbleibens) wirksam sein.[7]

Fügt man den Merkmalsgruppen des Stadtteiles Galata (Beruf, Ausbildung, Einkommen) die Variable Religion hinzu, wird deutlich, daß für die Nachkommen der von den osmanischen Herrschern zu verschiedenen Zeiten "angesiedelten" oder aus einem anderen Stadtteil zugezogenen "Franken" (Lateiner), Griechen, Armenier, (sefardischen) Juden, etc., die Verhaltensstrategie Rationalität wegfällt.

Es gibt in Galata kaum Marginalexistenzen, Frustrationen und anomische Spannungen, eigentlich nur Personen mit Integrationsinteresse, nämlich innerhalb ihrer religiösen "Gemeinschaft". Die Orientierung zum Gotteshaus (Kirche, Mescit, Camii, Synagoge mit Kommunikationsmöglichkeit) bestimmt die "Umweltwahrnehmung" und "-bewertung". Man führt sozusagen ein Leben nach "eigenen" Vorstellungen und nicht nur nach ökonomischen Erfordernissen.

Wendet man sich innerhalb der "Stadtlandschaft" İstanbul der nördlich des Haliç (des Goldenen Horns) liegenden zweiten europäischen Halbinsel - gegenüber den sieben Hügeln Stambuls - zu, sucht man vergeblich den Stadtteilnamen Galata. Die vom Kasımpaşa-Muldental im Westen und dem Bosporus im Osten begrenzte Halbinsel wird Beyoğlu (Sohn des Herrn) genannt. Sie zerfällt in die urbanen Administrationsbezirke (kazalar) Beyoğlu, Şişli und Beşiktaş.

Die alten historischen Bezeichnungen Galata und Pera leben aber zäh weiter, wobei die kaza Beyoğlu in etwa ident ist mit Galata/Pera.

Die heutige Gepflogenheit, die Unterstadt Galata von Pera auf der Anhöhe (dem Riedelfirst der Thrakischen Tafel) - über der 70 Meter Isohypse - zu differenzieren, war im Mittelalter und in den ersten Jahrhunderten der Neuzeit unbekannt. Beide Namen wurden unterschiedslos verwendet. Ab der Mitte des 19. Jh.s galt "Pera" in der Regel als der offizielle Name. "Galata" bezieht sich demnach auf das Areal der (Mauer umgürteten) ehemaligen Genueserstadt. Die historischen Anfänge Galatas sind allerdings nur schwer zu erkennen. Ob die nach A. M. SCHNEIDER und M. NOMIDIS (1944) von STRABO (Geogr. 7, 6) und Dionys Byzantius genannte Siedlung Sykai (Feigenbäume) - gleich Simistria, am Anfang des Goldenen Horns - schon 1000 v. Chr. existierte, ist unglaubwürdig. Die Peutingersche Karte und ein Anonymus von Ravenna[8] nennen für die spätantike Ära, und zwar für den Bereich zwischen der Galata- und Atatürkbrücke einen Ort namens Sycae. Er wurde im 5. Jh. n. Chr. als Regio Sycaena in den urbanen Bereich Constantinopels eingegliedert. O. SEEK (1876) erwähnt für ihn Kirche, Forum, Thermen, Theater, einen Hafen, 431 Großhäuser und eine Wehrmauer.[9] Letzteres deutet darauf hin, daß es kein "Dorf" sein konnte. 528 ließ Justinian die Mauern restaurieren und benannte die Siedlung Justinianae.

Wann das Christentum in Sycae/Justinianae Fuß fassen konnte, kann ebenfalls nicht genau fixiert werden. Nach dem Gewährsmann Calisti Nicephorus (Hist. eccl., 8, 6) bestand bereits um 200 eine christliche Gemeinde.

Was die Erklärung des Namens Galata anbelangt wurden verschiedene Ableitungen versucht - so die von calata, gala (Milch), oder nach einem Grundbesitz, der sich im Eigentum eines gewissen Galatas befunden haben soll (A. M. SCHNEIDER und M. NOMIDIS 1944, 1, 2). 717 ist jedenfalls von einem "Castell im Quartier (vicus) des Galates" die Rede.[10]

Galata verdankt seine Entwicklung vornehmlich den Genuesen. Als Constantinopel 1261 die Herrschaft der Lateiner abschüttelte, garantierten die byzantinischen Kaiser den Genuesen ein mauerloses Konzessionsgebiet (= zwischen Galata- und Atatürkbrücke, nordwärts etwa bis zur Voyvoda Caddesi) als halbautonome Handelskolonie mit eigenen von der Republik Genua zu ernennendem podestá. Unter stillschweigender Duldung der byzantinischen Herrscher konnte der Bereich der Handelsstation in der Folgezeit erweitert und Zug um Zug mit Mauern und Türmen bewehrt werden. Dabei wurde der alte Quartiername Galata für die gesamte Vorstadt angewandt. Aber auch nach der Übergabe Galatas an die Osmanen (1453) blieb der neue Stadtteil İstanbuls, die Siedlung der "Fremden". Sie konnte im Gegensatz zu Stambuls Sackgassensystem den schachbrettartigen Grundriß bewahren. So fielen Evliyā ČELEBĪ noch um 1670[11] die (relativ) breiten, uferparallelen Straßen, genuesische Hausformen und die reliefbedingten Treppenstraßen auf.

II. Forschungsschwerpunkte

Im Anschluß stellt sich die Frage der Forschungsschwerpunkte: Zunächst versucht der Autor den Nachweis zu erbringen, daß Christen, Juden und Muslemin ihren Glauben in Galata unterschiedlich in geographisch relevante Aktivitäten umsetzen.

Weiter folgen wir den gezielten Fragestellungen M. BÜTTNERs (1972; 1974; 1976; 1980), z. B. wie wird durch die Religion die Geisteshaltung und von der wiederum die Wirtschaftsgesinnung und die Sozialstruktur geformt?

Da der Stadtteil Galata im wesentlichen eine ("historische") Mobilitätsregion darstellt, kommt folgenden sozialgeographischen Prozessen große Bedeutung zu: Emigration, Immigration, Integration, Assimilation, Absorption und Akkulturation.

III. Raumentscheidungen durch die in Galata wirkenden politischen bzw. religiösen Strukturen und Prozesse

1. Die christliche Religionsgemeinschaft in Galata

Wie die Historie des Stadtviertels Galata reicht eine Anzahl von Kirchen in das nur schwer aufzuhellende Dunkel der byzantinischen Zeit zurück.

In den Synaxarien, in der byzantinischen Literatur und in der Deliminationsurkunde von 1303 werden für die frühchristliche Epoche (nach A. M. SCHNEIDER und M. NOMIDIS 1944, 19) folgende heute nicht mehr existierende griechische Gotteshäuser genannt:

- Anargiroi (Kosmas-Damian);
- Dometios Martyrion;
- St. Georg (nicht ident mit der österreichischen St. Georgskirche in Karaköy);
- Johann Baptista;
- St. Irene (2. Jh.?);
- Makkabäer Kirche;
- St. Nikolaus;
- Soter Christos Chalketes;
- Sta. Thekla;
- St. Theodulos;
- Thimotheus und Maura Martyrion;
- St. Zenobius und das
- Lips-Kloster (Monasterium Lipsi).

Für die erwähnten Gotteshäuser kann der jeweilige Standort nicht mehr angegeben werden. Ihre Situierung ist für die relativ breite Strandpartie zwischen den beiden (gegenwärtigen) Hauptbrücken am Goldenen Horn anzunehmen. Von der Irenenkirche (Templum S. Erine) heißt es, sie sei nahe dem Ufer gelegen.[12]

Einige griechische Gotteshäuser wurden nach Bränden - Geldmangels wegen - infolge der Bevölkerungsabwanderung, oder weil der Großherr den entsprechenden Ferman verweigerte, nicht wiederaufgebaut.

Dies gilt für folgende Kirchen, die noch 1453 existierten, im Laufe des 17. Jh.s aber verschwunden sind[13]:

- Georgios Lagios;
- Demetrios Hagios;
- Eleusa Panagia;
- Maria Theodokos;
- Auferstehung Christi (Christos Cremasmenos) und
- Maria Verkündigung (die angeblich dem Patriarchen von Jerusalem unterstand).

Sie lagen allesamt im Villenvorort zwischen dem Karaköyplatz (Karaköy meydanı) am Ufer des Bosporus-Südausganges bzw. der Hangschleppe des Galata/Pera-Riedels (der dort sanft ansteigenden Thrakischen Tafel).

Darüber hinaus verschwanden neun lateinische Kirchen, und zwar

- Sta. Anna (lt. A. M. SCHNEIDER 1967, 22, aufgehoben; lag vermutlich in der Nähe der Yeni Camii);
- S. Antonio (n. M. A. BELİN 1894, 165 erste Nennung 1390; an ihrer Stelle befindet sich jetzt die Kemankeş Paşa Camii, Plan-Nr. 32) (vgl. Abb. 5 u. 6);
- Sta. Catarina (erstmals 1387 erwähnt, M. A. BELİN 1894, 317);
- Sta. Chiara (P. GYLLIUS 1932, 6 plaziert sie in die Nähe der ehem. Kanonengießerei);
- S. Clemente (wird im St. Georg-Archiv belegt; Position und Aufhebungsdatum sind unbekannt (M. A. BELİN 1894, 317);
- S. Giovanni Battista (M. A. BELİN 1894, 326 bezeichnet sie als Hospiz der Joanniter Jerusalems);
- Sta. Maria Draperii (S. G. Battista und Sta. M. Draperi wurden 1660 durch Brand zerstört, zwar wiedererrichtet, doch nahm man den Gottesdienst nicht wieder auf (M. A. BELİN 1894, 275);
- S. Michele (seit 1296 Kathedrale des erzbischöflichen Vikars von Genua (n. A. M. SCHNEIDER u. M. NOMIDIS 1944, 25); scheint aber um 1550 liquidiert worden zu sein. An die Stelle der Kirche trat der Rüstem Paşa Han (Plan-Nr. 21) und
- S. Bastiano (Sebastiano) nächst S. Francesco, mußte kurz nach 1660 aufgegeben werden (lt. M. A. BELİN 1894, 328).

In Moscheen (Camii) wurden nach 1453 folgende christliche Gotteshäuser umgewandelt:

- S. Francesco (1304 Maria gewidmet, 1697 Yeni Camii);
- S. Paolo (S. Domenico). Die seit 1230 bestehende (Dominikaner-?) Kirche wur-

de um 1470 (entgegen der Kapitulationsurkunde) enteignet und als Arap Camii geweiht. Der Name geht darauf zurück, daß nach einer muslimischen Legende die Araber bei der Belagerung Constantinopels 715/716 eben an der Stelle eine Moschee errichtet haben wollten, was aber der historischen Wahrheit widerspricht; denn die Araber haben damals den Boden Galatas nicht betreten (vgl. die Legende der Auffindung des Grabes von Eyüp, des Fahnenträgers Mohammeds).

Zur Zeit stehen den Christen in Galata folgende Gotteshäuser offen:

- Ayiós Nikolaios (türkisch-orthodox, Plan-Nr. 36), E. A. GROSVENOR (1895) bezeichnet sie als Kirche der Seeleute;
- Syrianische Kirche (Plan-Nr. 49);
- St. Gregor (armenisch, Plan-Nr. 50, sie heißt auch Surp Lussavoritschkirche und soll seit 1436 bestehen, Neubau 1800);
- Ayiós Joannis (griech.-orthodox, Plan-Nr. 51), das Gründungsjahr ist unbekannt;
- Christos (griech.-orthodox, Plan-Nr. 52, Neubau 1833; es scheint sich um die Hristo Kirche (im "Gartenviertel") zu handeln;
- St. Benoît (röm.-kath., eignet den französischen Lazaristen, Plan-Nr. 53; sie wird auch als franz. "Orgelkirche" geführt;
- armenisch-katholische Kirche (Christuskirche der unierten Armenier; sie fungierte bis 1928 als Patriarchatsgotteshaus);
- anglikanische Kirche (Plan-Nr. 62);
- St. Peter (röm.-kath.) Plan-Nr. 71 ist bereits für 1414 (nach A. M. SCHNEIDER 1936, 62) erwähnt; der heutige Bau wurde 1841 aufgeführt;
- St. Georg (röm.-kath., österreichische Lazaristen), Plan-Nr. 73; nach E. RAIDL (1968, 22) bestand die Kirche bereits 1183; sie war vorübergehend Sitz eines Bischofs. Kirche/Kloster[14] sind darüber hinaus ein Kolleg (Realgymnasium für Knaben/Mädchen und eine Handelsakademie[15]), ferner ein Krankenhaus (betreut von den Barmherzigen Schwestern aus Graz) angeschlossen.

Da der Kirchgang durchaus einen Indikator für das Glaubensleben abgibt, wurde versucht, jenen Personenkreis zu ermitteln, der von der jeweiligen Seelsorgegemeinde in Galata angesprochen wird.

Am ehesten ist dabei eine (relativ) genaue Evidenzhaltung der österreichischen Katholiken möglich, denn die auf 400 - 500 Personen bezifferten in İstanbul Ansässigen sehen in St. Georg nicht nur das religiöse, sondern auch das landsmännische Zentrum.

Da aber nur die Kommunität der drei Vinzenz-Familien[16] in Galata "beheimatet" ist, müssen Wegzeiten bis über eine Stunde (Überwasserbewegung, Burgaz - Galatabrücke - Kart Çınar Sokak) in Kauf genommen werden. Kirchengeher aus Teşvikiye (österr. Kulturinstitut) benötigen 35 - 40 Minuten für eine Strecke.

Zu den Anhängern der "Westlichen Kirche" (Lateiner) rechnen ferner Protestanten, wie Lutheraner, Anglikaner und diverse amerikanische Christen. Sie "verharren" in bella vesta-Position - nördlich des Galataturmes, in relativ guter Umfeldsituation - und "ererbten" Standorten. Ihr jeweiliger "landsmännischer" Gottesdienst wird jedoch mit Ausnahme der Anglikaner außerhalb Galatas zelebriert.

Die übrigen "west-christlichen" Gemeinschaften klagen über abnehmende Beteiligung am kirchlichen Leben.

Dies hängt mit der Surburbanisierung zusammen. Französisch sprechende Katholiken wohnen nur noch in der Voyvoda-, Kemeraltı- und Necatibey Caddesi, also in Citystraßen mit zum Teil durchgehendem Geschäftssockel, mit großen Bankgebäuden und zunehmender Verdichtung hochrangiger Dienstleistungen.

Ähnliches gilt für die Galata-er Gemeinde der Ostkirche. Nach wie vor dominiert in İstanbul der "Kathedralen-Ritus". Er reifte in den Klostergemeinschaften des Heiligen Landes und Constantinopels. Diese Liturgieform erhebt den (byzantinischen) Gottesdienst, in der elitäre Kultur und Folklore eine Symbiose eingingen, zum gesellschaftlichen Ereignis. Der genannte Sachverhalt im Verein mit "angeseheneren" Ikonen bzw. Ikonenzyklen und einer konservativen Einstellung läßt viele Orthodoxe nicht in Galata, sondern in der Patriarchenkirche St. Georg beim Phanar (Fener) die Liturgiefeier[17] begehen.

Darüber hinaus nahm der Anteil der in Galata wohnenden orthodoxen Christen sehr stark ab.

Mehrere "nationale Wellen" führten zu Betriebsverkäufen von "Hinterhof-Unternehmen" etwa der Textilbranche oder von "Straßengeschäften". Der Geldadel unter den "Griechen" wanderte bereits in den zwanziger- und dreißiger Jahren unseres Jahrhunderts in die İstikklâl Caddesi (auf den Perafirst) ab.

Da auch nach dem Zweiten Weltkrieg der "Prozeß der Verwestlichung" stark von orthodoxen Christen getragen wurde, stiegen die Wohnansprüche, was zu verstärkter horizontaler Mobilität führte.

Heute sind die auf ungefähr 1 000 Personen zu beziffernden "autochthonen" orthodoxen Christen über Galata gestreut. Man trifft sie im 1. Stockwerk und damit über dem "eigenen" Unternehmen des Straßenniveaus (dies gilt vornehmlich für die Yüksek Kaldırım (die steile Stiegenstraße) als auch in höheren Stockwerken der Citystraßen, etwa der Voyvoda Caddesi. Größere orthodoxe "Ballungen" konnten für die Kemeraltı - und die Lüleci Hendek Caddesi (östlich des Galataturmes) - es handelt sich notabene um traditionelle "Griechenstraßen" - eruiert werden.

Das Christentum Galatas war übrigens noch vor einem Jahrzehnt viel stärker als gegenwärtig aufgefächert.

So sind die türkisch sprechenden und zur antiken "östlichen Kirche" rechnenden Armenier[18] großteils an die Bosporusgestade gezogen - entweder an dessen Westufer (nach Ortaköy, Bebek, Emirgân) oder in die Oberschichtenzone von Moda, Fenerbahce am SE-Ausgang des Tiefenwasserweges.

Eine Ausnahme bildet die Voyvoda - und deren Fortsetzung die Okçu Musa Caddesi (in Richtung Şişhane). In diesem city-geprägten Straßenzug leben Armenier in Nachbarschaft mit orthodoxen Christen, schiitischen Iranern und den sunnitischen Muslimen.

Über die Anzahl und die Galata Wohnsituierung weiterer "Ostkirchen"-Untergruppen können nur vage Aussagen gemacht werden.

Syranische Christen trifft man immer noch im östlichen Galata. Die ehedem große Chaldäergemeinde erscheint stark dezimiert. Nach vor Ort-Gesprächen handelt es sich bei den Zurückgebliebenen um vertikal "Abwärts-Mobile" die erfahrungsgemäß am wenigsten horizontal mobil sind. Die um die Lüleci Hendek Caddesi lebenden Chaldäer[19] stammen aus der türkischen Provinz Hakkâri (SE-Anatolien). Sie waren um die Jahrhundertwende Inquilinen in der "Fremdenstadt" Galata, deren Funktion sich aber gerade damals von einer vornehmen Wohnregion zur City wandelte mit entsprechend vielfältigen Arbeitsangeboten.

Nach Aussagen der Oberen der christlichen Gemeinschaften gibt es darüber hinaus auch noch ca. 200 Angehörige der türkischen Orthodoxie. Sie verwenden in der Liturgie die türkische Sprache.

Von Interesse mag die Tatsache gelten, daß sich die Christen Galatas relativ wenig mit den Problemen der Kirchenspaltung befassen. Fallweise werden in Galata (Beyoğlu/Şişli) ökumenische Gottesdienste veranstaltet. Sie gehen teils von der katholischen teils von der orthodoxen Seite aus. Die übrigen christlichen Gemeinschaften werden dazugeladen. Die Echtheit der ökumenischen Beziehungen bekunden diverse Aktivitäten der deutschsprachigen Kirchengemeinden, u. a. in der von der Bundesrepublik Deutschland gestifteten und unterhaltenen Artigiana-Kapelle bzw. in der österreichischen St. Georgskirche und im evangelischen Gotteshaus Beyoğlu.

Beispiele der katholischen Liturgie - über den normalen Jahresduktus mit seinen kirchlichen Höhepunkten hinaus - bilden die alljährliche Maiwallfahrt nach Maria Lourdes in Bomonti/Bez. Şişli auf der Perahöhe, die Fronleichnamsprozession auf der "Prinzeninsel" Burgaz (Marmarameer) und die Gräbersegnung in Feriköy/Şişli.[20]

Was die ökumenischen Anliegen betrifft, soll nicht unerwähnt bleiben, daß bis ins 8. Jh. Constantinopel einerseits die größte Stadt der Christenheit, andererseits auch das kirchliche Zentrum darstellte - mit der Hagia Sophia als steinerner Manifestation der damaligen Geisteshaltung.[21] Erst die Araberangriffe des 8. Jh.s und das Schisma führten zu vielerlei Veränderungen. (Ost-)Kirche und politische Existenz rückten seitdem institutionell und ideologisch noch stärker zusammen, so daß von einem "Papstkaiser" die Rede war.

In der Gestalt des "Ökumenischen Patriarchen", der in Stambul/Fener (Stadtteil am Goldenen Horn) residiert, lebt die Ostkirchen-Tradition (über die Cäsur 1453) bis zum heutigen Tag weiter.

2. Die jüdische Religionsgemeinschaft in Galata

Nun zur zweiten großen monotheistischen Religion: dem Judaismus. Überblicksmäßig sei betont, daß von der dereinst blühenden mosaischen Gemeinde nur mehr ein relativ kleiner Rest erhalten blieb.

Registrierte der erste türkische Zensus von 1927 47 000 Juden in der Bosporus-Metropole, sind gegenwärtig nur mehr etwa 17 000 ansässig.

Die durchwegs von den İstanbuler Juden verwendete "spaniolische" Umgangssprache weist sie als Sefärdim aus.[22]

Wenn es ihnen als "geschütztes Volk" (ahl al-dhimma) auch gestattet wurde, gesonderte Gemeinschaften (millet) zu bilden, so standen in Constantinopolis/İstanbul die Verhaltensnormen bei gleichzeitiger Herausforderung: überleben/Anpassung und Identität im Mittelpunkt.

Trotz der im Vertrag von Lausanne den nationalen Minderheiten gewährleisteten Rechte unterlagen die Juden der Türkisierung. Das Türkische als Staatssprache führte zwar zur geistigen und ökonomischen "Eingliederung" in das "Gastland", doch der Säkularismus unterhöhlte die religiösen Traditionen.

In der unmittelbaren Nachkriegszeit lebten über 60 000 Juden in İstanbul, wobei ein erheblicher Anteil (ungefähr 15 000) auf aschkenasische Zuwanderer (aus Mittel- und Osteuropa) entfiel. Der mit der Staatswerdung Israels zusammenhängende Exodus dezimierte in erster Linie das sefardische Hauptjudenviertel Balat[23] (S-Seite des Haliç, nahe der Stambuler "Landmauer"), betraf ferner die aschkenasischen Einliegergebiete zu beiden Seiten des Bosporus, während sich das sefardische Judentum in Galata fast unverändert halten konnte.

Wie weit historisch die jüdische Immigration zurückreicht, ist nicht mehr (exakt) auszuloten.

So meinen A. D. MORDTMANN (1982, 37) und A. GALANTÉ (1942, 157)[24] daß der Orts- (später Stadtgemeinde-)name Karaköy (an der Galatabrücke) auf karäitische Juden zurückgehe, was aber stark bezweifelt werden muß. Das in Opposition zum talmudischen Rabbinismus stehende Karäertum entwickelte vielerlei kaufmännische Talente. Doch ist nicht anzunehmen, daß die seit dem 10. Jh. existierenden "europäischen" Handelsquartiere (der Amalfitaner, Venetianer, Pisaner, Genuesen, Provencalen, Anconiten, die der Kaufleute aus Aragon, Katalonien, Florenz, Ragusa usw.) und vor allem nach der Liquidierung des sogenannten "Lateinischen Kaiserreichs" (1261) die Herren der "Genuesischen Neustadt", die damals den größten Teil der Handelsfunktion an sich zogen, die Karäiten haben aufkommen lassen. (W. LEITNER 1967; 1969; 1970; 1981).

Die Djizya Register der wakıf-Institution Mohammed II. (Başvekâlet Arşivi des Topkapı Sarayı Nr. 210 und 240) erwähnen - allerdings erst für 1489 - aus Edirne stammende Karäiten. Diese und aus inneranatolischen bzw. thrakischen Städten zugewanderte Rabbaniten wurden im Hafenbereich Galatas angesiedelt.

So mag die Galata-Judengemeinde auf die sefardische Diaspora (1391 - 1700) zurückgehen.[25] Diese begann mit dem Massaker 1391 und verstärkte sich nach 1492.

Viele nach Portugal geflüchtete und dort zwangsgetaufte "Neue Christen" folgten Generationen später nach. Um 1500 gab es (lt. Auskunft des örtlichen Rabbinats) auch "Marranos", die als expulsos eine Zeitlang eine dominierende Stellung einnahmen.

Die Marranos standen übrigens unter der besonderen Schutzherrschaft des Sultans[26]. Die jüdischen Siedlungsgebiete wurden djema' ats genannt. Sie stellten religiöse und administrative Einheiten dar. A. GALANTÉ (1941, 42, 99, 101) nennt für 1550 40 - 44 Synagogen bzw. djema' ats. A. v. HARFF (1946, 244)[27] gibt für 1500, und zwar für Gesamt-Constantinopel (intra muros), 36 000 jüdische Personen an. Man bezeichnete sie damals "Endülüsü", "Müdedidjel", Arablari oder Moriskos. Ihr Wohnareal umfaßte den Raum um die Arap Camii (M. A. BELİN, 217). Die (nachweisbar) ältesten Synagogen Galatas befanden sich im Umfeld des heutigen Karaköy-Platzes.

A. M. SCHNEIDER u. I. NOMIDIS (1944, 16, 34) - sie berufen sich dabei auf Evliyā ČELEBĪ - erwähnen eine in der Zülfaris - Gasse (sie ist ident mit der Percemli Sokağı, Plan-Nr. 26)[28] und eine weitere in der Nähe der Kılıç Ali Paşa Camii, in deren Hof man Reste eines Synagogentores gefunden hat (Plan-Nr. 38)[29]. HAMMER v. PURGSTALL vermerkt i. J. 1822 den genannten Bereich (in seiner Karte) als Judenviertel. Nach dem C. STOLPE-Plan v. J. 1855 hatte sich der jüdische Wohnbereich stärker riedelaufwärts - in Richtung Galataturm (Plan-Nr. 67) verlagert.

Die jüdische Gemeinde Galatas bewahrt nach wie vor den sefardischen Traditionalismus.[30] Da es sich vordergründig um einen Personenkreis handelt, der den sozialen Aufstieg nicht "geschafft" hat, ist der Gemeinschaftsgedanke tief verwurzelt. Man blieb gegen äußere Einflüsse ziemlich resistent. Die aschkenasischen Immigrationswellen der Jahre 1938 - 1943 führten eher zu einer Aufdeckung verschütteter Fundamente: der (Wieder-)Beachtung der durch den Kemâlismus zur bloßen "Funktion" degradierten religiösen Bräuche (brit milla, bar mizwa, des Pessach- und Chanukkafestes).

Die "jüdische Konzentration" hielt sich seit der Jahrhundertwende relativ unverändert:

Sie umfaßt die Zone um den Galataturm: die nordwest orientierte Büyük-Hendek-Straße (mit 2 Synagogen - die ersten Ansiedlungen gehen in die Zeit Beyazıt II., 1481/1512 zurück), die Gâlip Dede Sokağı, nahe dem Tünelplatz (in der genannten Geschäftsstraße sind nahezu 50 % der Läden, u. a. fast alle Antiquaritätsbuchhandlungen in jüdischer Hand), die Kartçılar Sokağı - wie überhaupt fast die gesamte Mahallesi Bereketzade, so z. B. um das Österreichische - und Türkische (Bezirks-)Krankenhaus, - ferner die Serdar- i Ekrem Sokağı (nördl. des Galataturms); in dieser Gasse befinden sich im 2. Stock eines dreigeschossigen Hauses mosaische Gebetsräume für Gläubige aus den (städtischen) Gemeinden Şakulu und Müeyyetzade.

Die "jüdische Konzentration" in Galata ist demnach nicht ausschließlich auf das direkte Umfeld der mosaischen Gotteshäuser beschränkt. Am Beispiel der sogenannten "italienischen" Synagoge in der Şair Ziya "Paşa" Caddesi (zwischen Voyvoda- und Büyük Hendek Straße) kann belegt werden wie eine über 200 Jahre zurückführende Migrationskette aus Italien stammende Juden angezogen hat. Dabei erklärt die Sicherung der nackten Existenz das Wanderungs- (Immigrations-)phänomen. Die Gleichheit der Sozialstrukturen und die vorhandene Organisation der aufnehmenden "Gesellschaft" erleichterte die Integration, band die Zuwanderergruppen aber an das Synagogen-Umfeld.

3. Der Islam in Galata

Was den Wandel der urbanen Raumorganisation Galatas anbetrifft bzw. dessen muslimische "Überwältigung", sei angemerkt:

Nach den islamischen Rechtsvorstellungen behielten die Einwohner einer christlichen Stadt, die sich (freiwillig) unterwarfen, sowohl ihre Andachtsstätten als auch ihre persönliche Freiheit.[31] Die grundsätzliche Toleranz des Islams gegenüber anderen Religionen und fremdsprachigen Bevölkerungsgruppen, weiters der geringe Handelsgeist der osmanischen Kaufleute führte dazu, daß bis 1918 der fremdbürtige ausländische Bevölkerungsanteil (vornehmlich der Hügelzone nördlich des Galataturms - mit der Entwicklung der "Grande Rue de Pera") überwog.

Mit dem Wachsen der Großstadtregion war allerdings bereits nach 1453 die Transferierung eines Teiles der Industriefunktion von Stambul nach Galata verbunden (W. LEITNER 1969; 1970; 1971). Das außerhalb der Stadtmauer Galatas befindliche Vorfeld füllte sich mit Kasernen, Truppenübungs- bzw. Heeressammelplätzen und Friedhöfen. Süleyman der Große widmete besonders dem Hafenausbau (um die Südspitze der Halbinsel Galata/Pera) sein Interesse. So wurde z. B. bei Tophane aufgeschüttet, um Anlegeplätze zu schaffen.[32] Die Trockendocks von Kasımpaşa (am Haliç, nahe der heutigen Atatürkbrücke) gehen allerdings erst in das 18. Jh. zurück.[33]

Die in der Fußnote[34] angeführten (und heute noch existierenden) Straßen- bzw. Gassenbezeichnungen Galatas bekunden die (damaligen) Aktivitäten im II. und III. Wirtschaftssektor.

Die erste nennenswerte türkische Siedlungswelle griff übrigens bereits Ende des 15. Jh.s auf Galata, genauer formuliert auf die pleistozäne Strandpartie und die Hangschleppe des Pera-Riedels über. Dies führte zum Bau von größeren und kleineren Moscheen.

Nach 1453 errichtete man, und zwar an der Stadtmauer (also außerhalb) Galatas folgende Mescit(ler) und Camii(ler), nachstehend (von W) aufgezählt (mit Plannummer) die Yolcu Zade Mescit, Nr. 1, die Azap Kapısı Camii, Nr. 11, die Nişancı Mescit, Nr. 13, die Eski Yağ Kapanı Camii Nr. 19, die Karaköy Camii, Nr. 27, die Yer altı Camii, Nr. 31, die Kemankeş Paşa Camii, Nr. 32, die Kılıç Ali Paşa Camii mit Medrese, Nr. 38 und 41, die Karabaş Tekkiyesi Mescit, Nr. 43, die Hacı Mimi Celebi, Nr. 61, die Yazıcı Camii, Nr. 63 und die Şakulu Mescit, Nr. 64.

"Als im Raum verwirklichte Objektivationen religiöser Aspekte" (M. SCHWIND 1975, 25) wirkten sie Physiognomie gestaltend. (Stadt-) Raum prägend wurde für Galata der Islam jedoch erst ab der Mitte des 19. Jh.s, mit dem (damals) sich stark wandelnden schichtspezifischen Gesellschaftsaufbau und der damit verbundenden "Pera-" und "Bosporuswanderung" der Oberschicht.

Was den Islam in Galata betrifft, sei ferner angemerkt: In der Osmanischen Epoche wurde die Stadtphysiognomie İstanbuls in vielen ihrer Merkmale entscheidend verändert: Der eingedrungene Orient unterlag aber seit dem 19. Jh. immer mehr dem Einfluß "Europas", des Abendlandes, bis er um die Jahrhundertwende sich völlig europäisierte (W. LEITNER 1965; 1967; 1968; 1970; 1976; 1981).

Die Funktionsordnung Galatas blieb von der "Übergabe" der Genuesischen Stadt (1453) an bis in die zweite Hälfte des 19. Jh.s nahezu unverändert: so die Hafenfunktion am SE-Ausgang des Goldenen Horns, die Handelsfunktion im Bereich der Strandpartie am Goldenen Horn und beginnenden Bosporus und die Wohnfunktion der "Fremdenstadt" an den S und SE exponierten Hängen des Perahügels.

Innerhalb der Stadtmauern Galatas wurden - entsprechend den Kapitulationsbestimmungen - den Christen (mit Ausnahme der S. Paolokirche) ihre Gotteshäuser belassen. Spätere Sultane waren weniger nachsichtig. So annektierte man nicht nur S. Francesco (1697), sondern startete eine systematische Islamisierung.

Die islamisch/religiöse Funktionsausbreitung ist zunächst im Hafenbereich vor sich gegangen (durch den Bau der Azap Kapısı Camii, 1577, ferner der Kılıç Paşa Camii, 1580); sie griff aber bereits im 17. Jh. auf die Wohnbereiche der Hügelzone Galatas über.

Im rasch (nach 1453) muslimisch geprägten Hafenbereich[35] wurde die Handelsfunktion neu belebt durch den unter Mehmet II. errichteten Bedesten (gedeckten Bazar) von Galata, durch den Rüstem Paşa Han (auch Kurşunlu Karawanserei genannt, einen um 1580 von Sinan aufgeführten Bau, von dem allerdings nicht feststeht, ob er auf den Fundamenten der Lateinerkirche St. Michael ruht), weiters durch diverse offene Bazare, etwa den Perşembe Bazar (Donnerstag-Markt) und den Havyar Han (Plan-Nr. 28), der im 19. Jh. den Börsengeschäften diente.

Eine größere Anzahl der außerhalb des genuesischen Mauerrings errichteten Moscheen und Mescitler sind allerdings heute nicht mehr in Verwendung; manche sind verfallen. Dies gilt für die Nişancı Mecit (Plan-Nr. 13), die Ali Hoca Mescit (Plan-Nr. 58), die Hacı Mimi Celebi Mescit (Plan-Nr. 61), ferner für die Yazıcı Camii (Plan-Nr. 63).

Innerhalb der (ehemaligen) genuesischen Stadtmauer wurden die Alaca Mescit (Plan-Nr. 6), die Bereket Zade Mescit (Plan-Nr. 69) und die Etmek Yemez Mescit (Plan-Nr. 81) geschlossen. Letztere verwendet man z. Z. als Magazin.

Dafür erfreuen sich gegenwärtig folgende Bezirksmoscheen (relativ) großen Zuspruchs: die Karaköy Camii (Plan-Nr. 27, eine Oberstockmoschee, die man mit Kara Mustapha, dem Belagerer Wiens, in Zusammenhang bringt), die Bereket Zade Camii (Plan-Nr. 65) und die Kemankeş Paşa Camii (Plan-Nr. 32, bei ihr handelt es sich nach A. M. SCHNEIDER und M. NOMIDIS (1944, 29) um die 1650 (?) umgewandelte Kirche des Heiligen Antonius).

Diese kurzen (vorgestellten) "historischen" Gedankengänge leiten zur Frage über: Kommt im muslimisch/sunnitischen Galata der ansonsten in weiten Teilen İstanbuls zu beobachtende Säkularisierungsprozeß ebenfalls zum Tragen? Zeitigt doch dieser Prozeß tiefgreifende Folgen für die Umstrukturierung religiöser Gruppen (M. BÜTTNER 1976, 320). Die Antwort ist (relativ) einfach. Trotz der auch in Galata aufkommenden Leistungsgesellschaft, mit ihren Normen und Zwängen, pendelte sich ein verhältnismäßig stabiles Gleichgewicht zwischen dem (sunnitischen) Islam und der Umwelt ein, jedoch mit Akzentverlagerungen.

So sind dem die religiösen Vorgänge seit 35 Jahren beobachtenden Autor in Galata mancherlei "Traditionsänderungen" aufgefallen: U. a. kann festgestellt werden, daß die täglichen Gebete bei weitem nicht so streng eingehalten werden wie das Fasten im Ramadan. Wird das Fasten gebrochen, hängt man im Verlauf der nächsten Monate "Ersatzfasten" an. Bei vielen Familien geschieht dies mit dem Bemerken "çok sevap" (= sehr verdienstvoll).

In diesem Zusammenhang gehört auch das Aufleben des **Mevlud** in Galata genannt. Bei Hochzeiten, Wiederkehr des Todestages, Beschneidungen, Rückkehr vom Hadj etc. werden Koranrezitatoren (Sänger) geladen, Freunde und Bekannte bewirtet.

Völlig aufgehört hingegen hat das "Hammelopfern" gemäß der Tradition, an dem Tag, an dem man in Mekka Hammel schlachtet, auch in ihrem Stadtteil einen Hammel zu spenden. Auffällt vor allem die unglaubliche Zunahme der Mekkapilger. In manchen Großfamilien Galatas trifft man fünffache Hacı. Der Aspekt, der dabei betrachtet werden muß mündet in die Frage, ist diese wichtige Seite der muslimischen Religionsausübung ein stimulierender Faktor der "Modernisierung" und "Säkularisierung" in Galata? Ohne einem apologetischen Monismus das Wort zu reden, muß die Antwort (mit Einschränkungen) bejaht werden: Es kommt zum Aufbrechen alter (ökonomischer) Strukturen bzw. es setzen Entwicklungen ein, die den Gläubigen wirtschaftliche Vorteile bringen. Als Beispiel seien vielerlei Besitzüberschreitungen, Sparaktionen, aber auch Betriebsumstrukturierungen und Betriebsverkäufe genannt.

In solchen Fällen sind in den im Laufe von Jahrzehnten erreichten Gleichgewichtszustand zwischen religiös geprägter Geisteshaltung und Umweltgestaltung Gewichtsverschiebungen eingetreten. Dies rechtfertigt aber nicht den von M. BÜTTNER geprägten Begriff des "Fließgleichgewichtszustandes" anzuwenden[36], denn die Glaubenshaltung wird im Gegensatz zum Umweltverhalten und zur Umfeld- bzw. Umweltgestaltung nicht modifiziert.

IV. Die Sozialkörper als Religionskörper in Galata

Grundsätzlich sei der Besprechung des Problemkreises "Religionskörper - Sozialkörper" vorausgeschickt, daß Galata für die Ober- und Mittelschicht seit den sechziger Jahren unseres Jahrhunderts kein Auffangbecken mehr abgibt (Tab. 1).

Tab. 1: Struktur-Indices für Galata 1985 (Prozentwerte)

%	
0,0	Oberschicht - in Administration und Wirtschaftsführung
28,7	Selbständige in Handel - Gewerbe - Dienstleistungen
34,2	Selbständige ohne (bzw. mit Gelegenheits-) Arbeitskräfte(n)
2,1	weibliche Berufstätige
9,1	männliche Berufs- und Arbeitslose (Gelegenheitsbeschäftigung)
84,1	Alphabetisierung der seit der Rep.-Gründung geborenen Personen
5,1	moderne Wohnungen (Appartements)
1,0	Holz-Ziegel-Haustein-Bauweise
0,2	Geçekondu(lar)

Quelle: LEITNER, W., 1981; Erhebungen in İstanbul Belediyesi, 1986

Die für 1985 ermittelten Struktur-Indices belegen für Galata zwar immer noch eine bestehende Mittelschicht. Sie wird aber in zunehmendem Maße von der Grundschicht überdeckt. Damit sinkt der Sozialstatus des Quartiers weiter ab.

In den siebziger Jahren erfolgte eine Art Auswechslungsprozeß - eine Art Revirement in den unteren Positionen der Mittelschicht: Durch die Israel-Wanderung - durch den Exodus von ca. 170 jüdischen Familien aus Galata - kamen bei Besitzänderung Muslimen zum Zuge. Die Emigranten verkauften grundsätzlich nicht an Christen, sondern zu einem Drittel an Mitglieder der verharrenden jüdischen Gemeinde. Das zweite Drittel teilten sich einheimische Moslems und Gastarbeiter, deren Remissen auf İstanbuler Banken die Reintegration ermöglichten.

Geht man der Vorsorgungsfunktion und ihrer Raumwirksamkeit (vgl. Abb. 3 - 6) bzw. der Verschränkung von Wohn- und Betriebsfunktion nach, ergibt sich folgendes Bild:

Über 70 % Wohnfläche (unter 30 % Betriebsfläche) weist der Bereich östlich und nordöstlich des Galataturmes - von der Lüleci Hendek Caddesi bis nordwärts zur İstiklâlstraße und ostwärts bis zur Kumburacı Caddesi auf.

Bei der in Galata durchgeführten Strukturforschung, die im wesentlichen eine räumliche Bestandsaufnahme darstellt, wurde neben der Untersuchung der Verteilung der Gläubigen und deren religiösen Objektivationen im Stadtbild (vgl. Abb. 3 - 6) vor allem die Veränderung des Istzustandes im zeitlichen Ablauf erklärt. Besondere Akzente liegen auf den Problemkreisen: Kontinuität, Tradition, "Säkularisierung", den Interaktionen der verschiedenen Religionskörper und auf den Interdependenzen der Religionskörper als Sozialkörper.

Was die Datensituation anbelangt, wurden die Bezirks-(kaza) und mahalle-Unterlagen Galatas durchgesehen. Da eine differenzierte Auflistung der Wohnbevölkerung auf Wohn- oder Zählbezirksbasis nicht vorliegt, mußte mit Befragungen und Begehungsprotokollen gearbeitet werden (W. LEITNER 1981, 80). Bei den nach MOORE-KLEINING[37] modifizierten Erhebungsverfahren manifestierte sich die Kohärenz zwischen Sozialgruppen und Gebäudetypen. Die Korrelationsmethode im Konnex mit der Kartierung des Bauzustandes der Gebäude und die der Funktionen (vgl. Abb. 3 - 6) führte zur Ermittlung der komplexen Sozialstruktur, wobei ein besonderer Akzent auf dem Gedankengang der von der "social area analysis" inspirierten "factorial ecology" lag. Die vor Ort geführten Gespräche[38] befaßten sich u. a. mit dem Themenkreis Religion, Beruf, Familie, Wohnung und Wohnungsumfeld, Mobilität.

Um (getrennt) für Galata Einwohnerzahlen herauszuschälen, seien folgende Hinweise gemacht: G. PHRANZTES (1838, 241) und Leonhard von CHIOS sprechen für die Zeit des Kampfes um das christliche Bollwerk (1453) von 6 000 - 9 000 Verteidigern. Leonhard von CHIOS berichtet von 6 000 Griechen und 3 000 Italienern, worunter er aller Wahrscheinlichkeit nach die in Galata eingeschlossenen kampffähigen Männer verstand.[39]

Nach der Eroberung der Stadt (1453) wurde İstanbul (Constantinopel) in 182 mahalle(ler) = Gemeinden gegliedert[40]. Nicht-Muslim-mahalleler blieben statistisch unberücksichtigt. 1634 gab es 292 mahalleler und 12 djema' at (geduldete religiöse Communitäten), davon eine in Galata, 14 armenische und 9 jüdische mahalleler, dazu 256 Gemeinden extra muros (entlang des Boğaziçi, des Haliç, in Üsküdar und Kadıköy auf der asiatischen Seite des Bosporus und des Marmarameeres.

Nach dem Topkapı Sarayı Archiv, D 9524[42] existierten i. J. 1477 in Galata 1 521 Hauhalte. Sie gliedern sich in

        592   griechisch-orthodoxe Haushalte   = 39 %
        535   muslimische Haushalte   = 35 %
        332   "europäische" Haushalte   = 22 %
        62   armenische Haushalte   = 4 %

Die Zusammenstellung inkludiert allerdings weder Soldaten, weiters (medrese-) Studenten noch Sklaven. Jüdische Haushalte werden für das Jahr 1477 nicht genannt.

Ende des 15. Jh.s umfaßten die Nicht-Moslems in Constantinopel (İstanbul) sechs Gruppen:
- die rumelischen Griechen (auf der H. J. Stambul, vornehmlich im Fenerbereich der SW-Seite des Haliç),
- Armenier (vereinzelt bereits in Galata),
- Juden (ab 1480) in Galata,
- Karamanlı (aus Karaman deportierte orthodoxe Christen, türkisch sprechend, mit eigenem djema' at),
- "Franken" Galatas (röm.-kath., meist Kaufleute, Diplomaten) und
- die Griechen Galatas.

Die "Nicht-Moslems" waren in ta'ifes (millets) eingeteilt. Diese Gliederung hielt sich übrigens bis ins 20. Jh. Der Rum milleti ru' esāsi kam dabei die größte Bedeutung zu. Der "griechische" Patriarch konnte durch Zahlung einer Vorsprachegebühr auch für die anderen (nicht-muslimischen) Religionsgruppen eintreten.

Für den (relativ) gut dokumentierten jüdischen Religionskörper sei angemerkt, daß bis ins 17. Jh. drei mehr oder minder separierte Gemeinden mit eigener Identität bestanden haben: Sephārdim, Karäiten[44] und Romanioten (Romaniten, Rabbaniten).

Die großen Brände der Jahre 1633 und 1665 (W. LEITNER 1970; 1981), die einem Kahlschlag gleich ganze (Holzhaus-)Stadtviertel niederlegten, lösten die Communitäten auf. Evelyā ČELEBĪ (1, 413, 4) verweist noch für 1582 auf eine getrennte Eingabe der drei jüdischen Gemeinden an den Sultan um einen (allerdings bereits gemeinsamen) Friedhof im Hasköy (Khaṣṣköy), an der N-Seite des Haliç, westlich der Stadtmauer Galatas.

In diesem Zusammenhang sei der in der Literatur immer wieder zitierten Bemerkung entgegengetreten, die Christen- und Griechenviertel, weiters die im NW der Stadt (?) gelegene Judensiedlung seien seit der Eroberung (1453) stets an der gleichen Stelle geblieben[45].

So vermeldet z. B. Evliyā ČELEBĪ (1, 413, 414), daß durch den Bau der Validé Camii (1597) Juden des Eminönü-Viertels (S-Seite der Galatabrücke), und zwar "über 100 Häuser", nach Khaşşköy transferiert worden seien.

Weitere Indices für die Einwohnerzahlen Galatas liefern Angaben über die (damals) intra et extra muros arbeitenden Bäckereien[46]:

Tab. 2: Anzahl der Bäckereien

	1672	1755	1768
İstanbul (H. J. Stambul, innerhalb der "Landmauer")	84	141	297
Galata	25	61	116
Üsükdar[47]	14	22	65
Eyüp[47]	11	7	28

Quelle: Enzyklopädie des Islam II, 241

Relative Proportionen können ferner approximativ aus den Angaben über die Zahl der Kaufhäuser i. J. 1672 ermittelt werden:

Tab. 3: Anzahl der Kaufhäuser im Jahre 1672

İstanbul	24
Galata	5
Üsküdar	4
Eyüp[48]	9

Quelle: Enzyklopädie des Islam II, 241

Tab. 4: Bevölkerung İstanbuls (Constantinopel)

Jahr	Grundlage der Zählung[49]	Moslems	Christen	Juden	Summe
1477	khāne[50]	9 517	5 162	1 647	16 326
1489	khāne	-[51]	5 462	2 491	-
1535	khāne	46 635	25 295	8 070	80 000
1634	'awārid khānesi }[52]	1 525	-	1 255	
1690	Kopfsteuer[53]	-	45 112	8 236	-
1833	Männerzählung	73 496	102 649	11 413	-
1856	Personen	73 093	62 383		
	khāne	29 383	19 015		
1918	Personen[54]				700 000
1927	Personen[54]				690 911

Quelle: Enzyklopädie des Islam IV, 19 u. a.

Gegen Ende des 19. Jh.s zählte İstanbul (Constantinopel) - intra und extra muros - 744 422 Einwohner. Sie rekrutierten sich aus 384 910 Anhängern des Islam und 359 512 Nicht-Moslems (Tab. 4 und Abb. 1).
Letztere gliederten sich in:

    152 741   Griechen
    149 590   gregorianische Armenier
      4 422   katholische Armenier
     44 391   Juden
    129 243   fremde Untertanen

Am Anfang des 20. Jh.s gab es in der "Stadt am Goldenen Horn, Bosporus und Marmarameer" 500 000 Türken, 200 000 Griechen, 180 000 Armenier, 65 000 Juden, 70 000 "Europäer" und 13 000 fremde Untertanen.

Das rapide (randstädtische) Bevölkerungswachstum der Gegenwart zählt übrigens zu den augenfälligsten Erscheinungen (Tab. 5).

Ausgewogenheit von Wohnfläche zu Betriebsfläche (je etwa 50 %) stellt sich um den Galataturm ein; von dort westwärts bis Şişhane und hügelabwärts zum Karaköy meydanı (-platz). Über 70 % Betriebsfläche (das Wohnareal bleibt oft weit unter 20 %) wurde für die Strandpartie am Boğaziçi (Banken, Versicherungen,

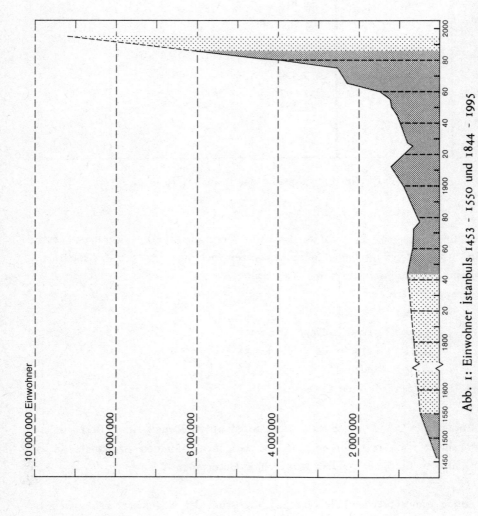

Abb. 1: Einwohner İstanbuls 1453 - 1550 und 1844 - 1995
Quelle: İstanbul şehir rehberi, jährlich; Auskünfte des İstanbul Belediyesi

Hafengebäude) und für den SE-Haliç-Ausgang (mit Metallwarenlagerhaltebetrieben) eruiert.

Die Kartierungen dokumentieren eine äußerst feingliedrige **Funktionsstruktur**, eine völlig ausreichende Versorgung mit Gütern des täglichen und periodischen Bedarfs, aber auch den im Durchschnitt niedrigen Lebensstandard der Wohnbevölkerung (Abb. 2 - 6).

Tab. 5: Bevölkerung der Türkei und von İstanbul intra und extra muros

Jahr	Türkei	"Groß"-İstanbul	
		İstanbul intra muros	İstanbul extra muros
1927	13 648 000	245 982	694 292
1940	17 821 000	266 272	841 611
1950	20 947 000	349 909	1 035 202
1960	27 755 000	433 629	1 466 435
1965	31 391 000	482 451	1 541 695
1977	42 130 000	553 284	2 312 551
1980	45 217 556	567 902	4 741 890
1985*	47 280 000	583 000	5 300 000

* Fortschreibung
Quelle: Auskünfte des İstanbul Belediye Sarayı, 1986.

Auf Grund des äußeren **Erscheinungsbildes**, der **Bausubstanz** und der **funktionalen Ausstattung** sind im Untersuchungsgebiet die Hauptstraßen mit ihren modernen mehrstöckigen Neubauten (mit z.T. Glas- und Stahlfassaden) von den die Thrakische Tafel steil emporkletternden Altstadtbereichen zu trennen. Allerdings repräsentieren sich die Wohnbereiche Galatas sehr uneinheitlich. Vielfach trifft man einen durchgehenden Geschäftssockel, der auch das 1. und 2. Stockwerk miteinbeziehen kann. Ab dem 3. Geschoß herrscht die Wohnfunktion vor. Mit Entfernung von den Hauptstraßen nimmt die "Geschäftsdichte" ab. Die Anzahl der Gebäudegeschosse beträgt im Durchschnitt 4. Sie pendelt im Quartier zwischen 2 und 9. Nur etwa 10 % der Häuser sind zweigeschossig. Flachdachhäuser herrschen vor. Oft setzte man Mansarden auf. Vereinzelt wurden Dachgärten plaziert.

Was das Baugesicht anbelangt, ist beinahe die Hälfte der Wohngebäude als baufällig, teilweise als abbruchreif einzustufen. 25 % weisen eine gute bis sehr gute Fassade auf. In der Summe überwiegen in Galata, und zwar mit 42 % An-

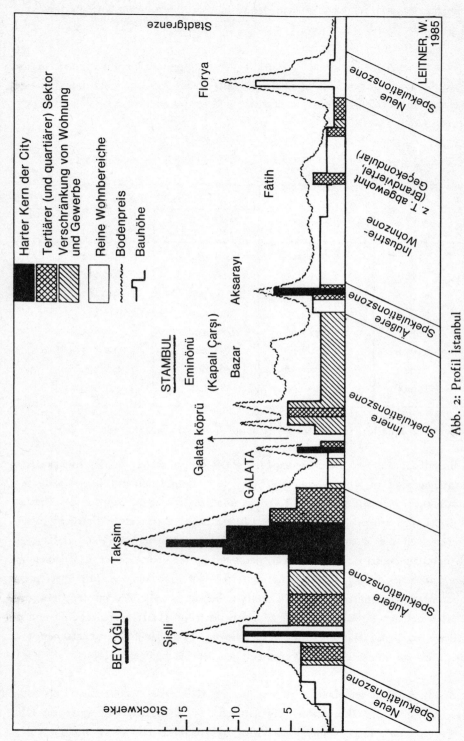

Abb. 2: Profil İstanbul
Quelle: Eigene Erhebungen

teil, Häuser mit kombinierter Funktion (Geschäfts-, Gewerbe- und Wohnfunktion). Häuser mit reiner Wohnfunktion weisen einen Anteil von 24 % auf. 33 % der Gebäude Galatas werden in Form von Banken, Versicherungen, Büros, Lager, Geschäften etc. genutzt.

Die "Orientalisierung" Galatas wird durch die Branchen - "dichte" deutlich, d. h. auf bestimmte Straßen bzw. Straßenabschnitte konzentrieren sich bestimmte Gewerbe- und Dienstleistungsunternehmen. So trifft man Elektrogeschäfte in der Voyvoda-, Okçu Musa-, Büyük- und Kücük Hendek Caddesi, Musik- und Plattengeschäfte wiederum in der Gâlin Dede Straße. Die südliche Hälfte der Yüksek Kaldırım Caddesi (der steilen Stiegenstraße) wird von Druckereien dominiert, im nördlichen Teil treten viele holzverarbeitende Gewerbeunternehmen auf (vgl. Abb. 3 - 6).

Ein typisches Beispiel für die Unterschicht und Substandardsituation, aber auch für die Hafennähe gibt die Freudenhausgasse (es handelt sich um einen abgesperrten Teil der Zürefa Sokağı parallel zur unteren Yüksek Kaldırım Caddesi).

In der Bevölkerungsstruktur sind die jüngeren Jahrgänge stark vertreten, desgleichen die Gruppe über 65 Jahre.

Von einem Stagnationsraum kann nicht die Rede sein, beträgt doch der Prozentsatz der 0 - 5Jährigen 5,4. Desgleichen liegt die Geburtenrate über der Sterberate.

Was die Beschäftigungsstruktur Galatas anbelangt, ist die Situation - verglichen mit anderen Stadtteilen (Groß-) İstanbuls - relativ gut. Laut Auskunft des İmar ve İşkan Bakanlığı, Büyük İstanbul Odakule, İstiklâl Caddesi, 9. Stock und der Kaza Behörde in Şişhane beträgt 1985 das Verhältnis der männlichen (wohnhaft) Beschäftigten zu den (männlichen) Arbeitslosen 91 % zu 9 %, wobei vor allem die ungelernten Erwerbspersonen im Quartier eine sehr ausgefächerte Beschäftigungspalette vorfinden.

In der Berufsstruktur ist die Verteilung auf wenige Sparten signifikant: es dominieren, und zwar in der Zahl der Beschäftigten, die Dienste mit 55 %, gefolgt vom II. Wirtschaftssektor mit 41 %.

Betrachtet man die residentielle Segregation nach dem Alter der Wohnbevölkerung nach B. und O. DUNCAN (1955)[55], erbringt der Index der Segregation für

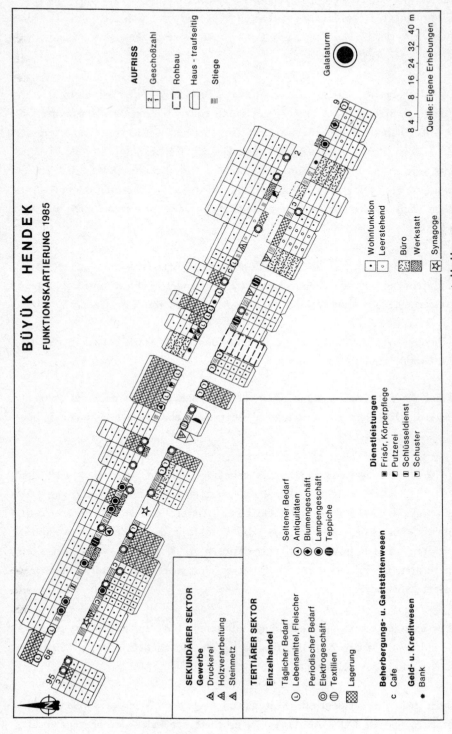

Abb. 3: Verteilung von Funktionen in Galata/BÜYÜK HENDEK

Quelle: Eigene Erhebungen 1985

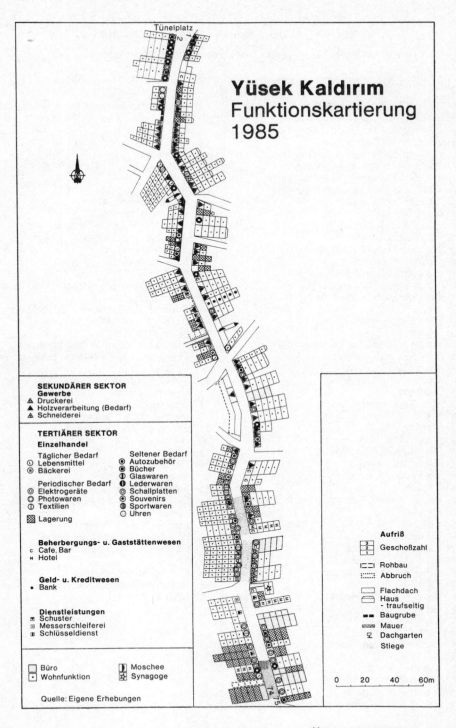

Abb. 4: Verteilung von Funktionen in Galata/YÜSEK KALDIRIM

Quelle: Eigene Erhebungen 1985

Erläuterungen der Nummern in Abb. 5 und Abb. 6
(Die Beifügung "aufgelassen" bezieht sich auf den Stand von 1985)

1 Yolcu Zade Mescit (kleine Moschee)
2 Yeşil direk Hamam (Bad)
3 Sebil (gestifteter) Brunnen
4 Azap Kapı-Brunnen
5 Mektep (Schule) - aufgelassen
6 Alaca Mescit - aufgelassen
7 Boğlica Hamam - aufgelassen
8 Arap Camii (Freitags-Moschee)
9 Genuesisches Haus
10 Yeni Hamam
11 Azap Kapısı Camii
12 Türbe (Grabmal)
13 Nişancı Mescit - aufgelassen
14 Çeşme (Brunnen)
15 Yelkenci Hanı Mescit
16 Perşembe pazarı Hamam
17 Bedesten (gedeckter Basar)
18 Çeşme
19 Eski Yağ Kapanı Camii
20 Türbe
21 Rüstem Paşa Han (Karawanserei)
22 Yeni Camii - aufgelassen
23 Yeni Cami Çeşme
24 Çeşme
25 Medrese
26 Synagoge - aufgelassen
27 Karaköy Camii
28 Havyar Han
29 Ömer Abit Han
30 (ehem.) Galataschloß
31 Yer Altı Camii
32 Kemankeş Paşa Camii
33 Çeşme
34 Bektaş Efendi Mescit - aufgelassen
35 Karaköy Hamam (Karaköy Palas)
36 türk.-orthodoxe Kirche (Ayios Nikolaios)
37 Kaphatiani-Kirche
38 Kılıç Ali Paşa Camii
39 Kılıç Ali Paşa Hamam
40 Türbe
41 Kılıç Ali Paşa Medrese
42 Tophane Çeşme
43 Karabaş Tekkiyesi Mescit
44 Yamalı Hamam
45 Tophane (ehem. Kanonengießerei)
46 Mektep
47 Kapı içi Hamam
48 Sultan Bayazıt Mescit
49 Syrianische Kirche
50 (neue) armenische Kirche (St. Gregor)
51 griech.-orthodoxe Kirche (Ayiós Joannis)
52 griech.-orthodoxe Kirche (Christos)
53 (röm.-kath.) Lazaristen-Kirche (St. Benoit)
54 (Schneider-) Synagoge
55 Synagoge (aufgelassen)
56 Armenisch-katholische Kirche
57 Çeşme
58 Ali Hoca Mescit
59 Çeşme der Mihrisah
60 Hoca Ali Mescit
61 Hacı Mimi Celebi Mescit
62 Anglikanische Kirche
63 Yazıcı Camii
64 Şahkulu Mescit
65 Sebil
66 Tekke (Derwisch-Kloster) - Museum
67 Galataturm (kulesi)
68 Bereket Zade Camii - aufgelassen
69 Bereket Zade Mescit - aufgelassen
70 St. Pierre Han
71 röm.-kath. Kirche (St. Pietro)
72 Comune di Pera (ehem. Podesta von Galata)
73 Sankt Georg (röm.-kath. Kirche und österr. Schule)
74 Österreichisches Spital (Barmherzige Schwestern)
75 Synagoge (aufgelassen)
76 Hastanesi (türk. Bezirkskrankenhaus)
77 Çeşme
78 "italienische" Synagoge
79 Okçu Musa Mescit
80 Şahsuvar Mescit
81 Synagoge (Hauptgotteshaus İstanbuls)
82 Synagoge
83 Etmek Yemez Mescit
84 Belediye (Bezirks-Magistrat)
85 Çeşme
86 Türbe
87 Çeşme (Bit Pazari)
88 Hafengebäude Salıpazarı
89 Dock - Arsenal (Kasımpaşa)

Galata keine räumliche Verteilung der Altersgruppen. Ausnahmen bilden die Citybereiche (Voyvoda-, Okçu Musa Caddesi, Teile des Karaköy Platzes), in denen 30 - 49Jährige stärker konzentriert sind.

Das lange Beharren in den Wohnungen und die altersunabhängige Wohndauer führen zur Frage des Haushaltstyps. Bei allen Religionskörpern überwiegt in Galata der Mehrpersonen- und Mehrgenerationenhaushalt. Die islamischen Familien weisen im Schnitt 5 Personen auf.

Es dominiert nach wie vor der "orientalische" Lebensrhythmus, bei dem die Ausstattung mit einer altersspezifischen Infrastruktur besondere Bewertung findet: Es sind dies die größere Vertrautheit mit der Umgebung, die ausreichende Versorgung mit den Gütern des täglichen Bedarfes (siehe Abb. 3 - 6) - der Gemüsehändler kommt vor das Haus und die gekaufte Ware wird mit einem Seil in die oberen Etagen gehievt -; es gibt Schulen verschiedenster Kategorien, aber vor allem Krankenhäuser und damit Ärzte und Apotheken (eçzane) gleichsam vor der Haustür. Einpersonenhaushalte und Wohngemeinschaften sind in Galata unbekannt.

Eine weitere Untersuchung nach dem Lebensrhythmuskonzept (gem. C. G. PICKVANCE 1973)[56] zeigt nach Befragungen bei den Jahrgängen zwischen 20 und 39 die Bereitschaft, aber nicht die Möglichkeit zur Mobilität. Bei der gegenwärtig immobilen jüdischen Gemeinde Galatas wurde ziemlich einhellig erklärt, eine den lebenszyklusadäquaten "Bedürfnissen" entsprechende Wohnung wäre mit Quartierwechsel verbunden und erbringe hiermit eine unzumutbare Entfernung zum Gotteshaus.

Bei der auch in Galata stets heterogener und multifunktionaler werdenden Gesellschaftsstruktur und den dabei involvierten Individualisierungsprozessen ist die Differenzierung sozialer Kontexte zu berücksichtigen. Man agiert in Galata immer mehr in zwei Ebenen, in der privat/religiösen und der beruflich/sozialen. Der Jahrhunderte geübte Sozialisierungsprozeß sieht sich gegenwärtig mit den Individuierungsvorgängen konfrontiert. Dazu tritt additiv die ökonomische Anpassungsreagibilität, die letztlich zur "Säkularisation" führt.

Ein Beispiel: Ein (relativ) hochrangiges Mitglied eines Religionskörpers erklärt vor Zeugen, seine Religionsgemeinschaft zahle für den Gotteshausbesuch (in Galata) "Animierungsbeiträge". Bei der stark rückläufigen Frequenz wäre ansonst die Schließung der Andachtsstätten zu befürchten.[57]

Der wirtschaftliche Umbruch der kemalistischen Ära führte zu einem enormen Zustrom von Muslimen - bedingt durch das Abwandern der christlichen und jüdischen Oberschicht in die neuen Statuswohnorte der Thrakischen Tafel (Şişli - Levent I - IV) und des Bosporusgestades (W. LEITNER 1981). Außerdem wandelte sich der (hohe) Anteil der ausländischen Bevölkerung (seit 1923) von einer fremdbürtigen in eine ortsbürtige. Dabei bezeichnete man in summa die christlichen (fränkischen) şapkalı (= Hutträger) als "Griechen", wobei die Apostrophierung religionsbezogen zu interpretieren ist und das einzige einigende Band bildete. Die erzwungene soziale Abgrenzung formte die Religionskörper, innerhalb derer diverse ethnische Gruppen existier(t)en.

Im Handlungs- und Lebensraum Galata ist am schwersten der christliche **Religionskörper** zu fassen: Ihm gehören Mitglieder von 20 verschiedenen Denominationen an. Zu dem Durcheinander und Ineinander von Klosterpfarr- und Nichtpfarrkirchen, von Spital- und Institutskirchen - mit Mönchstum und Schwesternkongregationen - rechnen weiters die christlichen Schulen und ein (katholisches) Krankenhaus. Vor allem ist die Korrelation christlicher Religionskörper und (in Galata wohnhafter) Sozialkörper durch den unterschiedlichen Sozialstatus erschwert. So stehen innerhalb des christlichen Religions- (Sozial-)körpers in Galata einander Akademiker (Kleriker mit höchstem Bildungsgrad, Lehrer der höheren Schulen, Ärzte, Apotheker, Patres, Schul- und Krankenschwestern) den ortsansässigen christlichen Mitarbeitern der "europäischen" Aktivitäten und den im Quartier lebenden Gläubigen niederer sozialer Herkunft gegenüber.

Anders erscheint die Situation beim mosaischen Religionskörper. Versteht man unter "Religionskörper" (eine) Gruppe(n) von Menschen, deren Hauptmerkmal die gemeinsame (überkommene) Religion charakterisiert, - mit Einhalten der Religions-, Gesinnungs- und Verhaltensnormen, besonders ihrer hochgewerteten Sitten, ergibt sich ein gewisses Ausmaß an Konformität. Diese "jüdische" Einheit ist (war) Außenstehenden erkennbar, obgleich sie exklusiv ist. Es bestehen starke wechselseitige (auch familiäre) Bindungen, wenngleich keine Kontrolle über ihre Mitglieder.

Da der mosaische Religionskörper[58] Galatas eine Kombination darstellt, und zwar eine sefardisch - aschkenasische, allerdings ohne "Stettl-" bzw. "Stüblüberlieferung", wohl aber mit selbstgenügsamen Traditionen - ist die Verbindung zum Sozialkörper leichter herzustellen.

Mündliche Intensiv-Interviews an Hand eines Befragungsleitfadens, die auch die

Bewertung der "Zufriedenheit" (nach der Art der behavioristischen Umweltbetrachtung bzw. die des Gegenteils) ermöglichten, erbrachten die Tatsache, daß die in Galata verbliebenen Juden allesamt Besitzer von Gewerbe und Dienstleistungsunternehmen sind und somit der (unteren) Mittelschicht angehören.

Der Islam als in Galata vorherrschender (Religions-)**Sozialkörper** unterliegt im Quartier jenem Prozeß, wie er für abgewohnte urbane Bereiche typisch ist, nämlich dem einer absteigenden vertikalen Mobilität. Da die Arbeitsplatzfindung in den Industriewachstumszonen des Stadtrandes leichter ist als in der "Stadtmitte", unterblieben in den sechziger und siebziger Jahren Massenzuwanderungen im Rahmen der Land- und Stadtarbeitsflucht. Durch die Cityausbreitung und den Bausubstanzverfall steht zudem kein neuer Wohnraum zur Verfügung, was aber auch die Slumbildung verhinderte.

Nun zu den Fragen der mitmenschlichen Beziehungen zwischen den Religions-(Sozial-)körpern: Daß zunächst dem Problemkreis unterschiedlicher Lebensbedingungen nachgegangen wurde, hängt damit zusammen, daß gegenwärtig dem "paradox of affluence"[59] größte Bedeutung beigemessen wird. Man kann zwar das von M. PACIONE (1982, 495)[60] beschriebene "Phänomen" für Galata nicht als Wohlstandsparadoxon bezeichnen; dennoch führen steigende (Gewerbe-) Einkommen und (Wohnungs-) Infrastrukturverbesserungen - mithin steigende "Lebensqualität" - zur Sensibilisierung in Fragen Religion.

Nach wie vor geht das (religiöse) Leben den verschiedenen Kalendern gemäß vor sich. Für das Offenhalten der Geschäfte gilt die türkische Sonntagsruhe. Die Angehörigen des jüdischen Religionskörpers heiligen den Sabbat.

Geht man von der Prämisse aus, es gebe Kovariationen zwischen dem in die gebaute Umwelt eingebetteten Sozialkörper und den konkreten Aktivitäten (der Handlungsorientierung) des Religionskörpers, seien folgende Verhaltensmuster angeführt:

Zunächst bewirkt das im Durchschnitt höhere Lebensalter und die lange Wohndauer ein gutes Nachbarschaftsverhältnis. In manchen Wohnblöcken Galatas wurden gemischt-religiöse "Nachbarschaftseinheiten" eruiert. Man nimmt nicht nur am Leben, sondern auch an den religiösen Festen des (der) Nachbarn Anteil. Es wird überhaupt gerne gefeiert - jedoch mit abnehmendem "Prunk" (und, wie es noch vor einigen Jahren der Fall war, mit einer damit in Zusammenhang stehenden Verschuldung auf Lebenszeit).

Die Juden feiern die religiöse Volljährigkeit der 13jährigen Knaben und der 12-jährigen Mädchen, Juden und Moslems die Beschneidung, sie alle feiern "ihre" Hochzeiten. Man feiert aber im engsten Familien- (Sippen-)verband. Einige Hochzeitslokale, wie sie in großer Zahl noch in anderen Stadtteilen İstanbuls existieren, sind in Galata nicht anzutreffen.

Das gute "nachbarschaftliche" Verhältnis offenbart sich an den hohen Festtagen. So kommen Juden zu Pessach mit ungesäuertem Brot, Christen zu Ostern mit Mandel-Honig-Gebäck und Muslimen gegen Ende des Şeker-Bayram mit Konfekt zu ihren "religiösen" Nachbarn. Die Sitte, für das katholische Ostern Eier zu färben, nutzen (muslimische) Straßenhändler und bieten wäschekörbeweise rote Eier an. Katholische Christen beziehen ihren Osterschinken von "bulgarischen" Händlern, muhacirler (Rücksiedlern), die am Stadtrand einschlägige Betriebe unterhalten.

Allgemein betrachtet sinkt innerhalb der Religionskörper das Heiratsalter. Postadulszenz macht sich unter den sozial aufsteigenden Muslimen Galatas bemerkbar. In diesem Fall kann der Um-(Weg-)zug als intraurbane Anpassungsreaktion aufgefaßt werden. Der größere Kindersegen bei den Moslems ist auf Frühehen zurückzuführen.[61]

Die Schulpflicht verhindert jedoch das Heiraten vor dem 17. Lebensjahr. Die Heiratskreise - bei freier Partnerwahl - führen heute weit über Galata hinaus. Vereinzelt versprechen noch muslimische Eltern einander ihre Kinder. Die Zahl der Scheidungen muslimischer Eltern Galatas steigt indes beachtlich an, ebenso die Zahl der Junggesellen. Meist handelt es sich dabei um Männer, die finanzieller Motive wegen keine Familie gründen können (wollen). Anders ist die Situation beim mosaischen Religionskörper Galatas. Dieser betreut von der Wiege bis zur Bahre seine Mitglieder. Daher gibt es auch kaum Junggesellen und nahezu keine Scheidungen.

Für die katholische Gemeinde ist eine gewisse Abschwächung an den Konzilsintensionen feststellbar. Man weiß über die Irreversibilität des Konzils, hält die Pillen-Regelung (streng) ein, betont aber innerhalb der hierarchischen Gemeinschaft immer stärker die kollegiale Komponente.

Was Ko-Existenz und Toleranz anbelangt, sind die Religionskörper Galatas näher aneinander gerückt. Ein abschließendes Beispiel mag das innere Beziehungsgefüge erhellen: Am österreichischen St. Georgs-Krankenhaus waren bis vor kurzem ausschließlich christliche Ärzte tätig - Griechen, Katholiken, Armenier - gegenwärtig verpflichtet man auch Moslems; und es werden sogar Beschneidungen ausgeführt. Dies erscheint dem Verfasser nicht als normales Toleranzverhalten, sondern als Toleranz in (ungeahnten) neuen Dimensionen. Die soziologische Migrationsforschung betont zwar immer wieder den Kontext zwischen relativer "Deprivation" und Dogmatismus bzw. Intoleranz, auch zwischen Immigration und seelischer Belastung ("Inselangst"). Jedoch gehört diese Verhaltensweise - so sie überhaupt ausgeprägt war - zweifelsohne der Vergangenheit an; liegen doch die letzten, auch religiös zu sehenden "Horrortage" in Galata (Beyoğlu) immerhin dreißig Jahre zurück.

Zusammenfassung

Die religionsgeographische Untersuchung widmet sich innerhalb der "Stadtlandschaft" İstanbul der Raumgestaltung des Stadtteiles Galata und legt dabei besonderes Gewicht auf die Religion-Umwelt-Kontakte; leben doch in Galata auf einer Fläche von 10 km² seit Jahrhunderten Angehörige der drei monotheistischen Großreligionen (mehr oder minder friedlich) mit- und nebeneinander. Christen, Juden und Muslemin setzen ihren Glauben jedoch unterschiedlich in geographisch relevante Aktivitäten um. Wie die Historie des Stadtviertels Galata reicht auch eine Anzahl von Kirchen in das nur schwer zu erhellende Dunkel der Byzantinischen Zeit zurück. Anhand der Synaxarien, der Byzantinischen Literatur und der Deliminationsurkunde von 1303 werden die **frühchristlichen** und heute nicht mehr existierenden Kirchen genannt bzw. jene christlichen Gotteshäuser vorgestellt, die nach 1453 in Moscheen umgewandelt worden sind. In diesem Zusammenhang wird das ausgefächerte "West-" und "Ostchristentum" Galatas besprochen, die Wohnsituierung, das Glaubensleben und die durch mehrere "nationale Wellen" veranlaßten horizontalen Mobilitätsprozesse.

Für den relativ gut dokumentierten **jüdischen** Religionskörper wurden die bis ins 17. Jh. separiert bestehenden Gemeinden der Sephärdim, Karäiten und Romanioten herausgearbeitet. Die Galata-Judengemeinde geht übrigens zum überwiegenden Teil auf die sefardische Diaspora (1391 - 1700) zurück. Die jüdischen Siedlungsgebiete nannte man djema'ats. Sie stellten religiöse und administrative Einheiten dar. Die jüdische Gemeinde Galatas bewahrt nach wie vor den sefardischen Traditionalismus. Tief ist der Gemeinschaftsgedanke verwurzelt. Man blieb gegen äußere Einflüsse ziemlich resistent. Die aschkenasischen Immigrationswellen der Jahre 1938 - 1943 führten eher zu einer Aufdeckung verschütteter

Fundamente: der (Wieder-)Beachtung der durch den Kemalismus zur bloßen "Funktion" degradierten Bräuche (brit milla, bar mizwa, des Pessach - und Chanukkafestes). Ferner wird die seit der Jahrhundertwende relativ unveränderte "jüdische Konzentration" in Galata vorgestellt.

Was den Wandel der urbanen Raumorganisation Galatas bzw. dessen **muslimische** "Überwältigung" anbetrifft wurde auf den sich stark wandelnden schichtspezifischen Gesellschaftsaufbau und der damit verbundenen "Pera"- und "Bosporuswanderung" hingewiesen. Zudem unterlag der eingedrungene Orient immer mehr dem Einfluß "Europas", bis sich Galata um die Jahrhundertwende völlig europäisierte. Ein besonderer Abschnitt behandelt die (nach 1453 vor sich gegangene) islamisch/religiöse Funktionsausbreitung.

Das abschließende Kapitel legt die Akzente auf die Schilderung der Veränderung des Istzustandes im Handlungs- und Lebensraum Galata, so vor allem auf die Problemkreise: Kontinuität, Tradition, "Säkularisierung", auf die Interaktionen und auf die Interdependenzen der Religionskörper als Sozialkörper, wobei auch den Fragen der mitmenschlichen Beziehungen zwischen den Religions- (Sozial-) körpern nachgegangen wurde.

Summary

Within the municipal district of Istanbul the religion-geographical analysis deals with the planning of the district of Galata and particularly stresses the relations between religion and environment; after all, for centuries members of all three monotheistic confessions have been living (more or less peacefully) together in Galata on an area of 10 km².

Christians, Jews and Muslims, however, have translated their faiths into various geographically relevant activities. Both the history of the municipal district of Galata and a number of churches there date back to the nearly impenetrable darkness of the Byzantine era. By quoting the Synaxaries, Byzantine literature and the Delimination-document of 1303, the early Christian churches which were transformed into mosques after 1453 are presented. In this connection Galata's distinct "Christianity of the West" and "Christianity of the East" as well as its housing situation, its ways of religious life, and its processes of horizontal mobility caused by several "national waves" are discussed.

Concerning the relatively well-documented Jewish confession, the congregations of the Sephardim, the Karaits and the Romaniots are discussed, all of which existed separately until the 17th century. The Jewish congregation of Galata mainly has its origin in the Sefardic Diaspora (1391 - 1700). The Jewish quarters which were called djema'ats, represented religious and administrative unities. Today the Jewish congregation of Galata still maintains Sefardic traditionalism, and its sense of solidarity is deep-rooted. Influences from outside were rather ineffective. The "Ashkenasic" waves of immigration from 1938 to 1943 rather lead to a revelation of lost foundations, i.e. a (re-)consideration of traditional customs like brit milla, bar mizwa, Pessach- and Chanukka-celebrations, which had been degraded to "pure function" by Kemalism. Moreover, the "Jewish concentration" of Galata, which has remained relatively unchanged since the turn of the century, is presented.

Concerning the change of the organization of the urban area of Galata and its Moslemic "subjugation", respectively, the strongly changing social structure of society, and the "Pera" and "Bosporus" migrations - which are closely related to the former - are emphasized. In addition to that, Oriental civilization, which had invaded this area previously, gradually was defeated by European influence until by the turn of the century Galata became totally "europeanized". A special chapter deals with the Islamic/religious spreading of functions after 1453.

The final chapter stresses the change of the actual situation of Galata as an area of life and activity; especially the problems of continuity, tradition and "secularization" are discussed, together with interactions, and interdependences of the religious confessions as social institutions, in the course of which problems of human relations between the religious/social institutions are dealt with.

Anmerkungen

[1] Wilhelm LEITNER, Mag. Dr., o. Univ.Professor, Vorstand des Insituts für Geographie der Karl-Franzens-Universität Graz/Austria.

[2] F. AKBAL (1951); D. AKDAĞ (1963; 1971); S. AKTÜRE (1975); K. BACHTELER (1967); Ö. L. BARKAN (1942; 1954); M. BELİN (1931); P. A. DETHIER (1873); D. ESSAD (1909); H. GEHRING (1909); E. A. GROSVENOR (1895); P. GYLLIUS (1932); M. HALBWACHS (1942); J. HAMMER (1822); H. W. HAUSSIG (1959); H. HÖGG (1961); R. YANIN (1850); R. LIDELL (1959); R. MANTRAN (1962); R. MAYER (1943); A. MILLIGEN (1890; 1890); W. MÜLLER-WIENER (1962); W. P. NEWSKAJA (1955); E. OBERHUMER (1902); A. M. SCHNEIDER (1950; 1956); R. STEWIG (1964).

³ Vgl. A. BRAUN (1972); L. BUDDLE (1977); H. W. HAUSSIG 81959); H. HÖGG (1961 und 1967); R. LIDELL (1959); W. MÜLLER-WIENER (1962); A. M. SCHNEIDER (1936; 1949; 1950 und 1956).

⁴ Vgl. U. SHEVKY und W. BELL (1955): Sozialarea analysis. Hanford; K. M. BOLTE (1966); A. BRAUN (1972; 1975); O. ENGELBERGER (1972): Sozialräumliche Gliederung als Grundlage für die Stadtplanung in Wien; M. SAUBERER und K. CSERJAN (1972): Sozialräumliche Gliederung Wien. Beide Arbeiten in: Der Aufbau, Fachschr. f. Bauen, Wohnen, Umweltschutz, hrsgg. v. Stadtbauamt Wien, 27. Jg., 7/8, 241 - 306.

⁵ A. BRAUN (1972): Hamburg-Uhlenhorst. Entwicklung und Sozialstruktur eines citynahen Wohnquartiers. Mitt.Geogr.Ges. Hamburg, Bd. 59; A. BRAUN (1975): Homogene Stadteinheiten. Probleme ihrer Ausgliederung und Qualifizierung. Ztschr. f. Wi.-Gg., 15. Jg., H. 4, Hagen Westfalen, 97 - 103.

⁶ An dieser Stelle sei (erneut) Herrn Univ.-Prof. Dr. Nusret EKİN, Dekan der Sozial- und wirtschaftswiss. Fak. d. Univ. İstanbul und Herrn (Generaldirektor) Yüksek Mimâr Suphi TEVETOĞLU (İmar ve İşkan Bakanlığı, Büyük İstanbul-Odakule, İstiklal Cadd.) gedankt. Sie gewährten in großzügiger Weise jede wissenschaftliche Unterstützung.

⁷ Berücksichtigt wurden die Wohnversorgungsziffer (Zahl der Wohnräume je Einwohner), die Belegungsdichte (Zahl der Personen pro Wohnraum) und die Wohnfläche (in Quadratmetern pro Einwohner bzw. je Person des jeweiligen Haushaltes).

⁸ Vgl. ferner: K. MILLER (1916): Itineraria Romana. 515;

⁹ O. SEEK (1876): Notitia Dignitatum, 240, zitiert bei A. M. SCHNEIDER und M. NOMIDIS (1944, 1).

¹⁰ Diese Aussage stützt sich auf die Angaben der Patria (265, 13) und des Nicephorus Const., die bei A. M. SCHNEIDER und M. NOMIDIS (1944, 2) zitiert werden.

¹¹ Evliyā ČELEBĪ (um 1670): Siyāḥatnāme, I, 433 (Stambuler Druck), übersetzt von H. HAMMER: Narrative of Travels in Europe, London 1846 - 1850, Vol. I).

¹² Vgl. Daleggio d'Alessio, Echos d'Orient. 1926, 24, Nr. 21

¹³ A. M. SCHNEIDER (1936): Byzanz. Berlin, 39 entnimmt die Namen der Kirchen diversen Aufzählungen (Listen), wobei er sich besonders auf die Gewährsmänner KARABEINIKOV, der 1593 im Auftrag des russ. Zaren in Galata weilte und auf den Athener PATERAKIS (1904) beruft.

¹⁴ Das Gotteshaus ist aber erst seit 1882 im Besitz des österr. Lazaristen, die Kirche und Kloster den Bosnischen Franziskanern abkauften.

¹⁵ Eine Knaben- und Mädchenvolksschule geht auf 1874 zurück. Der Unterricht erfolgte in einem angemieteten Haus nächst St. Benoît.
Das große Haus in der Çınar Sokağı wurde 1882 bezogen. Realgymnasium und Handelsakademie sind nach dem türkischen Schulunterrichtsgesetz organisiert; genießen in der Türkei Öffentlichkeitsrecht. Ihr Reifezeugnis wird in der Türkei und in Österreich anerkannt.

¹⁶ Als "Zelle" der Kirchengemeinde von St. Georg gelten die Barmherzigen Schwestern (Vinzentinerinnen) der Mädchenschule und die des Österr. Kranken-

[17] Eine Ausnahme stellt das Osterfest dar, d. h. die Karwoche und die mit Spannung erwartete Auferstehung Christi. An diesen Tagen sind die orthodoxen Gotteshäuser Galatas überfüllt. Griechen des Mutterlandes (für 1983 meldete die İstanbuler Polizei 30 000 "Griechen-Übernachtungen") feiern im Patriarchat und auf Heybeliada (im Dreieinigkeitskloster). Viele von ihnen suchen auch Galata auf.

[18] Armenisch-katholischer Gottesdienst wird neben St. Gregor und der Kirche in Karaköy ferner abgehalten in Beyoğlu, Osmanbey, Taxim, ferner am Bosporus in Yeniköy, Büyükdere und in Üsküdar, auf der asiatischen Seite der Meerenge.

[19] Sie bedienen sich beim Gottesdienst der aramäischen Sprache, d. h. der "Christussprache". Das chaldäische Christentum geht übrigens auf den Zweig einer Seitenlinie der Nestorianischen Kirche zurück. Ihr Gottesdienst findet in der Ludwigskapelle auf der "Pera" statt.

[20] G. HANSEMANN (1982): Meine Tätigkeit als Seelsorger für die österreichischen Katholiken in St. Georg. - In: Festschrift St. Georg 1882 - 1982, 226. İstanbul (Georg HANSEMANN, emer. Univ.-Prof. und Seelsorger in St. Georg von 1975 - 1978).

[21] Das Bischofsamt von Rom erhielt erst nach 400 besondere Relevanz. Mittelpunkt der Christenheit wurde die "Ewige Stadt" eigentlich erst nach der Pippinischen Schenkung. Der Langobardeneinfall führte zur Rangerhöhung des Bischofs von Rom. Die Tiberstadt löste Mailand ab.

[22] Mit dem Ausdruck "Ladino" bezeichnet man ihre Synagogensprache (vgl. G. HERLITZ und B. KIRSCHNER (1928/31): Ein enzyklopädisches Handbuch des jüdischen Wissens. 4 Bde., Jüdischer Verlag Berlin, III, 30.

[23] Die Ahrida-Synagoge von BALAT wurde (unter den 20 in Gebrauch stehenden Gotteshäusern) als wichtigster mosaischer Tempel der "Dreistadt" betrachtet.

[24] A. GALANTÉ (1941/42): Histoire des Juifs d'İstanbul. T., 170, II., 157; ferner A. GALANTÉ (1940): Les Juifs de Constantinople sous Byzance. İstanbul, 32.

[25] Der kretische Rabbi Kapsali Elia publizierte eine Chronik, in der er darlegt, wie die Osmanen über die Narrheit des spanischen Königs spotteten, der - indem er sein Reich beraubte - das ihre beschenkte. In: LANGE, N. (1984): Weltatlas der Alten Kultur, "Jüdische Welt", 46. München.

[26] Vgl. Enzyklopädie des Islam, II., 242.

[27] HARFF, A. v. (1946): The pilgrimage of A. v. HARFF. Hakluyt Soc. London.

[28] Der für 1671 genannte Bau soll nach A. GALANTÉ (1940, 170) 1890 generalrenoviert worden sein.

[29] Die (von Sinan stammende) Kılıç Ali Paşa Moschee liegt außerhalb der Stadtmauern Galatas.

[30] Der aschkenasische Anteil am Gesamt-İstanbuler Judentum blieb bis ins 20. Jh. gering. So belegen z. B. für 1489 die Djizya Register 2027 jüdische Haushalte. Davon waren nur 26 aschkenasische Familien (dema'at-i-Eskinas-i Alaman). Wieviel in Galata lebten kann nicht festgestellt werden. Trotz wiederholter Schreiben div. Rabbis (Aufforderungen, sich im Osmanischen Imperium niederzulassen) hielt sich die aschkenasische Immigration in Grenzen (GRAETZ, H. (1881): Geschichte der Juden. VIII, 214; NEMOY, L. (1952): Karaite anthology. New Haven).

Die jüdische Gemeinde Galatas brachte übrigens eine Reihe interessanter Persönlichkeiten hervor. So arbeitete um 1550 der (damals) berühmte Buchdrucker Gerschom SONCINO in Galata. Auf ihn gehen namhafte Werke in Hebräisch, Latein, Griechisch, Italienisch und Jiddisch zurück.

Auch der 1625 in Smyrna (Izmir) geborene Sabbatai ZVİ lebte einige Jahre in Galata. Er war der Gründer einer messianisch-mystischen Sekte (Sabbatianer) und gab sich als Messias aus. 1667 konvertierte Sabbatai ZVİ zum Islam.

[31] Der Podesta von Pera, Angelo Giovanni Lomellino berichtet kurz nach der Einnahme Constantinopels, daß viele Genuesen von Pera auf den Mauern der Kaiserstadt gekämpft hätten, "da sie wußten, daß Pera sich nicht würde halten können, wenn Constantinopel fiel" (A. M. SCHNEIDER 1949, 233 - 244).

[32] Nach 1453 entstanden in erster Linie waffenerzeugende Betriebe. Die Anlage der Kanonen- und Bronzegießerei, ferner die des Arsenals gehören in die Zeit kurz nach der Kapitulation Galatas (W. LEITNER 1967).

[33] Dock Nr. 1 wurde zwischen 1796 und 1799 gebaut (und 1874/76 erweitert), Dock Nr. 2 entstand zwischen 1821 - 1825 und Dock Nr. 3 zwischen 1857 und 1870. Auf dem "I. International Congress on the History of Turkish-Islamic SCIENCE and TECHNOLOGY" IT (1981) referierte E. TOĞROL über die Entwicklung und Modernisierung der "Drydocks of İstanbul Golden Horn Shipyard."

[34] Fermenciler Sokağı (Jäckchenmacher-Gasse), Makaraciler Sokağı (Garnwirkergasse), Yorgancılar Caddesi (Steppdeckenhersteller-Straße), Yermeniciler Sokağı (Kopftuchmacher-Gasse), Kalafatcılar Caddesi (Kalafaterer Straße), Kürekçiler Sokağı (Rudererzeuger-Gasse), Yelkenciler Sokağı (Segelmachergasse).

Ferner (wurde und) wird in den Straßen- und Gassennamen Galatas auf den Handel mit Wein, Datteln, auf die Pfeifen- und Kofferherstellung, Wergmacherei, weiteres auf Zoll- und Steuereinnehmer hingewiesen.

[35] Ob die Yer altı Camii - die unterirdische Moschee im ehemaligen byzantischen Castell - auf die Eroberung zurückgeht, kann nicht belegt werden.

[36] M. BÜTTNER (o. J.): Einführung in die Religionsgeographie (Artikel für das "Christliche ABC"), 12.

[37] Zitiert bei A. BRAUN (1975), siehe W. LEITNER (1981).

[38] Türkische Studenten der ITU fungierten als Dolmetscher (1981, 1984, 1985).

[39] KRITOBULOS (1945, 76); Leonhard von CHIOS (1866); PHRANTZES, G. (1838, 241).

[40] AJVERDI, E. H. (1958): İstanbul mahalleri. Ankara, 84.

[41] AKTEPE, M. (1958, III, 114).

⁴² SCHNEIDER, A. M., Im Belleten, XVI/61, 41 - 43, YORGA, N. (1972): Byzance après Byzance. Bukarest. S. 48 - 62. ENZYKLOPÄDIE des ISLAM. Geographisches, Ethnographisches und Biographisches Wörterbuch der Muhammedanischen Völker. Seit 1927, Bd. 2, 238 - 239;
REFİK, A. (1935): Hidiri Onundju aşırda İstanbul hayātı, 1 000 - 1 100.

⁴³ GOTTWALD, J. (1941): Phanariotische Studien. - In: Leipziger Vierteljahrschrift Südosteuropa, 1 - 58.
ORHONLU, C. (1970): Telhisler, S. 161. Istanbul.

⁴⁴ ANKORİ, A. (1959): Karaites in Byzantium, S. 140. New York.

⁴⁵ Kurz nach der Einnahme Constantinopels wurde die menschenleere Stadt ziemlich wahllos "aufgefüllt". Dies gilt speziell für die 'Azebler mahallesi ("Ansiedlungs"-Gemeinden). İNALCİK, H., S. 243 (Zit. ENZYKLOPÄDIE des ISLAM, II, 238) konnte für Samatya (SW, an der "Landmauer") aus den Feuerwehrakten herauslesen: 42 jüdische-, 14 griechische- und 13 muslimische Familien.
SCHNEIDER, A. M. (1949; 1950) und YORGA, N. (1972) nennen unter den Zwangsangesiedelten: für 1459 Armenier und Griechen aus Foça und Amasra,
         für 1460 Griechen von Morea, Thasos, Lemnos, Imbros und Samothrake,
         für 1461 Griechen von Trapezunt,
         für 1462 Griechen von Mytilene,
         für 1468 - 1474 Griechen und Armenier von Konya, Aksaray, und Ereğli und
         für 1475 Griechen von Euböa und Armenien, Griechen und "Lateiner" von Kaffa.

⁴⁶ Vgl. ENZYKLOPÄDIE des ISLAM, II, 241.

⁴⁷ hiemit extra muros;

⁴⁸ Die Eyüp-Angabe schließt allerdings auch die Schlachthöfe von Yedikule (Siebentürmefestung an der "Landmauer") mit ein.

⁴⁹ Die Angaben wurden z. T. der ENZYKLOPÄDIE des ISLAM IV, 19 entnommen, z. T. beruhen sie auf Topkapı Sarayı Archiv-Unterlagen No. 750 und No. 4 007. Sie sind als Richtwerte anzusehen, da sie weder Frauen, Kinder, Soldaten noch Studenten nennen.

⁵⁰ Khāne bedeuten Haushalte, für die je 3 - 4 Personen zu kalkulieren sind.

⁵¹ Christliche und jüdische Khāne wurden vermengt und z. T. bei den Christen gezählt.

⁵² 'awarid Khāneler sind zu Großgemeinden zusammengeschlossene Steuereinheiten mit Anspruch auf wakıf.

⁵³ MANTRAN, R. (1962, 46, 47) nimmt an, daß 14 653 Personen keine Kopfsteuer bezahlten.

⁵⁴ offizielle Volkszählungen: İstanbul rehberi, mit genauen Personenstandangaben.

⁵⁵ B. und O. D. DUNCAN (1955): A Methodological Analysis of Segregation Indexes. - In: American Sociological Review, 20, 210 - 217.

⁵⁶ PICKVANCE, C. G. (1973): Life Cycle, Housing, Tenure and Intra-Urban

Residential Mobility. - In: The Sociological Review, 21, 278.

[57] Synagogaler Gottesdienst kann nur abgehalten werden, wenn mindestens 10 Männer (Minjan) anwesend sind.

[58] Karaiten, die zu den Turkvölkern rechnen, oder Krymtschaken, orthodoxe Juden türkischen Volkstums (mit Hebräisch als Schriftsprache), soll es bis 1974 in Galata gegeben haben.

[59] Vgl. THIEME, G. (1984): Disparitäten der Lebensbedingungen - Persistenz oder Raum - Zeit - Wandel? Untersuchungen am Beispiel Süddeutschlands, 1985 und 1980. - In: Erdkunde, 38, 260.

[60] PACIONE, M. (1982): The Use of Objective and Subjective Measures of Life Quality in Human Geography. - In: Progr. in Human Geography, 6, 495 - 514.

[61] Bezüglich der Gesundheit der Religions-Sozialkörper ergaben die Angaben (der Kaza-Behörde Şişhane (Beyoğlu) keine Unterschiede bei den Einzelreligionen:
- Lebenserwartung bei der Geburt (1981) in Jahren..64
- Säuglingssterblichkeit in ‰ der Lebendgeburten..117
- Sterblichkeit der Kinder von 1 - 4 Jahren in ‰ (1981)....................................20

Auch in der Geschlechtsproportion bestehen kaum Unterschiede. Allerdings hatten die Moslems eine höhere Fruchtbarkeitsrate und Geburtenrate. So betrug die Geburtenrate bei den Juden 1961: 23,4 (1981: 23,7), bei den Moslems 1961: 26,5 (1981: 30,2). Die Angaben über die Geburtenrate(n) Galatas sind mit Einschränkungen zu werten. Sie sind nicht publiziert und wurden dem Autor aus diversen Karteien und Listen zusammengestellt.

Literatur

AKBAL, F. (1951): 1831 Tarihinde Osmanlı İmparatorluğunda İdari Taksimat ve Nüfus. Belleten, Ankara: T.T.K., Teil 15, 60. Bd.

AKDAĞ, M. (1971): Türkie'nin İktisadı ve İçtimai Tarihi. Bd. 2; Ankara: T.T.K. Basımevi.

AKDAĞ, M. (1963): Celali İsyanlari (1550 - 1603). Ankara: Ankara Üniversitesi Basımevi (Ankara Universitesi D.T.C.F. Yayınları, Sayı 144).

AKTEPE, M. (1958): Asrın İlk Yarısında İstanbul'un Nüfus Mes'elesine Dair Bazı Vesikalar. İstanbul Universitesi Edebiyar Fakültesi Tarih Dergisi, Teil 9, 13.

AKTÜRE, S. (1975): 17. Yüzyıl Basından 19. Yüzıl ortansına kadarkı dönemde Anadolu osmanlı şehrinde şehirsel yapının değişme süreci. - In: Yournal of the Faculty of Architecture, Vol. 1, No. 1, 101 - 128.

ANDREADES, A. (1934): Byzance. Paradis de monopole et de privilège. Byzantion IX.

ANHEGER, R. (1953): Zur Stellung einiger Städte innerhalb der osmanischen Baugeschichte vor Sinan. - In: Melanges Fuad Köprülü, 5 - 16. İstanbul.

AYLIK İstatistik Bülteni (1981): I. - III. Başbakanlık Devlet İstatistik Enstitüsü. Ankara (Xerox-Ablichtung).

AYVERDI, E. H. (1958): Asırda İstanbul Haritası. 20 Blätter, 1 : 4 500 Enstitüsü Jayınları. İstanbul.

BACHTELER, K. (1967): İstanbul. Geschichte und Entwicklung der Stadt am Goldenen Horn, 149 S. Ludwigsburg.

BÄHR, J. (1982): Die südafrikanische Großstadt. - In: Geograph. Rundschau 34, 489 - 479.

BÄHR, J. u. MERTINS, G. (1981): Idealschema der sozialräumlichen Differenzierung lateinamerikanischer Großstädte. - In: Geograph. Zschr. 69, 1 - 33.

BARBARO, N. (1956): Giornale dell' assedio di Constantinopoli (hrsg. von E. Cornet). Wien.

BARKAN, Ö. L. (1941/42): Osmanlı İmparatorluğunda Toprak Vakıflarının İdari-Mali Muhtariyeti Meselesi, Türk Hukuk Tarihi Dergesi. Ankara.

BARKAN, Ö. L. (1940): Türk Toprak Hukuku Tarihinde Tanzimat ve 1274 (1858) Tarihli Arazi Kanunnamesi, Tanzimat I. İstanbul.

BARKAN, Ö. L. (1953/54): Osmanlı İmparatorluğunda bir İşkan ve Koloniszasyon Metodu Olarak Sürgünler. İstanbul Üniversitesi İktisat Fakültesi Mecmuası, 15, 1 - 4. İstanbul.

BARKAN, Ö. L. (1962/63): Şehirlerin İnkişaf ve Teşekkül Tarihi Bakımından Osmanlı İmparatorluğunda. İmaret Sitelerinin Kuruluşu ve İslejiş Tarzina Ait Araştırmalar. İstanbul Üniversitesi İktisat Fakültesi Mecmuası, 23, 1 - 2. İstanbul.

BELIN, M. A. (1894): Histoire de la Latinité de Constantinople. Paris.

BÜTTNER, M. (1972): Der dialektische Prozeß der Religion/Umwelt-Beziehung in seiner Bedeutung für den Religions- bzw. Sozialgeographen. - In: Bevölkerungs- und Sozialgeographie. Deutscher Geographentag in Erlangen 1971. Ergebnisse der Arbeitssitzung 3. Kallmünz/Regensburg. Münchener Studien zur Sozial- und Wirtschaftsgeographie 8, 89 - 107.

BÜTTNER, M. (1974): Religion and geography. Impulses for a new dialogue between Religionswissenschaftlern and geographers. Numen, 21, 163 - 196.

BÜTTNER, M. (1974): IGU-Kommission "History of Geographical Thought". Ein Kurzbericht über die Ziele und den Stand der Arbeiten. Geogr. Z. 62, 233 - 235.

BÜTTNER, M. (1976): Von der Religionsgeographie zur Geographie der Geisteshaltung. - In: Die Erde, 107, 300 - 329.

BÜTTNER, M. (1976): Religionsgeographie. Eine kritische Auseinandersetzung mit Martin Schwind. - In: Z. f. Missions- und Religionswissenschaft, 60, 51 - 54.

BÜTTNER, M. (1980): Geosophie, geographisches Denken und Entdeckungsgeschichte, Religionsgeographie und Geographie der Geisteshaltung. - In: Die Erde, 111, 37 - 55.

HOURANİ, A. H. (1970): The Islamic city in the Light of Recent Research. The Islamic City. Hourani ve Stern (eds.), Philadelphia Univerisity of Pennsylvania Press. Oxford.
İstanbul Şehir Rehberi 1971. 197 S., 41 Karten.

JANIN, R. (1950): Constantinople byzantine. Dévelopment urbain et répertoire topographique. Paris.

KANGLER, F. (1982): Die Kirche von St. Georg. - In: Festschrift St. Georg İstanbul, 1882 - 1982, 200 - 218.

KANNEBERG, E. G. (1962): Zur Frage der inneren Gliederung der Stadt, insbes. d. Abgrenzung des Stadtkerns mit Hilfe der bevölkerungskartographischen Methoden. - In: Symposium in Urban Geography. Land Studies in Geography, Ser. B., Bd. 24.

KIRSTEN, E. (1958): Die byzantinische Stadt. - In: Ber. z. XI. Intern. Byzanzinistenkongreß, 1 - 48. München.

KÖPRÜLÜ, F. (1959): Osmanlı Devletinin Kuruluşu. Ankara: T.T.K. Yaını Seri 8,8.

KODINOS, G. (1843): Excerpta ex libro chronico de originibus Constantinopolitanis. Bonn.

KRITOBULOS (1954): De rebus gestis Mechemetis, Müller, Fragmenta historicorum, V, 18883; Desgl. Kritovoulos, History of Mehmed the Conqueror (übers. von C. T. Riggs). Princeton, 1954.

KÜNDIG-STEINER, W. (1974): Die Türkei. Raum und Mensch, Kultur und Wirtschaft in Gegenwart und Vergangenheit. 672 S. Tübingen-Basel.

LAPIDUS, I. P. (1973): Traditional Muslim Cities: Structure and Change. - In: L. C. Brown (Ed.): From Madina to Metropolis: Heritage and Change in the Near Eastern City. Princeton Studies on the Near East, 51 - 69. Princeton/New Jersey.

LAPIDUS, I. P. (1973): Muslim Cities in the Later Middle Age. Cambridge: Havard University Press.

LAPIDUS, I. P. (1969): Muslim Cities and Islamic Societies. Middle Eastern City, I. M. Lapidus (ed.), Berkeley: University of California Press.

LEITNER, W. (1965): Die innerurbane Verkehrsstruktur İstanbuls. Mitt. d. österr. Geogr. Ges., Bd. 107. H. 1/2, 3 Karten, 45 - 70. Wien.

LEITNER, W. (1967): Der Hafen İstanbul. 2. Scheidl-Festschrift. 2. Bd., 3 K., 97 - 107. Wien.

LEITNER, W. (1968): Die Bazare in İstanbul. - In: "Bustan", Österr. Ztschr. f. Kultur, Politik u. Wissenschaft der islamischen Länder, H. 3/4, 77 - 83. Wien.

LEITNER, W. (1969): Die Standorts- bzw. Lokalisationsfaktoren der İstanbuler Industrien. Ein Beitrag zur Industriegeographie der Türkei. - In: Jb. d. B.-Handelsakademie Graz, 4 Karten, 7 Tabellen, 3 - 23.

LEITNER, W. (1969): Die Funktionsviertel-Struktur İstanbuls. Karte 1 : 55 000.

- In: Westermann-Lexikon der Geographie, 581. Braunschweig.

LEITNER, W. (1970): Byzantion - Constantinopel - İstanbul. Ein Beitrag zur Genesis der "Stadt am Goldenen Horn und Bosporus" unter bes. Berücksichtigung der Raum- und Funktionsordnung. - In: Jb. d. B.-Handelsakademie Graz, 3 Skizzen, 1 - 24.

LEITNER, W. (1971): Die Industriefunktion der Halbinsel Stambul: Ein Beitrag zur Funktionsordnung der "Stadt am Goldenen Horn" - İstanbul. - In: Geogr. Jb. aus Österreich, XXXIII (Hans-Spreitzer-Festschrift), 1 Skizze, 141 - 156. Wien.

LEITNER, W. (1971): Die Bosporus-Landschaft - als Beispiel für den Strukturwandel der İstanbuler Außenbezirke. Mitt. d. Natw. Ver. f. Steiermark, Bd. 101 (Herbert-Paschinger-Festschrift), 1 Skizze, 5 Tab., 55 - 72. Graz.

LEITNER, W. (1973): Industrie der Türkei. Eine Bestandsaufnahme, Bilanz und Perspektiven unter b. s. Berücksichtigung des III. Fünfjahresplanes (1973 - 1977). Arbeiten aus dem Geographischen Inst. d. Univ. Graz, H. 19 (Morawetz-Festschrift), 179 - 230.

LEITNER, W. (1974): Die Verkehrsentwicklung am Bosporus ("Eurasische Brücke") Karte 1 : 500 000, Diercke-Weltatlas, 79. Westermann - Braunschweig.

LEITNER, W. (1974): İstanbul (Raumstruktur), Karte 1 : 500 000, Diercke-Weltatlas, w. o.

LEITNER, W. (1976): Das Funktionsgefüge der "Stadt am Goldenen Horn und Marmarameer". Westliche und islamische Elemente im heutigen İstanbul. Begleitband zum Diercke-Weltatlas, Diercke-Handbuch, 133 - 134. Westermann - Braunschweig.

LEITNER, W. (1976): Die "Eurasische Brücke", w. o., 134.

LEITNER, W. (1978): İstanbul und sein Wirtschaftsraum. Strukturänderungen der "Region Marmara". In: Österreich in Geschichte und Literatur, mit Geographie. 22. Jg., H. 6, 356 - 377. Wien.

LEITNER, W. (1981): Der Wandel der urbanen Raumorganisation der "Stadt am Goldenen Horn - Marmarameer und Bosporus". Homogene Raumeinheiten İstanbuls, das Modell der komopolitisch überformten "orientalischen Stadt". - In: Arbeiten aus dem Institut für Geographie der Karl-Franzens-Universität Graz (Morawetz-Festschrift). Bd. 24, 51 - 97.

LEONHARD VON CHIOS (1866): De Lesbo Tucirs Capta (hrsg. von C. Hopf), Regensburg.

LICHTENBERGER, E. (1972): Die europäische Stadt. Wesen, Modelle, Probleme. Ber. z. Raumpl. u. Raumforsch. 16.

LICHTENBERGER, E. (1980): Perspektiven der Stadtgeographie. - In: Tag.-Ber. und Wiss. Abh. 42. Dt. Geogr.Tag.

MARCI, M. (1925): L'Organisation de l'economie urbaine dans Byzance sous la Dynastie de Macedoine 867 - 1057. Paris.

MANTRAN, R. (1962): İstanbul dans la seconde moitié du XVIIe siècle. Essai d'histoire institutionelle economique et sociale. Paris.

MAYER, R. (1943): Byzantion - Konstantinopolis - İstanbul. Eine genetische Stadtgeographie. Akademie der Wissenschaften in Wien. Philosophisch-historische Klasse. Denkschriften. 71. Bd., 3. Abh., Wien und Leipzig.

MEADOWS, P. (1969): The City, Technology and History, Urbanism. Urbanization and Change: Comparative Perspectives. P. Meadows and E. H. Mizruchi (eds.) Reading, Mass.: Addison-Wesley.

MILLIGEN, A. (1890): Byzantine Constantinople. London.

MORDTMANN, A. D. (1892): Esquisse topographique de Constantinople. Lille.

MÜLLER-WIENER, W. (1962): Byzantion-Constantinopolis-İstanbul. Eine Stadt in drei Jahrtausenden. Atlantis, 34. Jg., Nr. 3. Freiburg.

NEWSKAJA, W. P. (1955): Byzanz in der klassischen und hellenistischen Epoche. Leipzig.

OBERHUMER, E. (1902): Konstantinopel unter Suleiman dem Großen. München.

PHRANTZES, G. (1838): Chronicon (Hrsg. v. Bekker, E.): In Corpus Scriptorum Historial Byzantinae (Bericht des Historikers, der in Constantinopel die Belagerung miterlebt: als "cronicum minus").

RAIDL, E. (1968): Das österreichische St. Georgs-Kolleg in İstanbul. - In: "Bu-stan", Österr. Ztschr. f. Kultur, Politik und Wissenschaft der islamischen Länder, H. 3/4, 22 - 25. Wien.

RAIDL, E. (1982): 100 Jahre österr. St. Georgs-Kolleg, İstanbul. Ein Bericht. - In: Österr. St. Georgs-Kolleg 1882 - 1982, 14 - 32. İstanbul.

SCHNEIDER, A. M. (1936): Byzanz, Vorarbeiten zur Topographie und Archäologie der Stadt. Berlin.

SCHNEIDER, A. M. und M. NOMIDIS (1944): Galata. Topographisch-archäologischer Plan. Mit erl. Text, 50 S., İstanbul.

SCHNEIDER, A. M. (1949): Die Bevölkerung Konstantinopels im 15. Jahrhundert. Nachrichten der Akademie der Wissenschaften in Göttingen. Philosophisch-historische Klasse.

SCHNEIDER, A. M. (1950): Regionen und Quartiere in Konstantinopel. İstanbuler Forschungen, Bd. 17, gesammelte Aufsätze zur Alterskunde und Kunstgeschichte. Berlin.

SCHNEIDER, A. M. (1956): Konstantinopel. Gesicht und Gestalt einer Weltmetropole. 57 S., Mainz.

SCHOLZ, F. (1979): Verstädterung in der Dritten Welt - Der Fall Pakistan. - In: W. Kreisel und W. D. Sick u. J. Stadelbauer (Hrsg.): Siedlungsgeographische Studien, 341 - 385. Berlin - New York.

SCHWIND, M. (Hrsg.) (1975): Religionsgeographie. Wege der Forschung 397, 404 S., Darmstadt.

SOPHER, D. E. (1967): Geography of religions. Foundations of cultural geography series. Prentice Hall.

STOLPE, C. (1863): Plan von Constantinopel. 2. Ausg., 1882 (1 : 15 000).

STOLZ, K. (1962): Vom Apollotempel zur Handelsschule. Aus der Geschichte des österreichischen St. Georgs-Kollegs. - In: Weg in die Wirtschaft. Ztschr. der berufsb. Lehranstalten Österreichs 13, 75 - 84.

TETALDI, J. (1717): Informations envoyées tant par Francisco de Franc a Mgr. le Cardinal d'Avignon, que par Jehan Blanchin et Jaques Edaldy, marchant forentin, de la prise de Constantinople, à laquelle le dit Jaques estoit personellement. - In: Martène und Durand, Thesaurus novus anecdotorum, I.

THIEME, G. (1984): Disparitäten der Lebensbedingungen - Persistenz oder Raumzeitlicher Wandel? (Untersuchungen am Beispiel Süddeutschlands 1895 - 1980) - In: Erdkunde 38, 258 - 267.

TÜMERTEKIN, E. und N. OZGÜÇ (1977): Distribution of out born population in İstanbul. İstanbul.

Türkische Stadtpläne (1960 - 1978, im Maßstab 1 : 10 000 und 1 : 15 000). Wichtige (neuere) Karten stammen von Instituto Geographico de Angostini: İstanbul (1 : 13 500), Novara 1957 und 1970. Türk Dünyası, Bd. II. 1950).

WIRTH, E. (1968): Strukturwandlungen und Entwicklungstendenzen der orientalischen Stadt. - In: Erdkunde, 22, 101 - 128.

WIRTH, E. (1969): Die orientalische Stadt in der Eigengesetzlichkeit ihrer jungen Wandlungen. - In: Deutscher Geographentag - Bad Godesberg, Tagungsber. und wiss. Abhandl., 166 - 181. Wiesbaden.

WIRTH, E. (1973): Die Beziehung der orientalisch-islamischen Stadt zum umgebenden Lande. Ein Beitrag zur Theorie des Rentenkapitalismus. - In: E. Meynen (Hrsg.): Geographie heute, Einheit und Vielfalt. Wiesbaden, Beihefte zur Geograph. Ztschr. 33, 323 - 333.

WIRTH, E. (1975): Die orientalische Stadt. Ein Überblick aufgrund jüngerer Forschungen zur materiellen Kultur. - In: Saeculum 26, 45 - 94.

WIRTH, E. (1974/75): Zum Problem des Bazars. - In: Der Islam 51, 203 - 260 und 52, 6 - 46.

WIRTH, E. (1982): Die orientalische Stadt. - In: Forschung in Erlangen. Vortragsreihen des Collegium Alexandrinum der Universität Nürnberg-Erlangen, 74 - 79.

ZIMPEL, H. G. (1963): Vom Religionseinfluß in den Kulturlandschaften zwischen Taurus und Sinai. - In: Mitteilungen der Geographischen Gesellschaft in München, 48, 123 - 171.

ZIMPEL, H. G. (1980): Bevölkerungsgeographie und Ökumene. - In: Harms Handbuch der Geographie, Sozial- und Wirtschaftsgeographie, Bd. 1, 13 - 120. München.

ZIMPEL, H. G. (1982): Aktuelle Bedeutung der Religionsgeographie. - In: Praxis Geographie, 12, 8, 4 - 9.

Reinhard Henkel

DIE VERBREITUNG DER RELIGIONEN UND KONFESSIONEN IN AFRIKA SÜDLICH DER SAHARA UND IHR ZUSAMMENHANG MIT DEM ENTWICKLUNGSSTAND DER STAATEN.
Eine quantitative Analyse aufgrund neuerer religionsdemographischer Daten.

A. Die Veränderung der Religionsstruktur in Afrika in den letzten 100 Jahren

Eine der stärksten Veränderungen in der Verbreitung der Religionen im weltweiten Maßstab in diesem Jahrhundert ist die Christianisierung Schwarzafrikas[1]. Nach den von dem Missionswissenschaftler BARRETT (1982) in jahrelanger Arbeit zusammengetragenen religionsdemographischen Daten hat der Anteil der Christen an der Bevölkerung Afrikas von 9 % im Jahr 1900 auf 44 % in 1980 zugenommen (Tab. 1). Veränderungen ähnlichen Ausmaßes in der religiösen Zusammensetzung der Bevölkerung in den Kontinenten der Erde sind nur durch die kommunistischen Revolutionen in der Sowjetunion und in China bewirkt worden, durch die der Anteil der Atheisten und Nichtreligiösen auf Kosten des Christentums bzw. der chinesischen Volksreligion stark anstieg[2]. Die Christianisierung Schwarzafrikas ist noch nicht überall bekannt: Wie in einer von FISCHER (1957, 419) zusammengestellten Karte wird auch in den neuesten Ausgaben der gängigen deutschen Schulatlanten (Diercke, Alexander u. a.) Afrika südlich der Sahara flächig als Gebiet dargestellt, in dem "Stammes-" oder "Naturreligionen" (auch Animismus oder traditionelle Religionen genannt) vorherrschen. Hier werden jedoch Verhältnisse angegeben, die 50 Jahre alt oder älter sind. Schwarzafrika muß heute als weithin christlicher Kontinent angesehen werden. Während im Jahre 1900 noch 74 % der Bevölkerung Schwarzafrikas zur Kategorie der Traditionalisten (Anhänger traditioneller Religionen) gehörten und 17 % Moslems sowie nur 9 % Christen waren (davon 6 % allein in Äthiopien und Südafrika), waren 1980 53 % Christen und 29 % Moslems und nur noch 18 % Traditionalisten[3]. Hier ist also ein offenbar noch weit verbreitetes Bild zu korrigieren. Das Wachstum der christlichen Kirchen scheint weiterzugehen: Lebten im Jahr 1900 noch 94 % aller Christen in Europa (einschließlich Sowjetunion) und Amerika und nur knapp 2 %

Tab. 1: Prozentanteile der großen Religionen an der Bevölkerung der Kontinente 1900 und 1980

1900	Christen	Moslems	Hindus	Buddhisten	Anhänger chines. Religionen	Atheisten u. Nichtreligiöse	Gesamtbevölk. (Mio)
Afrika	9,2	32,0	-	-	-	-	108
Ostasien	-	4,5	-	18,3	71,1	-	533
Europa	96,9	1,0	-	-	-	-	287
Lateinamerika	95,1	-	-	-	-	-	65
Nordamerika	96,6	-	-	-	-	1,2	82
Ozeanien	77,6	-	-	-	-	-	6
Südasien	4,1	30,2	49,0	7,1	-	-	413
UdSSR	83,6	11,2	-	-	-	-	126
Welt	34,4	12,4	12,5	7,8	23,5	0,2	1620

1980	Christen	Moslems	Hindus	Buddhisten	Anhänger chines. Religionen	Atheisten u. Nichtreligiöse	Gesamtbevölk. (Mio)
Afrika	44,2	41,2	-	-	-	-	461
Ostasien	1,8	2,0	-	12,7	17,5	60,9	1087
Europa	85,4	1,8	-	-	-	12,2	486
Lateinamerika	93,8	-	-	-	-	3,4	372
Nordamerika	88,3	-	-	-	-	6,8	249
Ozeanien	86,4	-	1,1	-	-	10,8	23
Südasien	7,6	32,9	40,6	9,4	-	1,3	1428
UdSSR	36,1	11,3	-	-	-	51,2	268
Welt	32,8	16,5	13,3	6,3	4,5	20,9	4374

- : weniger als 1 %
Die Kontinente sind nach der Klassifikation der Vereinten Nationen abgegrenzt.

Quelle: nach BARRETT 1982, 6 und 780 - 783

in Afrika, so waren es 1980 in Afrika schon 14 %, und für das Jahr 2000 prognostiziert BARRETT einen Anteil von 20 % (siehe Tab. 2).

Tab. 2: Anteile der Christen nach Kontinenten an der Gesamt-Christenheit 1900, 1980 und 2000

	%-Anteile		
	1900	1980	2000
Afrika	1,8	14,2	19,5
Ostasien	0,4	1,3	1,6
Europa	49,9	29,0	21,4
Lateinamerika	11,1	24,3	38,3
Nordamerika	14,1	15,3	12,6
Ozeanien	0,9	1,4	1,4
Südasien	3,0	7,6	9,5
UdSSR	18,8	6,8	5,8
Gesamt (%)	100	100	100
in Millionen	557	1433	2020

Quelle: nach BARRETT 1982, 778

Sieht man das Christentum als eine abendländische Religion an (was es nicht ist, da es im Nahen Osten entstanden ist; jedoch hat es sich vorwiegend in Europa weiterentwickelt), dann ist Afrika, geht man nur von Zahlen aus, neben Lateinamerika der einzige Kontinent, in dem es im großen Maßstab bei der einheimischen Bevölkerung Fuß gefaßt hat. Andere Räume, in denen es sich ebenfalls etabliert hat, sind Ozeanien, die Philippinen, Indonesien, Südindien und jüngst auch Südkorea. Jedoch sind dies alles kleinere Gebiete. Die anderen heute weitgehend christlichen Kontinente, Nordamerika und Australien, sind durch die Ansiedlung von Christen christianisiert worden. Dies gilt auch zum großen Teil für Lateinamerika, dessen Bevölkerung mehrheitlich europäischer Abstammung ist.

B. Unterschiede in der Religions- und Konfessionsstruktur der afrikanischen Länder

Betrachtet man die Christianisierung Schwarzafrikas detaillierter, etwa in der Darstellung der Anteile der Christen an der Gesamtbevölkerung (Abb. 1), so stellt man zunächst fest, daß das zentrale, östliche und südliche Afrika weitaus stärker vom Christentum beeinflußt ist als Westafrika. Vor allem die Sahelstaaten weisen einen geringen Prozentsatz an Christen auf, während er in den meisten sonstigen Ländern über 50 % liegt. In den Sahelländern, aber auch in den Ländern der westafrikanischen Küste, hat der Islam einen starken Einfluß. Er kam im 11. Jahrhundert aus dem arabischen Raum hierher, und bereits im 15. und 16. Jahrhundert bestanden islamische Reiche in der Sahel- und Sudanzone Westafrikas. Der Islam ist weiterhin verbreitet entlang der ostafrikanischen Küste, wo Somalia und Djibouti fast ganz islamisiert sind und Äthiopien, Kenya, Tanzania, Moçambique und Malawi einen Anteil von mehr als 10 % Moslems haben. In den anderen Ländern ist die traditionelle Religion die wichtigste Glaubens-

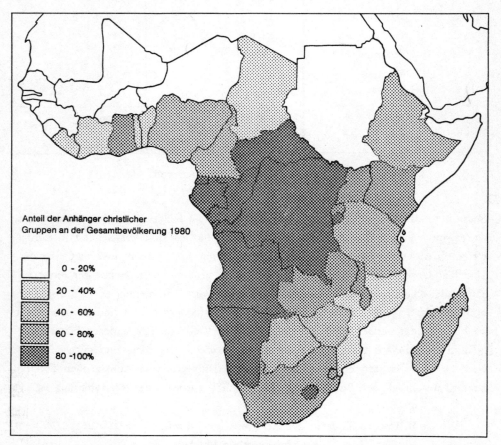

Abb. 1: Anteil der Anhänger christlicher Gruppen an der Gesamtbevölkerung 1980

Quelle: nach BARRETT 1982

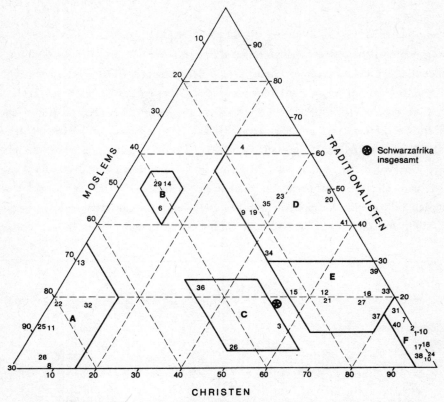

Abb. 2: Religiöse Zusammensetzung der Bevölkerung in den schwarzafrikanischen Staaten 1980

Quelle: nach BARRETT 1982. Die Zahlen kennzeichnen die Länder entsprechend der beigefügten Liste

Schlüssel zu Abb. 2 und 5:

1	Angola	11	Gambia	22	Mali	33	Swaziland
2	Äquatorial-Guinea	12	Ghana	23	Moçambique	34	Tanzania
		13	Guinea	24	Namibia	35	Togo
3	Äthiopien	14	Guinea-Bissau	25	Niger	36	Tschad
4	Benin			26	Nigeria	37	Uganda
5	Botswana	15	Kamerun	27	Rwanda	38	Zaire
6	Burkina Faso (Obervolta)	16	Kenya	28	Senegal	39	Zambia
		17	Kongo	29	Sierra Leone	40	Zentralafrikanische Republik
7	Burundi	18	Lesotho				
8	Djibouti	19	Liberia	30	Somalia		
9	Elfenbeinküste	20	Madagaskar	31	Südafrika	41	Zimbabwe
10	Gabun	21	Malawi	32	Sudan		

richtung neben dem Christentum. In einer Darstellung der Bevölkerungszusammensetzung in den schwarzafrikanischen Ländern nach den drei großen Religionsgruppen im Dreiecksdiagramm (Abb. 2) und der entsprechenden kartographischen Darstellung (Abb. 3) kann man folgende sechs Gruppen von Ländern unterscheiden[4]. Eine erste Gruppe besteht aus den oben erwähnten überwiegend islamischen Ländern Westafrikas und am Horn von Afrika, in einer zweiten kleineren liegen drei Länder Westafrikas (Guinea-Bissau, Sierra Leone und Burkina Faso, das ehemalige Obervolta), in denen sich Moslems und Traditionalisten etwa die Waage halten und Christen zahlenmäßig unbedeutend sind. Nigeria, der Tschad und Äthiopien bilden eine Gruppe, in der der Islam und das Christentum etwa gleich stark sind, und die Traditionalisten eine Minderheit bilden. In den beiden erstge-

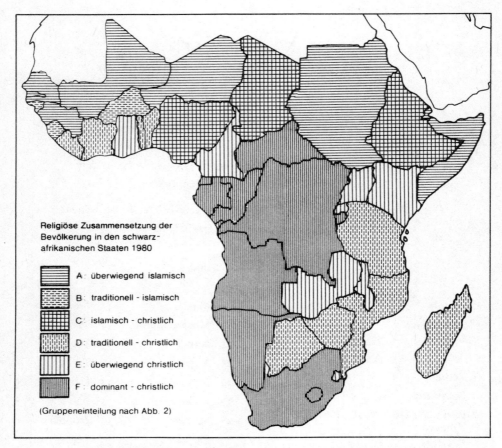

Abb. 3: Religiöse Zusammensetzung der Bevölkerung in den schwarzafrikanischen Staaten 1980

Quelle: nach BARRETT 1982

nannten Ländern dieser Gruppe besteht ein deutlicher Nord-Süd-Gegensatz zwischen islamisch und christlich geprägten Landesteilen. Dies trifft auch auf Kamerun, Benin, Togo, Ghana und die Elfenbeinküste zu sowie auf den Sudan, wo der dort wie im Tschad schon jahrelang herrschende Bürgerkrieg zum großen Teil auf eben diesen Gegensatz zurückzuführen ist. Eine vierte Gruppe wird von Ländern gebildet, in denen das Christentum und die traditionellen Religionen etwa gleichstark sind. Diese finden sich sowohl an der westafrikanischen Küste als auch im östlichen und südlichen Afrika. Da sie wie auch diejenigen der Gruppe B, in der die Traditionalisten ebenfalls noch eine numerisch starke Stellung haben, in der Kontaktzone zwischen Islam und Christentum liegen, könnte man vermuten, daß in den "Kampfzonen" der beiden Weltreligionen die traditionellen Religionen eine stärkere Persistenz haben. Ob dies wirklich der Fall ist und welche Gründe es hierfür gibt, müßte jedoch einer detaillierteren Untersuchung vorbehalten bleiben und kann hier nicht abgehandelt werden. Gruppe E besteht aus Ländern, in denen Christen überwiegen, jedoch noch ein beträchtlicher Anteil Traditionalisten und/oder Moslems vorhanden ist, während in der letzten Gruppe Länder mit einem Anteil von über 80 % Christen zusammengefaßt sind. Die Länder der Gruppen E und F liegen bis auf Ghana alle südlich einer Linie Kamerun - Kenya, was diesen Teil des Kontinents als den deutlich stärker christianisierten ausweist.

Das numerische Wachstum der sich zum Christentum bekennenden Bevölkerung ist in Schwarzafrika sehr hoch. Ähnliche jährliche Wachstumsraten werden sonst nur noch in einigen Ländern Mittelamerikas sowie Süd- und Südostasiens erreicht (BARRETT 1982, 865). Nach BARRETTs Angaben wiesen im Zeitraum 1970 - 80 13 Länder Schwarzafrikas Raten von über 4 % und weitere 15 solche von über 3 % jährlichen Wachstums auf (Abb. 4). Einerseits ist das hohe natürliche Bevölkerungswachstum als Grund anzuführen, das alle Staaten Afrikas auszeichnet, zum anderen kommt auch ein großer Anteil Bekehrungen oder Konversionen hinzu. In allen Ländern bis auf Niger, Somalia, Djibouti und Guinea Bissau, wo Europäer die große Mehrzahl der Christen stellen und durch ihren Abzug nur geringe Zuwächse oder eine Abnahme zu verzeichnen waren, sowie Guinea lag die Wachstumsrate der christlichen Bevölkerung im genannten Zeitraum über der der Gesamtbevölkerung. Dies gilt in ähnlicher Weise zwar auch für den Islam, der wie das Christentum seine neuen Anhänger vorwiegend von den traditionellen Religionen erhält, doch wächst nach BARRETTs Daten das Christentum schneller, vor allem auch in den Ländern der "Kampfzone" zwischen Islam und Christentum in West- und Ostafrika, also denen in Gruppe C sowie denjenigen in den Gruppen D und E der Abbildungen 2 und 3, deren Moslem-Anteil an der Bevölkerung größer als 10 % ist. Dementsprechend erwartet BARRETT, daß es im Jahr 2000 elf Staaten mit über 90 % und sieben weitere mit über 80 % Christen geben wird.

Die konfessionelle Zusammmensetzung der afrikanischen Christenheit ist recht gemischt (siehe Tab. 3). Alle Hauptströmungen des Christentums sind vertreten, neben dem Katholizismus, dem Protestantismus und dem Anglikanismus auch die unabhängigen, einheimischen Kirchen ("African indigenous"), die von BARRETT als eigener konfessioneller Block neben die älteren christlichen Traditionen gestellt werden und die Orthodoxie, die allerdings auf Äthiopien und die koptische Kirche in Ägypten beschränkt ist und dadurch räumlich nur eng begrenzt vorkommt. Zählt man die protestantischen Randgruppen und die nichtrömischen

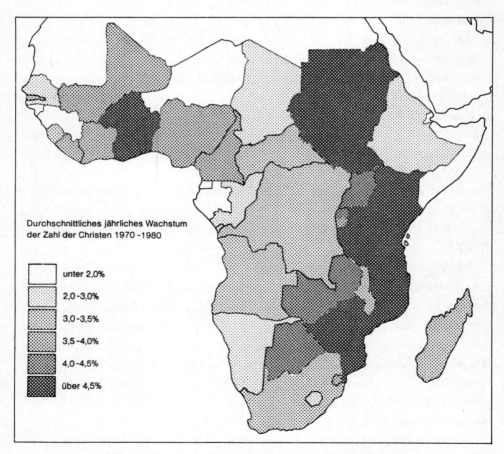

Abb. 4: Durchschnittliches jährliches Wachstum der
Zahl der Christen 1970 - 1980

Quelle: nach BARRETT 1982

Katholiken zu den einheimischen Kirchen, da sie sehr oft eng mit diesen verwandt sind, und ordnet man die anglikanische Kirche dem Protestantismus zu, so läßt sich in einem weiteren Dreiecksdiagramm (Abb. 5) die konfessionelle Zusammensetzung der Anhängerschaft christlicher Kirchen für die afrikanischen Staaten analysieren (siehe Abb. 6). Eine erste umfangreiche Gruppe (A) hat einen recht hohen Anteil von Anhängern einheimischer Kirchen und gleichzeitig einen dominierenden Anteil von Protestanten[5]. Alle diese Länder sind anglophon, die meisten waren britische Kolonien. Hier macht sich deutlich die Bevorzugung protestantischer and anglikanischer Missionen durch die britische Kolonialmacht bemerkbar. Gleichzeitig wird klar, daß sich die unabhängigen Kirchen vorwiegend in einem "protestantischen Missionsmilieu" entwickeln konnten. Die meisten von ihnen entstanden ja durch Abspaltung von protestantischen Missionen. Für die 44 in die Korrelationsanalyse einbezogenen schwarzafrikanischen Länder (siehe unten) beträgt die SPEARMAN-Rangkorrelation zwischen dem Anteil der protestantischen und denjenigen der unabhängigen Christen + 0,59 und weist auf einen engen Zusammenhang zwischen beiden hin. Umgekehrt beträgt die Korrelation zwischen dem Anteil der katholischen und dem der unabhängigen Christen - 0,72. Auf der anderen Seite (Gruppe E) stehen Länder, in denen Katholiken stark dominieren und keine oder nur sehr wenige Anhänger einheimischer Kirchen und auch wenige Protestanten vorhanden sind. Diese wiederum sind alle ehemalige Kolonien katholischer Länder: 8 französische, 3 portugiesische, 2 belgische und eine spanische. Die Bevorzugung der katholischen Missionen in diesen Ländern war

Tab. 3: Konfessionelle Gliederung der Anhänger christlicher Kirchen in Afrika 1980

	absolut in 1000	%
Römische Katholiken	76 789	38,9
Protestanten	54 403	27,5
Einheimische Kirchen	27 438	13,9
Orthodoxe	19 517	9,9
Anglikaner	16 982	8,6
Protestantische Randgruppen	1 529	0,8
Nichtrömische Katholiken	544	0,3
	197 613	100,0

Quelle: nach BARRETT 1982, 782

viel deutlicher als die der nicht-katholischen in den britischen Gebieten. Zwischen den beiden Extremen liegen weitere Gruppen, von denen eine (C) sich durch einen relativ hohen Anteil einheimischer Kirchen auszeichnet, während die katholische Kirche dominiert. In den vier Ländern der Gruppe B ist der Anteil von Katholiken und Protestanten bei einem sehr geringen Anteil von Unabhängigen etwa gleich groß, und schließlich wird die Gruppe D von sieben Ländern gebildet, in denen das Verhältnis Katholiken zu Protestanten etwa 2 : 1 ist und ebenfalls kaum Unabhängige zu finden sind. In allen drei mittleren Gruppen sind sowohl ehemals britische als auch französische und belgische Kolonien vertreten. Hier müßte das konfessionelle Spektrum detaillierter auch historisch untersucht werden, wollte man zu weiteren Erklärungen vordringen. Die Grundlage

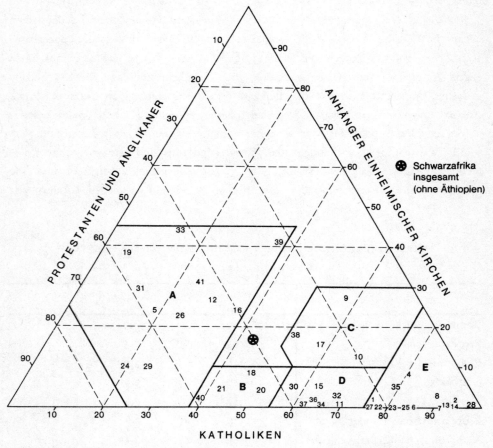

Abb. 5: Konfessionelle Zusammensetzung der Anhänger christlicher Kirchen in den schwarzafrikanischen Staaten 1980 (Schlüssel s. Abb. 2)

Quelle: nach BARRETT 1982

234

für die konfessionelle Struktur der Länder scheint aber schon früh gelegt worden zu sein, denn in PARKERs (1938) Zusammenstellung von religionsstatistischen Daten, die sich auf die dreißiger Jahre dieses Jahrhunderts beziehen, ist die gleiche Beobachtung zu machen: Alle dort als überwiegend protestantisch angegebenen Territorien befinden sich in den Gruppen A und B unserer Abb. 5, während fast alle überwiegend katholischen Gebiete in den Gruppen C, D oder E liegen. Die meisten unabhängigen Kirchen sind erst in den letzten Jahrzehnten stärker in Erscheinung getreten.

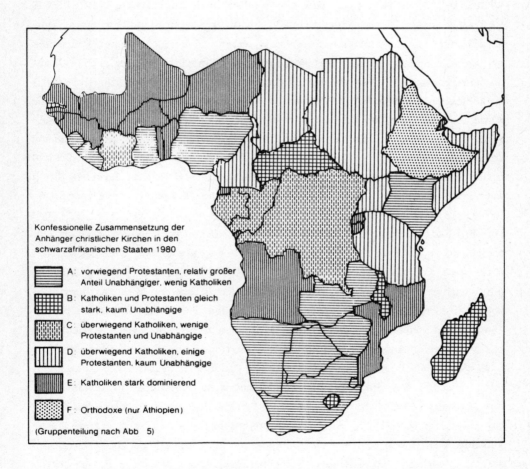

Abb. 6: Konfessionelle Zusammensetzung der Anhänger christlicher Kirchen in den schwarzafrikanischen Staaten 1980

Quelle: nach BARRETT 1982

C. Der Zusammenhang zwischen Entwicklungsindikatoren und der religiösen Struktur der schwarzafrikanischen Länder

Um eine Vorstellung über den Zusammenhang zwischen religiöser Struktur der schwarzafrikanischen Länder einerseits und sozio-ökonomischen Merkmalen andererseits zu bekommen, wurde eine statistische Analyse für 44 schwarzafrikanische Länder[6] durchgeführt. Hierbei wurden 11 Variablen, die die religiöse Struktur der Länder beschreiben, und 9 Variablen als Entwicklungsindikatoren in einer einfachen Korrelationsanalyse einander gegenübergestellt. Die Daten zur Religionsstruktur wurden BARRETT (1982) entnommen, die anderen dem WELTENTWICKLUNGSBERICHT 1984 bzw. falls dort nicht vorhanden, MICHLER & PAESLER (1983). Sie beziehen sich alle auf den neuesten Stand. Für einige kleinere Länder (unter 1 Million Einwohner) waren verschiedene Daten (Variablen 15 bis 19) nicht verfügbar. Die entsprechenden Korrelationen beziehen sich auf die übrigen Länder. Als geeignetes Korrelationsmaß wurde der Rang-Korrelationskoeffizient nach SPEARMAN gewählt. Er ist nichtparametrisch und für seine Anwendung ist eine Normalverteilung der Variablen keine notwendige Voraussetzung. Eine ähnliche Untersuchung von HOPKINS (1966) ist vor allem aufgrund der Tatsache, daß nur zehn Länder (außer Zaire nur ehemals britische Kolonien) berücksichtigt wurden, von begrenzter Aussagekraft. Die Korrelationen, die in Tab. 4 angegeben sind[7], lassen im Einzelnen folgende Zusammenhänge erkennen:

Das Pro-Kopf-Einkommen, das trotz vieler Schwächen noch immer in vielen Untersuchungen als Indikator für die wirtschaftliche Entwicklung eines Landes benutzt wird, korreliert stark positiv mit den Variablen 3 sowie 7 bis 9. Während die Variable 3 sozusagen das Ergebnis oder den Erfolg der Missionierungstätigkeiten in der Vergangenheit repräsentiert, stehen die Variablen 7 bis 9 für die heutige Einflußnahme der christlichen Missionen in Form des von ihnen entsandten Personals[8]. Andererseits sind die Korrelationen mit den Anteilen der Moslems (Variable 1) und der Traditionalisten (Variable 2) negativ. Ein Zusammenhang zwischen dem Pro-Kopf-Einkommen und dem Überwiegen protestantischer oder katholischer Christen ist nicht festzustellen, dagegen ein überraschend starker mit dem Anteil der Anhänger einheimischer Kirchen. Die entsprechende Variable 5 wird sich auch bei einigen anderen entwicklungsbezogenen Indikatoren als stark wirksam herausstellen. Stark korreliert auch der frühe Beginn christlicher Missionierung mit dem Pro-Kopf-Einkommen. Bei dieser Variablen 11 kommen jedoch auch generell die frühen Kontakte der jeweiligen Länder mit der westlichen Welt zum Ausdruck: während die meisten Küstenländer vor 1850 von europäischen Kontakten und vom Christentum erreicht wurden, geschah dies

Tab. 4: Rang-Korrelationen zwischen Variablen der Religionsstruktur und sozioökonomischen Variablen
für 44 schwarzafrikanische Länder

Variable	12	13	14	15	16	17	18	19	20
1	(-0,38)	0,02	0,18	(-0,36)	-0,05	-0,03	(-0,41)	-0,06	(-0,57)
2	-0,35	-0,30	0,03	(-0,41)	-0,05	-0,22	-0,04	-0,08	-0,31
3	0,34	0,10	-0,05	(0,39)	0,13	0,03	(0,40)	0,07	(0,58)
4	0,09	-0,18	0,05	-0,03	-0,03	0,02	0,21	0,02	0,15
5	(0,48)	0,27	-0,34	(0,42)	(0,42)	0,24	(0,50)	0,46	(0,39)
6	-0,19	0,04	0,19	-0,14	-0,20	-0,09	-0,26	-0,25	-0,25
7	(0,41)	0,17	0,03	0,35	-0,07	0,20	(0,45)	0,02	(0,56)
8	0,33	-0,01	-0,07	0,17	0,17	0,05	(0,38)	0,24	0,31
9	(0,51)	0,16	-0,04	(0,39)	0,05	0,23	(0,45)	0,13	(0,54)
10	-0,08	0,11	0,07	-0,02	-0,15	-0,13	0,02	-0,01	-0,03
11	(-0,51)	-0,19	0,34	(-0,48)	-0,16	-0,26	-0,17	-0,31	(-0,40)

Starke positive bzw. negative Korrelationen ($|r_s| > 0,35$) sind umrahmt, mäßige
($0,25 \leq |r_s| \leq 0,35$) unterstrichen.

Bedeutung der Variablen:

1 - Prozentanteil der Moslems an der Gesamtbevölkerung
2 - Prozentanteil der Anhänger traditioneller Religionen an der Gesamtbevölkerung
3 - Prozentanteil der Christen an der Gesamtbevölkerung
4 - Prozentanteil der Protestanten und Anglikaner an den Christen
5 - Prozentanteil der Anhänger einheimischer Kirchen (einschl. "Marginal Protestants" und "Non-Roman Catholics") an den Christen
6 - Prozentanteil der Katholiken an den Christen
7 - Katholische Missionare pro Million Einwohner
8 - Protestantische und anglikanische Missionare pro Million Einwohner
9 - Missionare insgesamt pro Million Einwohner
10 - Prozentzahl der Einheimischen an der Zahl der hauptamtlichen kirchlichen Mitarbeiter
11 - Jahr des Beginns christlicher Mission
12 - Bruttosozialprodukt je Einwohner
13 - Prozentanteil der Stadtbevölkerung an der Gesamtbevölkerung
14 - Prozentanteil der Erwerbspersonen in der Landwirtschaft an allen Erwerbspersonen
15 - Ärzte pro Million Einwohner
16 - Medizinisches Personal insgesamt pro Million Einwohner
17 - Tägliche Kalorienversorgung pro Kopf
18 - Prozentanteil der Primarschüler an der Primarschulaltersgruppe
19 - Prozentanteil der Sekundarschüler an der Sekundarschulaltersgruppe
20 - Prozentanteil der Alphabeten an der Gesamtbevölkerung

für fast alle Binnenländer erst nach 1850. Zwischen dem Ausmaß der Urbanisierung der Länder (Variable 13) und den Indikatoren der Religionsstruktur bestehen keine starken Korrelationen. Lediglich der stärkere Anteil von Anhängern einheimischer Kirchen weist auf eine leicht höhere Urbanisierung hin, der der Traditionalisten auf eine leicht niedrigere. Daß die anderen Variablen keine stärkeren Korrelationen mit der Urbanisierung aufweisen, kann man wohl darauf zurückführen, daß die Tätigkeit der christlichen Missionen ambivalent auf die Urbanisierung gewirkt hat:

Bei den Missionen bestand generell eine Stadtfeindlichkeit, und man versuchte mit vielen Mitteln, die Anhänger der Mission von der Abwanderung in die Städte abzuhalten. Andererseits förderten insbesondere die Missionsschulen die Abwanderung aus dem ländlichen Raum, da die dort gelernten Fähigkeiten in den Städten gut gebraucht werden konnten. Auch in Bezug auf die wirtschaftliche Struktur der Länder, für die die Variable 14 als ein Aspekt steht, gibt es wenig statistische Zusammenhänge mit den Religionsvariablen. Da die Variablen 13 und 14 stark negativ miteinander korrelieren, kann man hierfür die gleichen Gründe angeben wie oben.

Die Versorgung mit Ärzten (Variable 15) weist fast die gleichen Korrelationen mit den Merkmalen der Religionsstruktur auf wie das Pro-Kopf-Einkommen. Hier kommt die große Bedeutung zum Ausdruck, die die Missionen für die medizinische Versorgung der Länder haben. Die beiden anderen die Gesundheitsversorgung (Variable 16) bzw. die Ernährungssituation (Variable 17) betreffenden Indikatoren weisen weniger deutliche Zusammenhänge auf. Die Variable 16 wurde mit in die Analyse hineingenommen, da sie die Krankenversorgung der großen Masse der Bevölkerung meistens besser zum Ausdruck bringt als die Verfügbarkeit von Ärzten, die sehr oft in den großen Städten konzentriert sind. Obwohl die Korrelationen nicht hoch sind, so sei doch darauf hingewiesen, daß sie vor allem bei Variable 17 mit denjenigen Variablen, die eine starke Durchdringung der Länder mit christlichen Missionen beinhalten, durchweg positiv sind.

Bei den das Erziehungswesen betreffenden Indikatoren weisen die Variablen 18 und 20 wieder ähnliche Korrelationen mit den Merkmalen der Religionsstruktur auf wie das Pro-Kopf-Einkommen und die Versorgung mit Ärzten. Die Missionen hatten beim Aufbau des Erziehungswesens in Schwarzafrika eine noch größere Bedeutung als für das Gesundheitswesen. Dies gilt vor allem für die frühen Jahre, in denen die Kolonialregierungen fast nichts auf dem Erziehungssektor unternahmen. Nach dem Zweiten Weltkrieg beteiligten sich viele Kolonialverwaltungen etwas stärker, und dies äußerte sich unter anderem darin, daß die Missionen beim Aufbau des Sekundarschulwesens, der in verstärktem Maß erst seit dieser Zeit in Angriff genommen wurde, obwohl es auch vorher schon vereinzelte Sekundarschulen gegeben hatte, nicht so führend waren wie dies im Primarschulbereich der Fall ist. Demzufolge korreliert die Variable 19 auch kaum mit den entsprechenden Merkmalen der Religionsstruktur.

Liest man die Korrelationsmatrix in Tab. 4 "von links", d. h. geht man mit der Fragestellung heran, welche Variablen der religiösen Struktur mit den Entwicklungsindikatoren am häufigsten hoch korrelieren, so fallen die Variablen 3 (Anteil der Christen), 7 - 9 (Präsenz von Missionaren) und 10 (Beginn der Missionierung) auf, die alle einen intensiven und frühen Einfluß christlicher Missionen zum Ausdruck bringen. Auf der anderen Seite sind negative Korrelationen der Entwicklungsindikatoren mit dem Anteil der Moslems sowie mit dem der Traditionalisten festzustellen, d. h. ein hoher Anteil dieser Religionsgruppen an der Bevölkerung eines Landes weist eher auf einen niedrigeren Entwicklungsstand hin, eine Beobachtung, die zu der vorangehenden komplementär ist. Die Frage, ob die relative Stärke der katholischen oder der protestantischen Missionen einen deutlicheren Einfluß auf die Entwicklung der Länder gehabt hat, ist aus der hier durchgeführten Analyse nicht zu beantworten. Die Variable 4 (Anteil der Protestanten) weist mit keinem der Entwicklungsindikatoren hohe Korrelationen auf, obwohl diese überwiegend positiv sind, die Variable 6 (Anteil der Katholiken) weist nur schwach negative Korrelationen auf. Eher in die andere Richtung, daß sich nämlich die Präsenz katholischer Missionare "segensreicher" auswirkt als die protestantischer, weist die Beobachtung, daß die Variable 7 (katholische Missionare) durchweg höhere Korrelationen mit den entscheidenden Entwicklungsindikatoren hat als Variable 6 (protestantische Missionare). Aufgrund der Daten läßt sich also kein Schluß im Sinne der stärkeren Wirksamkeit der protestantischen Ethik auf den sozio-ökonomischen Wandel ziehen, wie dies HOPKINS (1966, 561) für die zehn Länder in seiner Analyse meinte tun zu können. Dagegen ist der Anteil der Anhänger einheimischer Kirchen (Variable 5) wie oben erwähnt herausragend in seiner Korrelation mit den Entwicklungsindikatoren. Diese Beobachtung ist, will man sie nicht als Ergebnis von Zufälligkeiten abtun, schwer zu erklären, vor allem wenn man berücksichtigt, daß die meisten einheimischen Kirchen sich aufgrund ihrer begrenzten finanziellen Ressourcen nur in kaum nennenswertem Umfang etwa an der Bereitstellung von Erziehungs- und Gesundheitseinrichtungen beteiligten. Man könnte vermuten, daß der stärkere Einfluß weißer Siedler auf beides eingewirkt hat: Einerseits auf den allgemeinen Entwicklungsstand der Länder, andererseits aber auch auf die Entstehung einheimischer und unabhängiger Kirchen, die ja auch Ausdruck eines Autonomiebestrebens der Afrikaner ist und für die die direkte Konfrontation mit einer dominierenden Gruppe von Weißen ein besserer Nährboden ist. Immerhin haben sich die einheimischen Kirchen am frühesten und stärksten im südlichen Afrika entwickelt, wo der europäische Einfluß stärker war und ist als in anderen Teilen des Kontinents.[9] Jedoch ist dies nur eine Vermutung, die zu weiteren detaillierten Untersuchungen Anlaß geben könnte. Das Ausmaß der Afrikanisierung der Missionskirchen (Variable 10) weist keine hohen Korrelationen mit den Entwicklungsindikatoren auf und scheint damit eine andere Dimension des kirchlichen Lebens zu messen als die Stärke der Unabhängigen.

Diese kurze Untersuchung ist rein statistischer Art gewesen. Die aufgezeigten Zusammenhänge beinhalten noch keine Erklärung, obwohl an einigen Stellen Verweise auf mögliche Gründe gegeben werden. Eine zwingende Ableitung des Entwicklungsstandes der Länder aus deren Religions- und Konfessionsstruktur ist auf dieser Makroebene nicht möglich, will man nicht unzulässigen Verallgemeinerungen zum Opfer fallen. Jedoch ist aus der kurzen statistischen Analyse heraus wahrscheinlich gemacht worden, daß Beziehungen zwischen den beiden Merkmalsbereichen bestehen. Diese müssen in der historischen Perspektive und vor allem auch auf kleinerem, überschaubarem Raum untersucht werden. Am Beispiel Zambias hat der Autor die Veränderungen untersucht, die durch die christliche Missionstätigkeit seit dem Ende des 19. Jahrhunderts in der Siedlungs- und Wirtschaftsstruktur, aber auch im Bereich der religiösen Zusammensetzung der Bevölkerung und der Bereitstellung sozialer Dienste (vor allem schulische und medizinische Versorgung) geschehen sind (HENKEL 1985).

Anmerkungen

[1] Als Darstellungen der Geschichte des Christentums in Afrika seien genannt: GROVES (1948 - 58), DAMMANN (1968) und HASTINGS (1979).

[2] BARRETTs Daten beziehen sich auf Anhänger der Religionen, also auf die Menschen, die sich auf eine entsprechende Frage als solche bezeichnen oder bezeichnen würden, und ihre Kinder. Diese Definition umschließt in der Regel mehr als diejenigen Menschen, die von den jeweiligen religiösen Organisationen als zu ihnen gehörig angesehen werden. Zur Definition von "Christen" siehe BARRETT (1982, 47 - 53).

[3] Unter Schwarzafrika wird hier Afrika ohne Marokko, Algerien, Tunesien, Libyen und Ägypten verstanden. Rechnet man auch noch die bereits 1900 stark islamisierten Staaten Mauretanien, Senegal, Gambia, Guinea, Mali, Niger, Tschad, Sudan, Djibouti und Somalia ab, die auch heute noch deutlich überwiegend islamisch geprägt sind, so sind die Zahlen für 1980: 61 % Christen, 21 % Moslems und 18 % Traditionalisten.

⁴ Die angegebene Gruppierung ist durchaus subjektiv und stellt eine grobe Einteilung dar.

⁵ Zambia (39) macht hier eine Ausnahme, indem der Katholikenanteil dort größer als der der Protestanten ist. Es wurde jedoch zur Gruppe A gerechnet, da es mehr Ähnlichkeiten mit den Ländern dieser Gruppe aufweist als etwa mit denen der Gruppe C. Der hohe Anteil von Anhängern einheimischer Kirchen in Zambia ist vor allem durch die Stärke der Zeugen Jehovas bedingt, die nach BARRETT zu den protestantischen Randgruppen gerechnet werden. Auch Namibia (24) und Sierra Leone (29) bilden in gewisser Weise eine eigene Gruppe, da sie nur einen geringen Anteil (10 %) von Unabhängigen aufweisen.

⁶ Hierbei wurden von den in den obigen Abbildungen dargestellten Ländern Somalia und Djibouti wegen ihrer sehr kleinen Zahl von Christen (je unter 10 000) nicht einbezogen, hinzugefügt wurden jedoch die Inseln Mauritius, Réunion, Sao Tomé e Principe und Seychellen sowie Ägypten.

⁷ Die Schwellenwerte $\pm 0,25$ und $\pm 0,35$ sind etwa die kritischen Werte für den SPEARMAN-Koeffizienten bei 44 Fällen und 5 % - bzw. 1 % Signifikanzniveau (einseitige Fragestellung). Da die untersuchten Länder jedoch keine Stichprobe darstellen, ist es nicht sinnvoll, Signifikanztests durchzuführen. Die berechneten Koeffizienten geben daher lediglich die Stärke des statistischen Zusammenhangs an.

⁸ In den 44 Ländern, die in die Analyse einbezogen wurden, sind nach BARRETTs Angaben insgesamt etwa 54 000 Missionare (im weitesten Sinne, also unter Einschluß von Laien) tätig. Zwei Drittel davon sind Katholiken, der Rest Protestanten, Anglikaner und andere. In Schwarzafrika leben damit 23 % der weltweit etwa 233 000 christlichen Missionare.

⁹ Die "klassische" Arbeit über die unabhängigen Kirchen in Südafrika stammt von SUNDKLER (1948, deutsch 1961), eine andere wichtige Untersuchung in Kenya ist die von WELBOURN & OGOT (1966), eine neuere Zusammenfassung ist BECKEN (1985).

Literatur

BARRETT, D. B. (1982): The World Christian Encyclopedia. A comparative study of churches and religions in the modern world AD 1900 - 2000. Nairobi.

BECKEN, H.-J. (1985): Wo der Glaube noch jung ist: Afrikanische unabhängige Kirchen im südlichen Afrika. Erlangen.

DAMMANN, E. (1968): Das Christentum in Afrika. München/Hamburg.

FISCHER, E. (1957): Religions: their distribution and role in political geography. - In: WEIGERT, H. W. (Hrsg.): Principles of political geography, 405 - 439. New York.

GROVES, C. P. (1948 - 1958): The planting of christianity in Africa. Vol. I - IV. London.

HASTINGS, A. (1979): A history of African christianity, 1950 - 75. London.

HENKEL, R. (1985): Die raumwirksame Tätigkeit christlicher Missionen, dargestellt am Beispiel Zambias. Habilitationsschrift, Fakultät für Geowissenschaften, Universität Heidelberg (demnächst im Reimer Verlag, Berlin).

HOPKINS, R. F. (1966): Christianity and socio-political change in Sub-Saharan Africa. Social Forces, 44, 555 - 562.

MICHLER, G. u. PAESLER, R. (Hrsg., 1983): Der Fischer Weltalmanach 1984. Frankfurt a. M.

PARKER, J. I. (1938): Interpretative statistical survey of the world mission of the Christian church. New York.

SUNDKLER, B. G. (1961): Bantupropheten in Südafrika. Stuttgart.

WELBOURN, F. B. u. OGOT, B. A. (1966): A place to feel at home. Oxford/London.

WELTENTWICKLUNGSBERICHT (1984): Internationale Bank für Wiederaufbau und Entwicklung/Weltbank. Washington, D. C.

Zusammenfassung

Afrika südlich der Sahara war noch um die Jahrhundertwende nur in Randgebieten christianisiert. Heute muß es als überwiegend christlicher Kontinent angesehen werden, da sich die Mehrzahl der Einwohner als Anhänger des Christentums betrachtet.

Zu den traditionellen afrikanischen Religionen gehören heute weniger als 20 % der Bevölkerung, und der Islam ist regional auf die Sudan- und Sahelzone Westafrikas sowie auf die ostafrikanische Küste beschränkt. Die christliche Missionsbewegung, die von Europa und Nordamerika ausging, brachte alle verschiedenen christlichen Konfessionen auch nach Afrika. Welche Konfession heute in einem Land vorherrscht, ist vor allem davon abhängig, ob dieses Land Kolonie einer katholischen oder einer protestantischen europäischen Macht war. Die unabhängigen afrikanischen Kirchen, die sich von den Missionskirchen abgespalten haben, konnten sich besonders in den stärker protestantisch ausgerichteten Staaten entwickeln.

Zwischen den Merkmalen der Religions- und Konfessionsstruktur einerseits und denjenigen des Entwicklungsstandes andererseits bestehen in den Staaten Schwarzafrikas mannigfaltige Zusammenhänge, die hier mit Hilfe einer Korrelationsanalyse untersucht werden. Insgesamt weisen die Länder mit einem stärkeren christlichen Einfluß einen höheren Entwicklungsstand auf als diejenigen, in denen der Islam oder die traditionellen Religionen dominieren. Zwischen den protestantischen und den katholischen Ländern ist kein signifikanter Unterschied festzustellen, doch werden durchgehend überraschenderweise hohe positive Korrelationen zwischen den Entwicklungsmerkmalen und dem Anteil der unabhängigen Kirchen beobachtet.

Summary

Up to the end of the 19th century, sub-Saharan Africa was christianized only in marginal, mainly coastal areas. Today it can be called a Christian continent since the majority of the inhabitants regard themselves as Christians. Less than 20% of the population in Black Africa are adherents of traditional African religions, and Islam is largely confined to the Sudan and Sahel areas of West Africa and to the East African coast. Originating from Europe and North America, the Christian missionary movement of the 19th and the early 20th century imported a variety of denominations into Africa. In former colonies of Protestant European powers (Britain, Germany), Protestant denominations usually dominate, in those of Catholic countries (France, Portugal, Belgium, Spain) the Catholic Church is most important. The independent African churches, most of which split off from mission churches, grew most rapidly in countries where Protestant missions dominated.

In the Black African countries, there are manifold relationships between the characteristics of the religious and denominational composition of the population on the one and indicators of development on the other hand. These relationships are investigated by correlation analysis. Generally, those countries with a strong Christian impact have higher development indices than those in which Islam or traditional religions dominate. There is no significant difference between Catholic and Protestant countries, while surprisingly high positive correlations are observed between development indicators and the percentage of the population belonging to independent churches.

Richard H. Jackson

RELIGION AND SETTLEMENT IN THE AMERICAN WEST: THE MORMON EXAMPLE

A. Introduction

Religion played only a minor role in establishing settlements in the Intermountain West of the United States except for one notable exception, the Mormons. The regional concentration of members of the Church of Jesus Christ of Latter-day Saints (commonly called Mormons) has led to widespread interest in what constitutes a distinctive Mormon Culture Region. Concentrated in the Intermountain West, with a nucleus in Salt Lake City, it is easily the most homogeneous cultural grouping within the United States, as has been the focus of studies by sociologists (O'DEA, NELSON), anthropologists (VOGT), geographers (MEINIG, GALLOIS, ZELINSKY, FRANCAVIGILIA, LAUTENSACH, JACKSON), and others from the social sciences. Geographers have attempted to delimit the boundaries of the region (ZELINSKY, MEINIG, FRANCAVIGILIA, BUDGE, CAMPBELL) using a variety of indices (Figure 1). Essential to all of these regionalization attempts are landscape characteristics which are viewed by the authors as associated with the Mormon people and their culture. Landscape characteristics reported by observers range from irrigation ditches to building materials to place names, but central to all is the recognition of the "Mormon Village" as the primary characteristic of the cultural region. The earliest observers of the Mormon village concluded that Mormon settlements reflected a central planning process based upon the so-called City of Zion plan of Joseph Smith, the founder of the religion. This process was supposedly repeated in identical format throughout the region settled by the Mormons (NELSON 1954, p. 38; CREER 1947, p. 362; HUNTER 1959, p. 346; TAYLOR 1965, p. 111.). Mormon villages do have a superficial uniformity that is easily mistaken for identicalness, but closer examination of the origins, diffusion and transformation of the Mormon culture reveals that the Mormon Village is a much more complex and varied phenomenon than commonly reported.

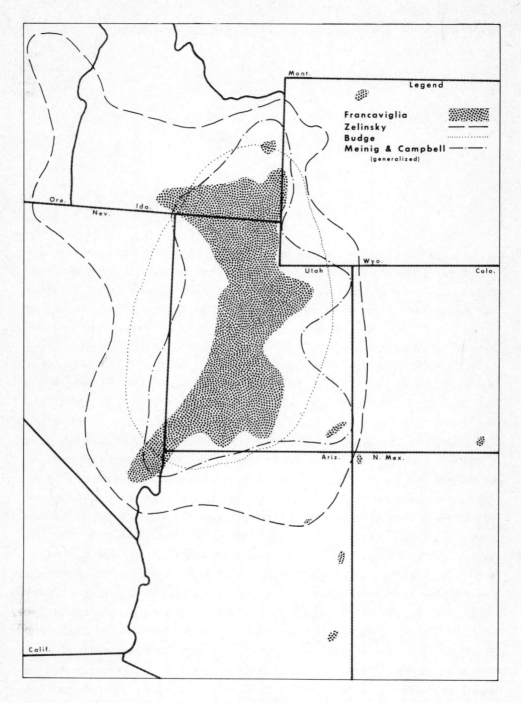

Fig. 1: Representative Examples of Definitions of the Mormon Culture Region
Source: Map compiled by author after BUDGE, CAMPBELL, MEINIG, FRANCAVIGLIA, and ZELINSKY

B. Historical Development of the City of Zion

The Mormons had their origin in upstate New York where the founder, Joseph Smith, resided in a frontier setting as a young man. After Smith established the Church in 1830, the Mormons joined the great westward migration of the American frontier in the 1830s and 40s (Figure 2). As the incipient church grew, it moved from New York to the more fertile lands of Ohio. In this area the centrality of the nucleated village was articulated by the founder and prophet Smith in the City of Zion Plan, and it is from these early pronouncements that subsequent observers have drawn their conclusions that the Mormon village is a pattern that was established in the 1830s. Smith's plan for a city consisted of a regular rectangular pattern of lots and blocks oriented to the ordinal directions.

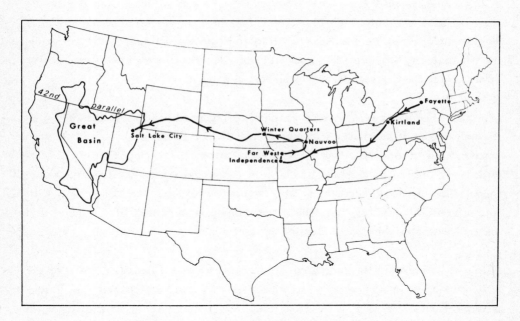

Fig. 2: Route of Mormon Migration from New York State to the Great Basin

Source: after JACKSON 1978, p. 319

The geometric pattern of the City of Zion Plan is not unique to the Mormons. The adherence to a rigid grid pattern in America's communities west of the Appalachians has been noted by numerous observers (BRIDENBAUGH 1955, p. 41, GOODMAN 1968, p. 8, WADE 1964, p. 32). Although some communities laid out by the earliest settlers of the New England region had an irregular pattern, the vast majority of all cities of the United States reflected a definite rectangular plan. Early examples of planned cities include Philadelphia, Pennsylvania (1683), Savannah, Georgia (1733), and Washington, D. C. (1791). These and nearly all other American cities were based on a rectangular grid pattern, and the great majority of American cities reflected the city plan of Philadelphia (GOODMAN 1968, p. 7 - 12). As part of the westward movement in the frontier west of the Appalachians the Mormon leaders and their followers were part of a widespread process of city establishment that was the focus of intense speculative activity. Some observers maintained that from the period of 1790 onward until all the frontier was gone there was a "city mania" among Americans (WADE 1964, p. 32). Contemporary observers noted that nearly every individual encountered in the Ohio-Mississippi Valley in the 1800 - 1850 period had a grandiose plan for a city in his pocket, and was willing to sell it in whole or part at a substantial profit. Claims for these newly established, proposed, or imagined cities were eloquent. All of the speculators and developers maintained that city life provided advantages of education, social interaction, better health care, and association with neighbors or friends.

American history is replete with examples of successful cities in the Ohio-Mississippi Valley (Cincinnati, St. Louis, Louisville, or Pittsburgh), but others such as the town of America, New Lisbon, Port Lawrence, Palermo, Cairo or Circleville were not so successful. All of these cities and towns found in the Trans-Appalachian frontier were remarkably similar, whether successful or not. With the exception of Circleville, Ohio, the town plat consisted of a regular grid pattern with straight streets crossing at right angles.

The City of Zion Plan presented by Joseph Smith is basically a part of the city promotion of the period. His characteristic grid pattern and the reasons given for city life vary little from those utilized elsewhere in the region. In a letter accompanying his City of Zion Plan, Joseph Smith stated the advantage of nucleated settlements.

> "The farmer and his family, therefore will enjoy all the advantages of schools, public lectures and other meetings. His home will no longer be isolated, and his family denied the benefits of society, which has been, and always will be, the great educator of the human race; but they will enjoy the same privileges of society, and can surround their homes with the same intellectual life, the same social refinement as can be found in the home of the merchant or baker or professional man." (ROBERTS 1930, Vol. I, p. 312).

The advantages of the village life described by Smith are but an extension of the milieu of the New England village of the 1700s, and the utopian ideals of the American frontier. The prevalence of the belief that community life was superior is noted by nearly all observers of the Trans-Appalachian frontier. More than a decade prior to Smith's statement on the need for people to live in cities an observer noted that among the residents of individual farms "neither schools, nor churches, can without difficulty be either built by the planters or supported" since "persons who live on scattered plantations are in a great measure cut off from that daily intercourse which softens and polishes man." The opposite of this was found in the villages where "all the people are neighbors: social beings; converse; feel; sympathize; mingle minds; cherish sentiments and are subjects of at least some degree of refinement" (DWIGHT 1921, Vol. I, p. 335 - 338). There is little difference in the views of Smith in justifying the City of Zion and that of other settlers in the Ohio-Mississippi frontier.

Central to the theme of city life was the promise of education which it held. The emphasis on education among the residents of the new country of the United States led to "an abiding faith in the value of widespread education (that) possessed all townsmen." (BRIDENBAUGH 1955, p. 172). The lack of educational opportunities for the isolated farmer reinforced the necessity of city life. For the Mormons this was even more critical since one of the central doctrines of the church was that "the glory of God is intelligence" (Doctrine and Covenants, 93:36).[1] Because of this doctrine Smith emphasized the need for the members of the church to gather together into cities and towns so that they could gain education about both religious and secular matters. The following statement of 1838, only eight years after the organization of the Church, is a message to all of the members from Smith and the presidency of the Church.

> "In order that the object for which the Saints are gathered together in the last days, as spoken by all the holy prophets since the world began may be obtained, it is essentially necessary, that they should all be gathered into the cities appointed for that purpose; as it will be much better for them all in order that they may be in a situation to have the necessary instruction...
>
> The advantages of so doing are numerous while the disadvantages are few, if any. As intelligence is the great object of our holy religion, it is of all things important, that we should place ourselves in the best situation possible to obtain it. And we wish it to be deeply impressed upon the minds of all that to obtain all the knowledge which the circumstances of man will permit them, is one of the principle objects the saints had in gathering together. Intelligence is the result

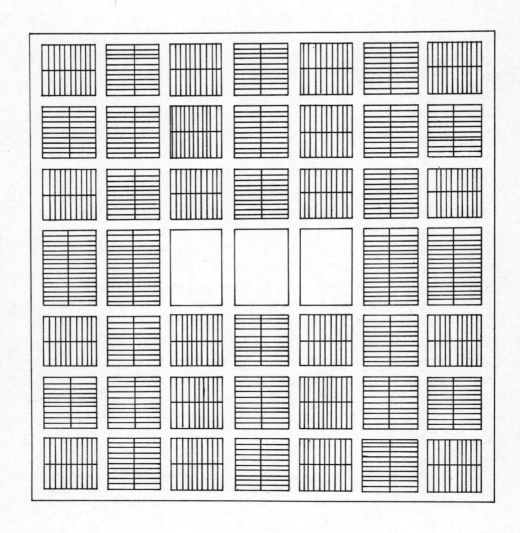

Fig. 3: Copy of the Original of Zion Plan of Joseph Smith

Source: After photograph of original plat designed by Joseph Smith, 1833, (Church Historian's Office, Church of Jesus Christ of Latter-day Saints, Salt Lake City, Utah.)

of education, and education can only be obtained by living in compact society; so compact, that schools of all kinds can be supported, and that while we are supporting schools, we without any exception, can be benefited thereby.

It matters not how advanced many who embrace the gospel, be in life, the true object of their calling, is to increase their intelligence: to give them knowledge and understanding in all things which pertain to their happiness and peace, both here and hereafter. -- And it is therefore required that they place themselves in a situation accordingly. ...

One of the principle objects, of our coming together, is to obtain the advantages of education; and in order to do this, compact society is absolutely necessary." (Elder's Journal 1838, p. 53).

To implement the goal of education, Smith provided a plan for cities known as the City of Zion Plan. The City of Zion Plan was first sent by Smith to members of the Church establishing a new city in Missouri in 1833 (SMITH 1902 - 1932, I, p. 359 - 361). The City Plan itself is much like others in the Ohio-Mississippi frontier, Cleveland, and other cities with which Smith and the Mormons were familiar (Figure 3). General instructions relative to the plan were included in the marginal notes including the details for the size of the city. (Punctuation in parentheses added by this author.)

Explanation -- This plot contains one mile square (.) all the squares in the plot containes (sic) ten acres each being 40 rods square (.) you will observe that the lots are laid off alternate in the squares (.) in one square running from the south and North to the line through the middle of the square and the next the lots run$_3$ from the east and west to the middle line (.) each lot is 4 perches^2 in front and 20 in back making 1/4 (an error, it makes 1/2) of an acre in each lot so that no one street will be built on inturly (sic) through the street but one square the houses stand on one street and on the next on another (,) except the middle range of squares which runs North and south in which range are the painted squares (.) the lots are laid off in these squares North and south (;) all of them (,) because these squares are 40 perches by 60 perches being twenty perches longer than the others (,) the long way of them being east and west and by runing (sic) all the lots in these squares North and south it makes all the lots in the City of one size (.) the painted squares in the middle are for publick (sic) buildings (.) the one without any figures is for store houses for the Bishop and to be devoted to his use (.) figure one is for Temples for the use of the presidency (;) the circles inside of this square are the places for the temples (.) you will see it containes (sic) twelve figures (.) (Figure) 2 is for Temples for the lefsser Priesthood (.)[3] it also is to contain 12 Temples (.)[4] the whole plot is supposed to contain from 15 to 20 thousand people (.) you will therefore see that it will require 24 buildings to supply them with houses of worship (,) schools (,) & none of these temples are to be smaller than the one of which we send you the draft (.) this temple is to be built in square marked figure one and to be built where the circle is which has a cross on it. On the north and south of the lot where the line is drawn is to be laid off for barns (,) stables etc for the use of the city so that no barns or stables will be in the City among the houses (.) the ground to be occupied for these must be laid off according to wisdom. On the North and South are to be laid off the farms for the agriculturists a sufficient quanty (**sic**) of land to supply the whole plot and if it cannot be laid off without going too great a distance from the city there must also be laid off on the east and west (.) when this square is thus laid off and supplied (,) lay off another in the same way and so fill up the world in these last days and let every man live in the City for this is the City of Zion.

All the streets are of one width being eight perches wide also the space round the outer edge of the painted squares is to be eight perches between the Temple and the street on every side.

The scale of the plot is 40 perches to the inch.

No one lot in this City is to contain more than one house & that is to be built 25 feet back from the street leaving a small yard in front to be planted in a grove according to the taste of the builder the rest of the lot for gardens & all the houses to be of brick and stone.

C. Characteristics of the City of Zion Plan

The important features of the proposed city are its uniform grid system with wide streets (132 feet), the location of houses on alternate sides of the blocks, the uniform setback and construction material for houses, the establishment of a separate district for public buildings (temples), from which residences were barred, and the location of farmlands outside of the residential section. The wide streets mandated in the City of Zion plat have been emphasized by many observers as unique, but many other communities established in the area in the period from 1810 - 1830 have street widths as wide or wider. Waverly, Ohio, for example, was established in 1831 with a main street of 215 feet width; Sandusky, Ohio, was incorporated in 1830 with streets of 125 feet width; Fremont, Ohio, established in 1816 had main streets 132 feet wide, and Bellvue, Clyde, Woodville, Ohio, all have streets 120 feet wide. It is important to note that numerous communities in the vicinity of the Mormon location in Kirtland, Ohio, from where Smith sent his City of Zion Plan had streets and patterns analogous to the City of Zion plat.

Smith's requirement that barns be located outside of the town in the City of Zion plat reflects frontier communities in which problems of livestock in the town and attendant waste disposal were of central concern (WADE 1964, p. 21). The concept of mini-farms outside the town was found in most communities in both New England from whence Smith and his family migrated, as well as in the Trans-Appalachian frontier. When Cincinnati was established in 1789, lands around the town were divided into four acre farms, while at Lexington, Kentucky, in 1781 lands for farms were divided into five and ten acre plots around the city so that city residents could enjoy the benefits of farming on a small scale (WADE 1964, p. 21, 24).

An important difference between the City of Zion plat and other communities of the Ohio-Mississippi frontier were the uniformly applied wide streets and the requirements for uniform building set back and construction materials. Other communities during the era had wide streets for the main thoroughfares, but in recognition of the impracticability and lack of utility of such wide streets the side streets rarely exceeded 82 1/2 feet (five rods) or 99 feet (six rods).

None of the later Mormon settlements founded under Smith's direction followed the City of Zion Plan, although Kirtland, Ohio, which was surveyed shortly after the plat of the City of Zion was developed, followed it most closely (Figure 4). The blocks of Kirtland were square, unlike the City of Zion rectangular blocks, having 20 lots per block with alternate blocks having their lots oriented differently as the City of Zion proposed. Kirtland does not have a center tier of super blocks for public buildings but it is otherwise similar.

The later communities developed under Smith's leadership departed radically from the proposed City of Zion, but have characteristics which fall within the range found in communities in the Ohio-Mississippi region. Independence, Missouri, where the first City of Zion was to be built, was never established. The Mormons did lay out a city in 1836 at Far West, Missouri, however. This city departed from the City of Zion Plan in many respects (Fig. 4). Four large streets, each 132 feet wide bounded a central square and extended through the city. The other streets in Far West were 82 1/2 feet (5 rods), with blocks 396 feet square divided into four equal size lots each lot being approximately 100 feet square. This plan used in Far West is identical to numerous other cities founded by non-Mormons in the mid-west. Nauvoo, Illinois, laid out by the Mormons about 1840 also differed from the City of Zion plat (Figure 4). The streets were narrow, with all but two being 49 1/2 feet (3 rods) wide, and the blocks were similar in size and division as those at Far West (396 feet x 363 feet). The only adherence to the City of Zion Plan in both Far West and Nauvoo was the use of a grid pattern, but this was also characteristic of other cities in the Trans Appalachian frontier.

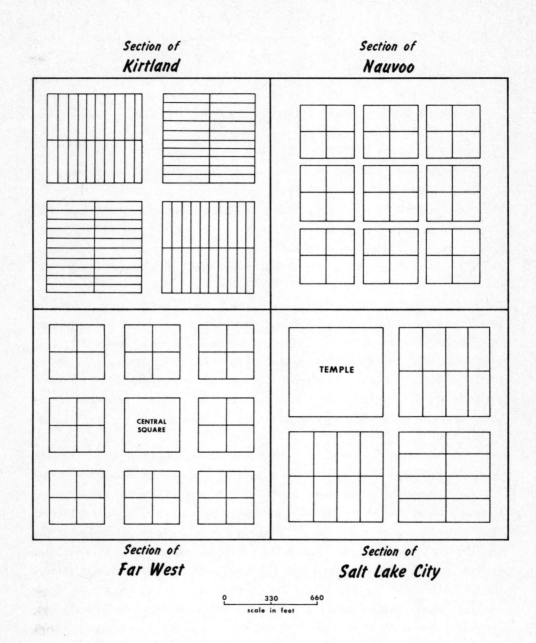

Fig. 4: Examples of the Morphology of Selected Towns Established by the Mormons

Source: Based on original plat maps in Salt Lake County Courthouse and Church Historian's Office, Salt Lake City, Utah (drafted to same scale by author.)

Smith's assassination in 1844 ended the establishment of communities under his direction and culminated in the Mormon removal to the Great Basin of the Intermountain West in 1847. After 1847 numerous communities were founded under the direction of Brigham Young, who replaced Joseph Smith as the head of the Church. The vast majority of communities founded by the Mormons were under the direction of Brigham Young between 1847 and 1877. Over 500 towns and villages were established under Brigham Young's direction, some of ephemeral nature, and others like Salt Lake City, which have become major cities. Some observers have suggested that the Mormon communities were of four types: those which were temporary and associated with the movement to the Intermountain West, such as Winter Quarters; those which were established as way stations for Mormon emigrants in the 1847 - 1869 period when the completion of the railroad removed the need for such way stations; settlements which were established as missions to the American Indians including Las Vegas, Nevada, which were subsequently abandoned; and the fourth type which were established as permanent settlements to produce a livelihood for the Mormon settlers (ARRINGTON 1985, p. 174).

The first settlement established under Brigham Young's direction was at Winter Quarters, which subsequently became Florence, Nebraska, a suburb of Omaha. Established in 1846 as a site for the saints who had been driven from Nauvoo by mobs after Smith's death, Winter Quarters continued as a way station even after the majority of the Mormons who originally fled there had moved on to the Salt Lake Valley. Winter Quarters was laid out with blocks 20 x 40 rods (330 by 660 feet) divided into lots 4 rods by 10 (66 feet by 165 feet). No statement was made concerning the width of streets of Winter Quarters.

D. Brigham Young the Colonizer

The first Mormon pioneers arrived in the Great Salt Lake Valley on July 21, 1847. Brigham Young, who had been ill, arrived on July 24, 1847, and declared that the Mormons would establish their settlement in the Great Basin. Once a decision was reached to remain in the Salt Lake Valley, plans for a city to be called the Great Salt Lake City were proposed by the practical Young who stated that

> Here is the forty acres of the temple. The city can be laid out perfectly square north and south, east and west. It was then moved and

> carried that the temple lot contain forty acres (later reduced to a more manageable ten acres) on the ground where he stood ... that the city be laid out into lots of ten rods by twenty each (165 x 330 feet) exclusive of the streets, and into blocks of eight lots, being ten acres in each block, and one and 1/4 (acres) in each lot ... that each street be laid out eight rods wide (132 feet), and that there be a sidewalk on each side, 20 feet wide, and that each house be built in the centre of the lot 20 feet from the front, that there might be uniformity throughout the city ... that there be four public squares of ten acres each to be laid out in various parts of the city for public grounds ... (WOODRUFF, July 28, 1847)

This proposed pattern was the basis for initial platting of Salt Lake City, and it resembles the City of Zion plat in many respects (Figure 4). The blocks are the same size as those proposed by Smith in the City of Zion plat, but the lots in each block are one and one-half times as large, with eight 1 1/4 acre lots instead of 20 one-half acre lots. This is an important difference, as it led to the development of mini-farms on each lot with barns, livestock, and gardens. This conflicts with Smith's plans to keep animals out of the city. The streets were the same width as in the City of Zion plat but included an additional 20 feet for a sidewalk on each side. In addition, each house was to be set back 20 feet from the sidewalk and located in the center of the lot to minimize fire hazard. Young's plan for Salt Lake City also required alternating the orientation of houses so that no house was directly opposite another's front door.

> "Upon every alternate block four houses were to be built on the east, and four on the west sides of the square, but none on the north and south sides. But the blocks intervening were to have four houses on the north and four on the south, but none on the east and west sides, in this plan there will be no houses fronting each other on the opposite sides of streets, all those on the same side will be about eight rods apart, having gardens running back 20 rods to the center of the block." (WOODRUFF, July 28, 1847)

Although this plan was apparently thought of as a way to provide the privacy found in isolated farmsteads by providing each residence with physical and visual territory unimpeded by other residences, the plan was abandoned within a few decades as the influx of people led to subdivision of the larger lots, the erection of more than one house per lot, and the construction of homes on all sides of the blocks. Beyond the plat of the city, the Brigham Young plan called for small parcels of land for people to farm, with five acre parcels closer to the city (adjacent to the platted blocks) and ten and twenty acre parcels farther out.

Perhaps the greatest departure from Smith's City of Zion Plan was in the population of the city. Smith's plan called for limiting the size of each city to one square mile in area with a population of 15- to 20,000 people. Smith proposed creating another village when the first reached this population, and replicating this process over and over. Young's plan did not specify a population for the city, but the number of immigrants forced rapid expansion of the surveyed city. In 1847 a total of 1600 Mormons arrived in the Salt Lake Valley with 3,000 more joining them in 1848. By 1852 a total of 15,000 immigrations had arrived; 35,000 by 1857, 75,000 by 1869, and by 1877 there were 125,000 Mormons in Salt Lake City and the new Mormon settlements of the Great Basin (ARRINGTON 1985, p. 172). The rapid growth in the first three decades caused the city to expand rapidly. As originally surveyed in 1847, Salt Lake City contained 135 blocks. The following year an additional 63 blocks were surveyed, and in 1849 another 85 blocks were added (ROBERTS 1930, 3, p. 282). Thus the proposed City of Zion of Smith, limited in size and surrounded by agricultural lands, was not created in Salt Lake City.

The rapid population growth encouraged the Mormons to expand throughout the Intermountain West. Before Young's death in 1877, 358 Mormon settlements were established in the Intermountain West. By the end of the nineteenth century Mormon settlement extended 800 miles east-west, 1000 miles north-south, and embraced an area equal to almost one-sixth of the United States, made up of more than 500 communities (Figure 5). These communities are commonly assumed to have been based on Salt Lake City which in turn was based on the City of Zion Plan but analysis of the other settlements established by Mormons shows that the only consistency in their layout was the use of a grid pattern[5] (Table 1). The wide variety of city plans indicate that the Mormon settlers did not rely on either the City of Zion Plan nor that of Salt Lake City in establishing their communities.

A typical experience is related by the settlers of Wellesville, Utah. They report that in 1860, a year after they established a settlement, an emissary from President Young arrived and informed them that it would be advisable to lay out a formal city. "President Maughan and Jesse Fox, and Several other brethrren, (sic) came and laid before us the necisity (sic) of having a city plot laid off and Jesse W. Fox had been instructed by President Young to come up and lay of (sic) Cities" (BALLARD, March 11, 1860). The settlers accepted this decision and the city was surveyed. The results of this survey created additional labor for the settlers since they had to move their homes to comply with the surveyed lots. "The Survayors (sic) commensed (sic) to lay off the city

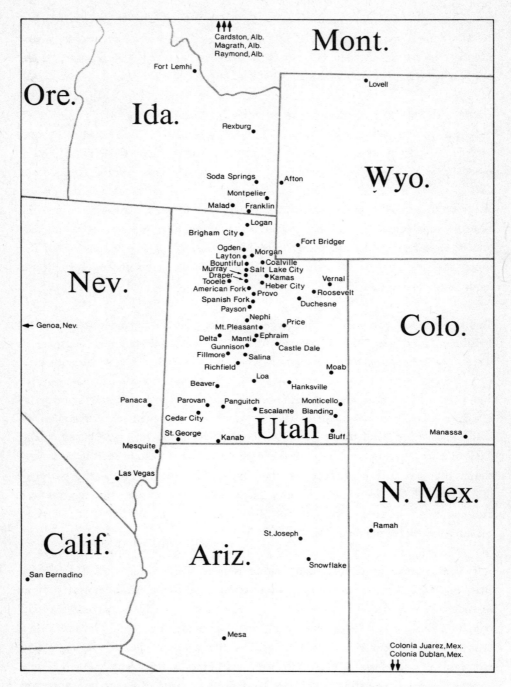

Fig. 5: Representative Settlements of the Mormons in the Great Basin Illustrating the Diffusion of the Mormon Settlers

Source: Map by author based on dates of settlement from HUNTER 1940, CREER 1947, ALLAN and LEONARD 1976

Table 1: City of Zion Plan Compared to Representative Communities Established by Mormons

	Date Established	City Size	Block Size	Lot Size in Acres	Street Width	Setback of Houses	Building Materials	Agricultural Land	Location of Barns and Livestock
City of Zion Plan	proposed 1933	maximum of 20,000	10 acres and 15 acres	.5	132 feet	25 feet	brick and stone	all outside city limits	all outside city limits
Far West, Missouri	1836	unspecified	4 acres	1.0	132 feet and 82.5 feet	unspecified	unspecified	data not available	data not available
Nauvoo, Illinois	1840	unspecified	4 acres	1.0	50 feet	unspecified	unspecified	gardens on city plot	barns and livestock on city lots
Salt Lake City, Utah	1847	unspecified	10 acres	1.25	172 feet	20 feet	unspecified	gardens on city plot	barns and livestock on city lots
Provo, Utah	1849	unspecified	4 acres	.5	132 feet and 82.5 feet	unspecified	unspecified	gardens on city plot	barns and livestock on city lots
Ogden, Utah	1949	unspecified	10 acres	1.0	132 feet and 66 feet	unspecified	unspecified	gardens on city plot	barns and livestock on city lots
Holladay, Utah	1852	unspecified	10 acres	.5	82.5 feet	unspecified	unspecified	gardens on city plot	barns and livestock on city lots
Millcreek, Utah	1852	unspecified	8 acres	.7	99 feet	unspecified	unspecified	gardens on city plot	barns and livestock on city lots
St. George, Utah	1862	unspecified	6 acres	.8	92 feet	unspecified	unspecified	gardens on city plot	barns and livestock on city lots
Alpine, Utah	1862	unspecified	5 acres	.35	66 feet	unspecified	unspecified	gardens on city plot	barns and livestock on city lots

Source: JACKSON and LAYTON 1976, p. 137

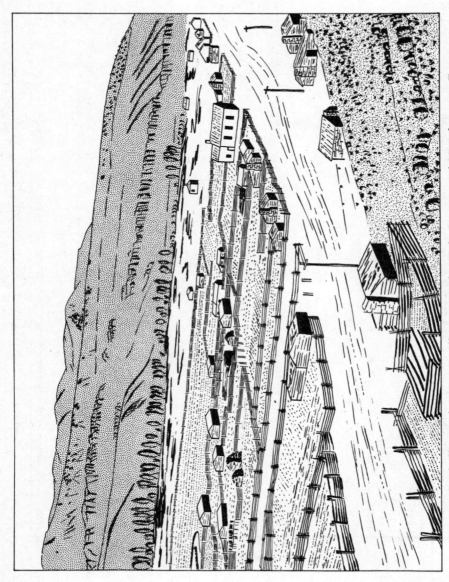

Fig. 6: Coalville, Utah, in 1869, Illustrating the Wide Streets and Mini-farms in Town

Source: Coalville, Utah, after a photograph by ANDREW J. RUSSELL, 1868, (Andrew J. Russell Collection, Union Pacific Railroad, Omaha, Nebraska).

plot, and most of the houses and yards had to be moved." (BALLARD, March 12). It appears that the earliest settlers were less concerned about formally surveying a city than about establishing homes and farms. Only at Young's insistence did they establish a formally platted town. In the majority of the cases the group settling the site laid out a city whose features were determined in a public meeting by the settlers themselves. In order to ensure fairness in the distribution of city lots, a public lottery was used. This necessitated dividing the city into equal size lots and a grid pattern provided the simplest method whereby this division could be accomplished (LEE, February 2, 1851).

The need for uniform lot size, coupled with the settlers' previous experience with grid pattern communities, and the ease of surveying and recording regularly platted lots and blocks led to the establishment of a Mormon village typology that is not uniform, is not patterned identically after either the City of Zion Plat or Salt Lake City, but is distinctive in the West because it incorporates the grid pattern of both the City of Zion and Salt Lake City. While there is great diversity in actual lot size, block size, and street width, the general pattern of wide streets, large lots, gardens and livestock in the community in a subsistence mini-farm operation created a distinctive landscape in the American West (Figure 6). This distinctiveness was in sharp contrast to the ranching activities or mining towns with their narrow streets and irregular patterns which typify the non-Mormon areas.

E. Conclusion and Analysis

The diffusion of the Mormons from the eastern seaboard and New England through the Ohio-Mississippi frontier to the Intermountain West brought to the Mormon cultural region a distinctive nucleated settlement pattern that reflects the background of the cultural group. The pattern is widely recognized because of its uniqueness in the general ranching economy of the Intermountain West rather than because the settlement types themselves are markedly different from other nucleated settlements in the United States in terms of morphology, use of the regular grid, and north-south, east-west orientation of streets. The primary difference between the villages established in the Intermountain West by the Mormons and those of the American midwest are the uniform use of wide streets and large blocks and lots (JACKSON and LAYTON 1976, p. 139 - 140).

An examination of a sample of 94 Mormon and 313 non-Mormon towns in the western United States revealed that when only secondary streets are examined, 81% of non-Mormon towns have secondary streets narrower than 80 feet, while only 33% of Mormon towns have secondary streets of this size. Fifty-one percent of Mormon communities have secondary streets wider than 90 feet, while only 3% of non-Mormon have secondary streets this wide. Examination of main streets reflects a similar dichotomy, with 72% of non-Mormon communities having main streets of less than 90 feet width, while only 28% of Mormon communities have main streets narrower than 90 feet. Only 27% of non-Mormon communities have main streets wider than 90 feet, while 72% of Mormon communities have streets wider than 90 feet for main streets.

This same pattern holds true for block and lot size. Only 5% of non-Mormon towns sampled in the Intermountain West have blocks that are four acres or larger in size, yet in the sample of Mormon towns, a l l have blocks that are four acres or larger. Only 3.3% of non-Mormon towns sampled have lots that are 1/4 acre or larger in size, but all Mormon towns sampled have lots this large. Seventy-nine percent of the Mormon towns had lots which were one acre in size or larger, while no non-Mormon towns had such large lots.

This emphasis on large blocks, lots, and wide streets, is distinctive to the Mormon culture region. In the rapidly urbanizing centers of the Wasatch Front, the wide streets and large blocks have allowed the cities to adapt to the automobile era in the United States with ease. The typical Mormon street provides width for at least four lanes of traffic, and the large blocks allow for large scale urban development in the downtown of Salt Lake City and other Mormon urban areas. Away from the original plats of Salt Lake and other rapidly growing Mormon communities however, new suburbs are added to the old Mormon pattern with little regard for the original pattern. Narrow curvilinear streets, irregular pattern, and small lots typical of any suburb in America are juxtaposed with the old Mormon village.

The distinctive Mormon settlement pattern that remains is a relic landscape associated with those regions of Mormondom where population has grown slowly. In these communities the wide streets are an anachronism as there is no need for more than two traffic lanes. The resultant streets are characterized by a forty foot strip of paved roadway flanked by 20 to 30 foot shoulders of unimproved weeds or gravel. In similar fashion the large lots and blocks of the rural Mormon settlements are no longer utilitarian. The old subsistence agricultural system has been replaced by the modern commercial system in which few community residents maintain anything other than a small garden, but the barns, corrals, and outbuildings of the 19th century remain as relics in the landscape. The Mormon village as a result presents an open appearance, with the majority of the land in the village vacant or unused. Occasional barns, corrals, and other related agricultural phenomena occupy the weed infested lots in uneasy conjunction with a garden, lawn and home. The resultant settlement pattern of the Mormon cultural region is two-fold; one, typical American suburbia, the other a relic settlement pattern of the 19th century. In the urbanized areas of the Mormon culture region Mormons remain the dominant cultural group, but the landscape is overwhelmingly part of general American suburbia, with tract housing, subdivisions with irregular patterns, and small lots. In rural areas of the Mormon Culture Region is found a relic settlement type which persists because of the location of Mormon settlements in lands marginal for agriculture. Isolated from the main commercial and manufacturing centers of both the nation and the region, limited by their resource base to a small population, these communities are embodiments of an earlier age. Although the villages are built on a more grandiose plan in terms of their morphology, they are only marginally different from those of 18th and 19th century New England and Ohio valley agricultural settlements. These relic villages are unique to viewers, but their uniqueness lies in the adoption and implementation of a variant of the New England nucleated village combined with the grid pattern of Philadelphia in a region which is overwhelmingly ranching and mining oriented. The persistence of the Mormon Village as an economic relic of the 19th century provides a settlement type visually different from that of the region around it, one which is in turn different from its New England and Ohio Valley origins. This difference reflects both the large scale of Mormon streets, blocks, and lots, and the development of a dispersed farm population around the towns of the Ohio-Mississippi Valley. Population growth and associated economic changes in New England and the Ohio-Mississippi Valley make the settlement pattern in those two regions much different than that of the Mormon Cultural Region. Because of their isolation and limited resource base, the Mormon villages will no doubt persist for the foreseeable future since their marginal nature has frozen them in time. Embodiments of Smith's and Young's determination to provide their followers the perceived advantages of village life, the rural Mormon settlements create a distinctive settlement pattern in the Intermountain West.

Footnotes

[1] The Doctrine and Covenants is a compilation of revelations given to Joseph Smith, similar to the Koran of the Islamic world in that it purports to reveal the word of God to man.

[2] A rod or perch was a unit of measurement that varied depending on the time, but at this time it was standardized as 16 1/2 feet.

[3] The two squares with numbers within them are labeled one and two. Greater and lesser are the common adjectives affixed to the division of the Priesthood within the Mormon Church.

[4] The temples referred to by Smith were apparently to be multi-purpose buildings used for community worship, schools, and other public functions.

[5] Nelson, p. 38 states that the Plan for the City of Zion was the guide for all the villages of Utah, and REPS (1965, p. 472) states that "while not all of them adhere to the strict prescriptions of Joseph Smith, they were all planned in the spirit of his original conception." REPS (1979, p. 287 - 288) states " Although circumstances prevented its (City of Zion Plan for Independence, Missouri) realization, this proposed layout later served as a model for scores of Mormon towns elsewhere." Others inform the reader that all Mormon communities were laid out like Salt Lake City. "Located in Millard County, Utah, the town of Fillmore was laid out in 1851 according to the plat universally followed in building Mormon communities. The land was first divided into blocks of 10 acres each which in turn were subdivided into eight equal lots." Bailey, Vol. 7, p. 333.

References Cited

ALLAN, J. B. and LEONARD, G. M. (1976): The story of the Latter Day Saints. Published in Collaboration with the Historical Department of the Church of Jesus Christ of Latter Day Saints by Deseret Book, Salt Lake City.

ARRINGTON, L. (1985): Brigham Young: American Moses. Alfred A. Knopf, New York.

BALLARD, Henry (o. J.): Manuscript, Utah State Historical Society, Salt Lake City.

BARLEY, R. (ed.) (1965): Lt. Sylvester Mowry's Report on His March in 1855 from Salt Lake City to Ft. Tejon. - In: Arizona in the West, Vol. 7, Winter, 1965.

BRIDENBAUGH, C. (1955): Cities in Revolt, Urban Life in America 1743 - 1776. Oxford University Press, London.

BUDGE, S. (1974): Perception of the Boundaries of the Mormon Cultural Region. - In: Great Plains-Rocky Mountain Geographical Journal, Vol. 3, pp. 1 - 9.

CAMPBELL, L. D. (1974): Perception and Land Use: The Case of the Mormon Culture Region. Master's Thesis, Brigham Young University, Department of Geography, Provo, Utah.

CREER, L. H. (1947): The Founding of An Empire. Bookcraft, Salt Lake City.

The Doctrine and Covenants of the Church of Jesus Christ of Latter-day Saints. The Church of Jesus Christ of Latter-day Saints, Salt Lake City, 1981.

DWIGHT, T. (1921): Travels in New England and New York. 4 Vols., New Haven, Conn.

Elder's Journal, (Far West, Missouri, Church of Jesus Christ of Latter-day Saints), 1838.

FRANCAVIGLIA, R. V. (1978): The Mormon Landscape. AMS Press, New York.

GALLOIS, L. (1913): L'Utah. - In: Annales de Géographie, Vol. XX, pp. 185 - 186.

GOODMAN, W. I. (ed.) (1968): Principles and Practices of Urban Planning. International City Managers Association, Washington.

HUNTER, M. R. (1940): Brigham Young the Colonizer. Deseret News Press, Salt Lake City.

HUNTER, M. (1959): Utah in Her Western Setting. Deseret News Press. Salt Lake City.

JACKSON, R. H. (1978): Mormon Perception and Settlement. - In: Annals of the Association of American Geographers, 68.

JACKSON, R. and LAYTON, R. (1976): The Mormon Village: Analysis of a Settlement Type. - In: The Professional Geographer, Vol. 28, No. 2, pp. 136 - 141.

LAUTENSACH, H. (1953): Das Mormonenland, als Beispiel eines sozialgeographischen Raumes. Bonner Geographische Abhandlungen, Heft II.

LEE, J. D. (o. J.): Diary. Manuscript, Utah State Historical Society, Salt Lake City, Utah.

LEE, Henry D. (o. J.): Diary. Manuscript, Brigham Young University, Provo, Utah.

MEINIG, D. W. (1965): The Mormon Culture Region: Strategies and Patterns in the Geography of the American West, 1847 - 1964. - In: Annals, Association of American Geographers, Volume 55, pp. 191 - 220.

NELSON, L. (1954): The Mormon Village: A Pattern and Technique of Land Settlement. University of Utah Press, Salt Lake City.

O'DEA, T. (1957): The Mormons. University of Chicago Press, Chicago.

REPS, J. W. (1979): Cities of the American Frontier. Princeton University Press, Princeton, N. J.

REPS, J. W. (1965): The Making of Urban America. A History of City Planning in the United States. Princeton University Press, Princeton, N. J.

ROBERTS, B. H. (1930): A Comprehensive History of the Church of Jesus Christ of Latter-day Saints. Deseret News Press, Salt Lake City.

SMITH, J. (1902 - 1932): History of the Church of Jesus Christ of Latter-day

Saints. 7 vols. Salt Lake City-Deseret News Press.

TAYLOR, P. A. M. (1965): Expectations Westward. Oliver and Boyd, London.

VOGT, E. Z. (1955): American Subcultural Continua as Exemplified by the Mormons and Texans. - In: American Anthropologist, Vol. LVII, pp. 1163 - 1172.

WADE, R. C. (1964): The Urban Frontier. University of Chicago Press. Chicago.

WOODRUFF, Wilford (o. J.): Manuscript, Brigham Young University, Provo, Utah.

ZELINSKY, W. (1961): An Approach to the Religious Geography of the United States: Patterns of Church Membership in 1952. - In: Annals, Association of American Geographers, Vol. 51, p. 193.

Summary

The Mormon colonization of the Great Basin of the American West is unique in being the only large scale colonization effort by a religious group in the region. The morphology of the Mormon settlements reflects a blending of the New England Village with the grid pattern of Philadelphia, Pennsylvania. The primary difference from other grid-pattern communities in the western United States is the emphasis on large lots, and blocks, and wide streets in the Mormon Villages. The scale of the villages reflects the Utopian ideas of the Mormons which visualized each lot as a mini-farm to provide a subsistence livelihood for its occupant. Once platted, the community morphology persisted through a changing economic milieu which made the large scale obsolete. The resultant Mormon Villages are unique in the American West's general landscape of ranching or intensive irrigation agriculture and are recognizable by even casual observers.

Zusammenfassung
Religion und Siedlung im Westen der USA am Beispiel der Mormonen

Die mormonische Besiedlung des Great Basin ist einmalig dadurch, daß sie die einzige großräumige Siedlungsmaßnahme durch eine Religionsgemeinschaft im Westen der USA darstellt. Das Erscheinungsbild der mormonischen Siedlung ist eine Verbindung des "New England Village" mit dem Gitternetzgrundriß von Philadelphia, Pennsylvania. Der wichtigste Unterschied zu anderen Gitternetzsiedlungen in den westlichen Vereinigten Staaten ist die Betonung großer Parzellen, Blöcke und breiter Straßen in mormonische Siedlungen. Die Größe der Dörfer spiegelt die Idealvorstellungen der Mormonen wider, die jede Siedlungsstelle als eine "Mini-Farm" zur Selbstversorgung ihrer Bewohner ansahen. Einmal eingerichtet blieb das Siedlungsbild der Gemeinde auch unter sich verändernden wirtschaftlichen Bedingungen, welche die Großräumigkeit überflüssig machten, bestehen. Die so entstandenen mormonischen Siedlungen sind einzigartig in den durch extensiver Viehhaltung und intensiver Bewässerungswirtschaft geprägten Landschaften der westlichen USA und fallen sogar dem flüchtigen Beobachter auf.

Anschriften der Verfasser:

Prof.Dr.H.-G. Bohle
Inst. f. Kulturgeographie
Universität Freiburg
Werderring 4

D-7800 FREIBURG

Prof.Dr.Dr.Dr.M. Büttner

Kiefernweg 40

D-4630 BOCHUM

Prof.Dr.W. Gallusser
Verena Meier
Geogr. Inst. d. Univ.
Klingelbergstr. 16

CH-4056 BASEL

Prof.Dr.R. Henkel
Geogr. Inst. d. Univ.
Im Neuenheimer Feld 348

D-6900 HEIDELBERG

Prof.Dr.K. Hoheisel

Merler Allee 68

D-5300 BONN 1

Prof.Dr.R.H. Jackson
Department of Geography
Brigham Young University

PROVO/Utah 84602, USA

Prof.Dr.W. Leitner
Inst. f. Geographie
Karl-Franzens-Univ.

A-8010 GRAZ

Dr.A. Ohler

Im Dorf 46

D-8071 HORBEN

Prof.Dr.P. Schöller
Geogr. Inst. d. Univ.
Universität Haus NA

D-4630 BOCHUM